广视角·全方位·多品种

权威·前沿·原创

皮书系列为
"十二五"国家重点图书出版规划项目

本书出版得到北京高校"青年英才计划"及"对外经济贸易大学优秀青年学者培育计划"资助

青年蓝皮书
BLUE BOOK OF YOUTH

中国青年发展报告
（2014）No.2

THE DEVELOPMENT REPORT ON CHINESE YOUTH
(2014) No.2

流动时代下的安居
Settling Down in the Mobility Era

廉思等／著

社会科学文献出版社
SOCIAL SCIENCES ACADEMIC PRESS (CHINA)

图书在版编目(CIP)数据

中国青年发展报告.2014.2,流动时代下的安居/廉思等著.
—北京:社会科学文献出版社,2014.4
(青年蓝皮书)
ISBN 978-7-5097-5909-7

Ⅰ.①中… Ⅱ.①廉… Ⅲ.①青年-研究报告-中国-2014
②青年-住宅问题-研究报告-中国-2014 Ⅳ.①D669.5
②D669.3

中国版本图书馆 CIP 数据核字(2014)第 070649 号

青年蓝皮书

中国青年发展报告(2014)No.2
——流动时代下的安居

著　者／廉　思等

出 版 人／谢寿光
出 版 者／社会科学文献出版社
地　　址／北京市西城区北三环中路甲29号院3号楼华龙大厦
邮政编码／100029

责任部门／皮书出版分社 (010) 59367127　　责任编辑／桂　芳　张雯鑫
电子信箱／pishubu@ssap.cn　　　　　　　　责任校对／师敏革
项目统筹／邓泳红　桂　芳　　　　　　　　责任印制／岳　阳
经　　销／社会科学文献出版社市场营销中心 (010) 59367081　59367089
读者服务／读者服务中心 (010) 59367028

印　　装／北京季蜂印刷有限公司
开　　本／787mm×1092mm　1/16　　　印　张／19
版　　次／2014年4月第1版　　　　　　字　数／308千字
印　　次／2014年4月第1次印刷
书　　号／ISBN 978-7-5097-5909-7
定　　价／59.00元

本书如有破损、缺页、装订错误,请与本社读者服务中心联系更换
▲ 版权所有　翻印必究

研究机构简介

对外经济贸易大学青年发展研究中心（Center for China Youth Development-UIBE，简称CCYD）是对外经济贸易大学的校级研究机构。中心秉承学校的国际化视野和优良学术传统，致力于对当前中国和世界的青年问题进行高层次研究，特别是对当代中国青年的生存状态、价值理念和世界青年浪潮中出现的最新动态展开理论探讨，并提供政策建议。

中心自成立以来，凝聚了一批国内外优秀的青年问题研究学者，先后承担国家社科基金项目、教育部哲学社会科学委托项目、共青团中央重点课题、中国博士后科学基金特别资助项目和一等资助项目、霍英东高校青年教师基金项目、司法部国家法治与法学理论研究项目、国务院港澳办委托课题等国家和省部级课题十余项，中心主任为对外经济贸易大学党委研究生工作部部长兼研究生院副院长廉思教授。

2007年，廉思首先发现大城市中存在"大学毕业生聚居"现象，并最早组织了针对这一现象的调查。2009年9月，出版《蚁族——大学毕业生聚居村实录》一书，首次提出并定义"蚁族"概念。自此，一个新的群体——"蚁族"，正式进入公众视野，登上中国的话语舞台。2010年，出版《蚁族Ⅱ——谁的时代》一书，继续引发社会关注。目前，中心是迄今为止唯一拥有"蚁族"群体四年连续数据的调查机构。

2011年，中心对40岁以下高校青年教师群体进行了全国首次抽样调查，并于2012年推出了第一部系统反映当代中国青年知识分子生存现状的著作《工蜂——大学青年教师生存实录》，引起了中国知识界的强烈共鸣。2012年，为摸清新生代农民工生存状况、探索在该群体实现组织覆盖和工作影响的有效模式，中心又启动了北京市新生代农民工抽样调查，最终形成《北京市新生代农民工社会融入调查报告》及9个分报告。

2013年，中心出版中国首部青年蓝皮书：《中国青年发展报告（2013）No.1——城市新移民的崛起》。该书围绕当代中国面临的三大转折点，第一次提出"拐点一代"的时代论断。并以"城市新移民的崛起"为主题，在实地调研、文献研究和政策梳理的基础上，对城市新移民进行了全面系统的研究分析，对我国青年研究和移民研究具有重要的理论价值和实践意义。

中心的研究成果相继荣获"教育部人文社会科学优秀成果二等奖""北京市哲学社会科学优秀成果二等奖""文津图书奖""华语传媒图书大奖""中国图书势力榜十大好书"等，中心撰写的有关"蚁族"、高校青年教师、新生代农民工、城市新移民等青年群体的一系列研究报告，多次得到中央领导同志的批示和高度重视，为国家提供了高质量的政策建议和咨询意见。

主要编撰者简介

廉　思　男，北京市人，教授，全国青联委员，法学博士，政治学博士后，美国芝加哥大学社会学系访问学者，国家"青年拔尖人才支持计划"（万人计划）首批入选者，教育部"新世纪优秀人才支持计划"入选者，北京市高校"青年英才计划"首批入选者，对外经济贸易大学青年发展研究中心主任、对外经济贸易大学党委研究生工作部部长兼研究生院副院长。主要研究领域为社会管理、青年发展、社会运动等。

兼任中国青少年研究会理事，北京青少年研究会顾问，中国人才研究会青年人才专委会常务理事兼副秘书长，北京大学中国与世界研究中心研究员等。发表学术论文40余篇，出版《蚁族——大学毕业生聚居村实录》《蚁族Ⅱ——谁的时代》《工蜂——大学青年教师生存实录》等作品，引起社会持续关注和深入探讨。主持国家和省部级课题十余项，先后荣获"北京市劳动模范""北京青年五四奖章""北京市未成年人保护工作先进个人""北京高校优秀辅导员""对外经济贸易大学科研标兵""北京大学优秀博士后""北京市优秀学生干部""中国人民大学吴玉章奖学金"等。

加小双　女，湖北随州人，对外经济贸易大学青年发展研究中心研究人员。主要研究领域为青年群体、社会/集体记忆、身份认同、社交媒体及知识管理等。先后参与了国家社科基金项目、教育部哲学社会科学委托项目、教育部哲学社会科学委托项目、共青团中央重点课题等10余项科研课题的研究，在《中国青年发展报告（2013）No.1——城市新移民的崛起》《档案学研究》及各种权威著作与期刊上发表文章共计10余篇。

张　钊　男，河北邯郸人，对外经济贸易大学青年发展研究中心研究人员。研究方向为青年流动人口、流动人口管理、社会政策与社会创新等。曾参与国家社科基金项目、共青团中央重点课题以及北京市政协委托项目等多项课题的研究，研究成果多次获得政府有关部门和社会各界的高度关注；所撰论文曾发表或收录于《中国青年研究》《中国青年发展报告（2013）No.1——城市新移民的崛起》等权威期刊或著作之中。

摘　　要

本书隶属社会科学文献出版社青年蓝皮书系列，旨在关注中国青年——特别是城市青年的住房问题，全景展现当代城市青年的住房现状，试图从多个角度理性剖析城市青年住房问题的历史渊源、现实特征、形成机理及解决途径，尝试为相关政府部门提供决策参考，发挥皮书的智库作用。

全书分为四个部分，第一部分为总报告，从整体上论述了中国城市青年的住房问题、困境与策略，是对全书观点的概括与总结；第二部分为专题篇，宏观立意，在理论与政策视野中综合阐释当代中国城市青年住房问题；第三部分为实证篇，中观着眼，以丰富翔实的调研数据为基础，聚焦特大型城市青年住房问题，在实证分析的基础上，探究城市青年住房问题的形成机理及潜在影响；第四部分为座谈篇，微观切入，通过对定性座谈资料的汇编与分析，力图呈现中国城市青年住房问题的感性维度。

第一部分总领全书：《守望理想　妥协现实——当代中国城市青年的住房困境与居住策略》一文从宏观层面综合分析了当代中国城市青年住房理想与住房现实之间的矛盾，剖析了其所面临的居住困境，阐释了其居住策略的现实选择。并以此为基础，进一步思考、提炼出了城市青年住房所蕴含的六个深层次问题，探讨了其潜在的社会风险，力图为国家制定相关政策提供参考性建议。《特大城市青年人才的住房现状与问题——来自北京的调研与思考》则以实证分析为基础，总结了课题组2013年青年住房状况调研成果，从代际的视角出发，剖析了解决特大城市中青年人才住房问题的意义与重要性，将在京青年人才分为：拥有自有性住房者、与父母亲戚同住者以及租房居住者三类，分别总结了他们目前面临的住房问题与影响因素，阐释了在京青年人才租房问题的形成与原因，提出了以完善租房市场体系为核心的"青年住房促进政策"建议。

第二部分包含三篇文章：《市场和经济转型视角下的青年住房问题》一文从制度变迁与经济改革视角对青年住房问题进行了历史性的回顾，探讨了市场转型与青年住房问题间的互动关系。《场域-惯习视角下城市青年住房行为分析》则以布迪厄的"场域-惯习"理论作为研究工具，提出了"住房场域""住房资本""住房惯习"等概念，将行动者、社会结构（经济、文化）等综合起来，对当代城市青年住房行为的作用原理和发生机制进行了全新的理论解读。《中国特大城市青年住房政策分析》进一步从住房政策的视角出发，运用文本分析的方法，重点梳理了我国大城市青年住房政策的现状，认为鼓励青年人租房的政策将是未来大城市解决青年住房问题的主要趋势，政府应加大人才公租屋、公共租赁房和政策性租赁房的建设和保障力度。

第三部分包含四篇文章，它们多是基于课题组2013年开展的"北京青年住房状况调查"而形成的。其中，《先赋因素与自致因素：社会分层视角下城市青年住房获得机制研究》通过二元逻辑斯蒂回归模型，分析了先赋因素和自致因素对于城市青年住房获得的影响机制，发现家乡在一般县市的青年、北京本地青年、家庭经济状况好的青年具有明显的住房获得优势。《结婚是否一定要买房？——住房影响婚姻决策的机制探究》从主观和客观两个方面对住房作用于婚姻决策的机制进行了探究与反思。研究发现，客观上，住房通过影响个人的经济社会地位进而影响婚姻决策；主观上，住房对于男女青年的婚姻决策具有重要意义，但女性青年的住房观念随着学历增长会出现分化，"重视住房"和"不一定买房"两种观念并存。《何去何从：城市青年住房与居留意愿研究》一文将特大城市青年人才关注的住房问题与管理者关注的居留意愿相结合，从住房类型、房屋情况、租金情况、居住评价等多角度挖掘了住房对青年人才居留意愿的影响。研究结果显示，住房的确会影响青年人才居留意愿，且效果显著。《人力资本与政治优势——对青年住房不平等现象的分析》一文则运用中国家庭追踪调查CFPS 2010的数据，对于青年住房不平等现象的产生机制进行了分析，分析结果与课题组调研结果相互印证。研究发现，市场和再分配两种机制共同导致了青年住房资源的分化。青年专业精英和青年政治精英都从住房市场化改革中获得了利益的满足，其与普通青年之间的住房资源分化也在不断加剧。

第四部分包含一篇文章与五场座谈会实录：《特大城市中青年住房问题的感性维度——一个质性分析》是对2013年开展的数场青年座谈会的总结与提炼，详细剖析了特大城市中，青年群体的住房观念、住房现状以及住房诉求，尝试总结了青年群体的六大主要住房矛盾，从质性分析的视角，为深化对青年住房问题的认识提供了感性材料与理论指导。而座谈会实录则是对课题组所收集定性材料的全景呈现，目的是尽可能真实地展现城市青年人对住房问题的看法，还原座谈会真实情境，为更多的研究提供感性材料。

序言
当代青年奋斗精神的源泉

廉 思

梦想和奋斗是人类历史上那些所有最激动人心的故事中的一大主题。梦想指引着前进的方向，奋斗铺就了前进的道路，对于整个人类如此，对于一个国家如此，对于个人也是如此。

但是，每个梦想和每个为梦想奋斗的故事都是不一样的，梦想有大有小，奋斗的故事或艰难或顺利。而中国梦和中国青年的奋斗，无疑是当今世界最令人瞩目的梦想。

近年来，我带领课题组对"蚁族"、大学青年教师、新生代农民工以及城市白领等青年群体进行了深入调研。在最新一次的"蚁族"调查中，有这样一个场景让我记忆犹新。我无意间走进一个"蚁族"的住所，在这个不足 5 平方米的房间中，她的床头贴着一份惊人的买房计划：第一个五年计划之购房计划（2013.1.1—2018.1.1），建筑面积 53m^2，实用面积 45m^2，单价 2 万元/平方米，总造价 106 万元；首付 30%，即 31.8 万；每年存 6.36 万元，每月存 0.53 万元，即 5300 元/月；需月收入捌仟元整/月。一定行！一定行!! 一定能行!!! 努力！努力!! 再努力!!! 签字人：XXX，XXX（她的男友），2012.12.16，壬辰年十一月四日。

看到这样的情景，似乎看到他们几年后住着自己房子的幸福生活。当我把这份购房计划拍下来，带回到课题组时，大家震惊了，都觉得那是不可能完成的任务，但是他们却在很认真地履行。这就是中国一个普通青年的梦想，以及他们为了梦想而做的努力。

其实，这个普通青年的奋斗，正是千千万万当代中国年轻人奋斗的缩影，我们可以尝试从个人、家庭和国家三个层面来理解当代青年奋斗精神的源泉。

从个体角度来看，青年奋斗动力多源自横向流动的挑战与向上流动的渴望。目前大多数青年人处于"横向流动"状态，他们离开家乡故土，脱离了原有的社会环境与家庭社会关系网，在一个相对陌生的新城市中工作生活，面临着再社会化以及重构社会关系网络的挑战。这种源于"横向流动"的生活压力，构成了青年奋斗的现实动力，推动着年轻人在新环境中努力立足并为生存打拼。进一步看，这种奋斗不仅是为物质层面的衣食富足，如拥有住房和稳定的工作，而且还为内心深处的自我实现和价值追求，是一种渴望被尊重和被认可的"向上流动"愿景。对于在故乡发展的青年而言，他们虽没有"横向流动"所带来的压力，但心理上多少有些"向上流动"的渴望，他们希望通过自己的努力，过上比现在更好的生活，实现自己的人生价值，这些都映射在其日常活动之中，成为其努力奋斗的最初动力。

从家庭角度来看，当下青年人或许并非如社会舆论所认为的那样以自我为中心，相反我认为，他们很多人将自己的命运同家庭责任紧密相连，中华民族"守望相助"的传统在其身上并未断裂，这一特点在青年流动人口中体现得尤为明显。在"蚁族"调研中我们发现，对于留在北京的最主要原因，"为父母能过上美好的晚年""为下一代能有更好的生活"和"为恋人能过上更好的生活"是仅次于"为了实现个人理想和价值"的选项，前三个选项之和达到总人数的近四成（38.8%）。在对流动青年的深访中，我们逐渐发现这其中隐藏的逻辑，即大多数青年的最主要奋斗动力源自追求个人理想和价值的实现，但这种实现绝非单纯的利己主义，而是个人在竞争中不忘分享和关怀，在前行中相互慰藉和守望，在奋斗时牢记社会的责任，在自我追求成功时关爱他人，这也是中国梦所具有的特质，可以说中国梦是天然超越个人主义的。

从国家角度来看，虽然当代青年对过去那套单纯说教的政治话语体系不太感兴趣，但这并不代表他们不关心政治，更不代表他们不懂政治。随着时代的发展，青年的政治态度更加世俗也更加理性，但他们对国家和社会的关怀却从未消逝。几年来，我们在同青年朋友们座谈时，无论主题是住房、教育抑或职业发展，随着谈话的深入，我们总能倾听到他们对于社会的评论甚至批评，总能感受到他们对于国家富强、民族复兴和人民幸福的渴望，这可以称得上是一种"忍不住的关怀"。当然，不可否认，这种情绪有时也会极化成为狭隘的爱国主义，造成诸如保卫钓鱼岛事件中的非理性行为。但总体来看，青年人目前在微观层面上的逻辑是"国家能为我做什么"，希望国家能够给自己的工作、生活提供更多的帮助和福利；而在宏观意识形态和对外交往层面的逻辑则是"我能为这个国家做些什么"，当国家利益受损、对外交往受挫时总想站出来为国家出力。因而我们不能简单地认为，青年人已经丧失了为国奋斗的理想，在他们的内心深处，爱国主义情怀、民族崛起之梦从未消失，只是有待我们有效地引导与合理地发掘。

当前我们面对的是一个快速发展和深刻变革的流动时代，各种利益和价值观念均在不断地解构与重组，无论是对于青年本身还是对于青年工作者，都需要因势而谋、应势而动、顺势而为。

在为个人奋斗的层面，青年人很容易在快节奏的现代生活中感到迷茫和疲惫，在高度紧张的生活中，逐渐丧失为实现个人理想而奋斗的激情。因此，我们可以在积极倡导青年奋斗精神和职业素养的同时，引导其树立正确的奋斗观。要将奋斗精神与功名利禄剥离开来，让青年们意识到奋斗与成功之间并不一定存在必然的逻辑关系。奋斗不应是功利计算后的行动结果，不应是外在生活压力下的无耐选择，而应是一个现代青年的内在品质和道德修为的体现，是一种源自对生活、工作热爱的内生动力。

当然我们也要认识到，向青年人一味地强调通过个人奋斗就可以改变整个家庭的命运或许是急功近利的，有成功就必然有失败。如果我们把成功夸大到极致的程度，一旦没有实现预期目标，反而会增强他们的心理落差和社会不公平感。所以，我们还应在青年中倡导理性奋斗的精神，倡导"努力不一定成功，但放弃一定失败"和"奋斗可能不能立即改变你的命运，但不奋斗一定不能改变你的命运"的观念，让青年保持合理的奋斗预期，意识到奋斗并不是在所有情况下都可以为自己带来"效用最大化"的结果，但一定可以增强自己抵御风险的能力，产生"风险最小化"的效果。

在为国家奋斗的层面，我们应当搭建起个人奋斗和"中国梦"两者之间的逻辑桥梁，要让青年意识到自己的小奋斗和小故事最终会汇聚成一股推动国家发展的巨大动力，反过来为个人的奋斗提供舞台和机会，要让广大青年认识到，为中国梦的实现贡献力量也是为自己的梦想培育土壤。例如青年在城市中为买房的奋斗，看似为的是一个小家庭的安居乐业，但千万个家庭的买房奋斗汇聚到一起，造成的实际结果却是为中国的城镇化进程提供源源不断的动力，助推中国经济的繁荣与发展。而改革开放的深入、城镇化的推进，也为所有青年的发展构建一个良好的成长环境和良性的社会流动机制，让更多青年能够分享到与其奋斗打拼相匹配的发展际遇和改革成果。因此，国家发展需要作为社会主体的青年人相续奋斗，社会转型也需要最有活力的青年一代激发创造力，而最终国家的进步、中国梦的实现也会为青年的个人发展创造更好的环境条件。从这个意义上讲，每个青年的个人追求和对家庭的责任，客观上与中国梦的精神实质殊途同归。

16岁的爱因斯坦曾问：假如我们以光的速度追光，会发生什么事情呢？之后，我们看到了狭义相对论如何永远改变了我们关于空间和时间的概念。有些梦想，爱因斯坦从未实现，而留给了未来，让每一个人都期盼其中那最美妙动人的旋律。青春因梦想而闪亮、因追梦而生动、因圆梦而绚丽。如何拥有一个看得见的未来，是青年人精神世界最为重要的根基，也是国家发展的动力源泉。青年希望在这片土地上通过自身努力来实现人生价值，而国家应能为每个青年人的奋斗提供公平的机会。对未来的中国，我们有更大的期许！

目 录

BⅠ 总报告

B.1 守望理想 妥协现实
　　——当代中国城市青年的住房困境与居住策略 ……… 张梅艳 / 001
　　一 中国城市青年住房的三个现实困境 ……………………… / 002
　　二 中国城市青年的居住策略 ………………………………… / 006
　　三 中国城市青年住房问题的六个再思考 …………………… / 010
　　四 结语 ………………………………………………………… / 016

B.2 特大城市青年人才的住房现状与问题
　　——来自北京的调研与思考 ……………… 廉 思 张 钊 / 018
　　一 关注青年人才住房问题的意义与重要性 ………………… / 019
　　二 北京市青年人才住房现状 ………………………………… / 022
　　三 青年人才住房状况的影响因素 …………………………… / 025
　　四 青年人才租房问题的形成及原因 ………………………… / 029
　　五 国内外对租房市场的管理经验 …………………………… / 032
　　六 政策建议 …………………………………………………… / 034

BⅡ 专题篇

B.3 市场和经济转型视角下的青年住房问题 ……………… 吴老二 / 038
B.4 场域-惯习视角下城市青年住房行为分析 …… 加小双 鲍文涵 / 060
B.5 中国特大城市青年住房政策分析 ……………………… 吴 军 / 076

001

BⅢ 实证篇

- B.6 先赋因素与自致因素：社会分层视角下城市青年住房获得机制研究 …………… 黄剑焜 / 090
- B.7 结婚是否一定要买房？
  ——住房影响婚姻决策的机制探究 …………… 颜洛阳 / 114
- B.8 何去何从：城市青年住房与居留意愿研究 …………… 张涵爱 / 131
- B.9 人力资本与政治优势
  ——对青年住房不平等现象的分析 …………… 康　晨 / 152

BⅣ 座谈篇

- B.10 特大城市中青年住房问题的感性维度
  ——一个质性分析 …………… 张　倩 / 170
- B.11 青年住房问题座谈会之一
  ——私民营企业青年职工专场 …………… / 185
- B.12 青年住房问题座谈会之二
  ——国有企业青年职工专场 …………… / 200
- B.13 青年住房问题座谈会之三
  ——事业单位青年职工专场 …………… / 228
- B.14 青年住房问题座谈会之四
  ——青年公务员专场 …………… / 247
- B.15 青年住房问题座谈会之五
  ——外资企业青年职工专场 …………… / 261

Abstract …………… / 276
Contents …………… / 279

皮书数据库阅读**使用指南**

总报告

General Reports

B.1
守望理想　妥协现实
——当代中国城市青年的住房困境与居住策略

张梅艳*

摘　要： 本文以中国城市青年居住理想和居住现实之间的矛盾和博弈为切入点，系统剖析其所面临的居住困境，并深入阐释其居住策略的选择。以此为基础，提炼和反思城市青年住房面临的六个深层次问题：住房与生命周期问题、住房与居留意愿问题、住房与代际贫困问题，住房与社会分层问题、住房与社会身份象征问题以及住房与城市排斥问题。进一步探讨城市青年住房问题的潜在社会风险，力图为国家制定相关政策提供参考性建议。

关键词： 城市青年　住房理想　居住困境　居住策略

---

* 张梅艳，中国人民大学哲学学院。

这是最好的时代，也是最坏的时代；这是充满机遇的时代，也是充满挑战的时代。伴随着中国城市化大幕的拉开，大批青年开始以城市为中心聚集，无论是在城市中出生的本地青年，抑或是在流动中产生的城市新移民，均历史性地登上了中国现代化发展的舞台，在城市中演绎着属于城市青年的故事，奉献着影响民族未来的青春。但是，伴随着社会转型而生的种种不确定因素，使城市青年面临来自方方面面的挤压甚至困境，其中如何在"流动"中获得"安居"将是青年成功落脚城市所面临的首要问题。不管是城市青年本身的"独立"或是"婚姻"因素所带来的个体性住房需求，抑或是社会层面的住房商品化和符号化所带来的社会性住房需求，这些因素都促使"住房"在城市青年的认知中已经超越"居住"价值而带有了"理想"色彩——大多数城市青年都将拥有自有性住房作为自己安居城市的最终理想指向。但是，这种理想却面临着城市住房供需失衡、房价畸高、租房困难等众多困境，导致在城市空间里，城市青年的居住理想和居住现实不断博弈，在矛盾中妥协，在妥协中斗争。最终在个体层面形成城市青年奋斗的动力和压力，进而产生了城市青年不同的住房策略；在社会层面形成社会和谐稳定的保证和威胁，进而产生了不同层次的社会影响。在大力倡导构建和谐社会的今天，城市青年住房问题，已经成为一个值得深思的时代性、现实性公众议题。

一 中国城市青年住房的三个现实困境

伴随着我国住房分配的市场化与城市人口的激增，城市空间的争夺愈演愈烈，各大城市的房地产价格在近年来不断攀升，导致青年安居城市的居住理想面临着日益严峻的挑战，一系列现实困境在制约着青年住房理想的实现。

（一）供需失衡所导致的住房拥有困境

2011年，我国城镇化率达到51.27%，城镇人口首次超过农村人口，步入了城镇化发展的新阶段。按照城镇化发展的S形曲线规律①，我国正处于城镇化发展中期，在可以预见的未来，人口向城市集中的趋势仍将持续增强。人口与住房紧密相连，大规模的人口流入必会为城市房地产市场带来大量需求，冲击城市中原有的住房供需结构。然而，从理论上来说，无论新建房的增量如何，在一定时期内城市内部的土地资源和住房承载量是相对固定的，它决定了城市空间的住房供给量是有限的，这意味着房产资源的供给很难随需求的增加而弹性增长。在这种矛盾的作用下，很多城市的住房市场都面临着供需失衡的情况，住房进而成为一种稀缺性资源，房产也因此被赋予了更多的投资属性，使原本失衡的供需关系更加复杂化。

对于这些城市青年而言，他们参与的便是这样一个供需失衡且博弈关系复杂的住房市场。初步估算显示，在2010年普查标准时点，至少有1.2亿左右的青年居住于城市之中，占城市总人口的31.7%②。作为市场的新晋参与者，他们往往在各方面处于劣势，很难在这种失衡的情境下，获取具有相对稀缺属性的住房产品。也就是说，现有城市空间的住房资源相对有限，而且住房自身循环系统运行极为缓慢，无法满足所有青年人对拥有一套住房的需求。这种现实情况会使青年在竞争稀缺性资源的过程中，陷入一种住房拥有的困境，而无论采取何种分配方式，供需失衡的矛盾都是不可调节的，总会有部分甚至大部分青年无法拥有自有性住房。

（二）房价畸高所导致的支付困境

20世纪80年代起我国开始实行城市住房政策改革，之后随着住房的市

---

① 1975年，美国城市学者诺瑟姆（Ray. M. Northam）发现并提出了"诺瑟姆曲线"，这个曲线表明：发达国家的城市化大体上经历了类似正弦波曲线上升的过程。城市化进程呈现一条被拉平的倒S形曲线，当城市化超过30%时，进入了快速提升阶段。城市化的发展在时间和空间两个维度展开，表现为阶段性和地区差异。他把城市化进程分为三个阶段：第一是城市化起步阶段，城市化水平较低，发展速度也较慢。第二是城市化加速阶段，人口向城市迅速聚集，城市化推进很快。随着人口和产业向城市集中，市区出现了劳动力过剩、交通拥挤、住房紧张、环境恶化等问题。第三是城市化成熟阶段，城市化水平比较高，城市人口比重的增长趋缓甚至停滞。在有些地区，城市化地域不断向农村扩张，一些大城市的人口和工商业迁往离城市更远的农村和小城镇，使整个大城市人口减少，出现逆城市化现象。

② 国家统计局：《中国2010人口普查资料》，http://www.stats.gov.cn/tjsj/pcsj/rkpc/6rp/indexce.htm. 据表3-1a计算所得。

场化程度的不断提升，城市住房的利益分化开始加速，住房的商品化特性也越来越明显。这一改革进程与城镇化的高速发展相伴而生，而高校扩招也与之同时推进，在此综合作用下，城市人口与城市青年的数量日渐进入一个激增的时期。

在城市中住房总承载量相对固定的情况下，居住需求的增加在某种程度上促进了住房价格的激增，城市青年的住房问题也在这一背景下不断积累与膨胀。从理论上来看，完全竞争的市场结构是最佳的资源配置方式，但是在现实的经济运行中，"完全竞争"只是一种理论上的假设或者是一种理想状态。垄断、外部性、信息不对称等现实因素通常会导致以价格为手段配置资源的方式无法真正实现帕累托最优①，这也就是所谓的市场失灵或者市场困境。在这一环境下，具有竞争优势的个体，往往会将稀缺性的住房作为保值产品囤积，而处于劣势的个体，则通常会面临支付能力不足、无法在市场上获得稳定居所的困境。

住房支付能力是指从市场购买或者租赁住房的交易能力，它已经成为住房获得能力的重要考量因素。课题组调研发现，城市青年住房问题的实质是住房支付能力不足，具体来说，就是购房能力的显著不足和租房能力的隐性不足并存，而且随着通货膨胀和房价的持续走高，青年住房支付能力总体上存在着下降的趋势。具备住房支付能力的青年从市场购买或者租赁住房，而支付能力不足的青年只能选择合租以降低住房成本。

目前，我国包括一线城市在内的城市房价与城市青年的支付能力之间形成了强烈的矛盾和巨大的反差。在这种情况下，上涨的房价一方面使大量处在中低收入阶层的城市青年对拥有一套自有性住房失去信心；另一方面，过高的房价也刺激了租房市场的价格走高，令中低收入阶层即使在租房市场上也要承受较高的成本，面临着较大的生活压力。

---

① 帕累托最优（Pareto Optimality），也称为帕累托效率（Pareto Efficiency），是指资源分配的一种理想状态，假定固有的一群人和可分配的资源，从一种分配状态到另一种状态的变化中，在没有使任何人境况变坏的前提下，使得至少一个人变得更好。帕累托最优状态就是不可能再有更多的帕累托改进的余地；换句话说，帕累托改进是达到帕累托最优的路径和方法。帕累托最优是公平与效率的"理想王国"。

（三）房源空置①所导致的租房困境

目前，我国各大城市都存在房屋空置问题，据2013年北京市公安局人口管理总队调查，北京全市房屋总量1320.5万套，标注出租房屋139万户，核对空置房屋381.2万户，按照这一数据计算出2013年6月北京房屋空置率达28.9%②，该数据是"房屋空置"现象的一个缩影，凸显了住房资源浪费问题的严峻性。从理论上看，住房空置应存在于"供大于求"的市场条件下，房屋价格存在下行压力；但实际情况却恰与此相反，多数大城市的住房价格不仅没有下行，反而在稳步增长之中，折射出住房市场中存在着供需不匹配与房地产泡沫化问题。

在这种泡沫化的市场环境中，空置的住房更多地被当作保值增值的投资品，其资产属性凸显，而实际供人居住的实用价值则相应弱化。住房在销售后长期无人居住，既没有快速进入二手房交易市场进行产权流通，也没有进入租房市场进行使用权流转，造成了房源的闲置与浪费，恶化了供需关系。这一方面是由于当前租金收益率较低，甚至在部分地区低于存款基准利率③，导致拥有多套房产的业主缺乏租赁动力；另一方面也与我国租房市场的不完善有着密切关系，租客与业主间的沟通不畅，"多手转租""群租"以及"黑中介"等侵害业主和租客利益的现象频发，从某种程度上阻碍了租房市场中有效房源的自由流通与分配。

---

① 所谓住房空置率可以分为存量市场的空置率和增量市场的空置率。房地产存量市场的空置率是指某一时刻空置房面积占全部房屋总面积的比率。但是，空置并不区分房屋的新旧，无论是第一次进入市场的新房屋，还是当前房屋使用者迁移后留下的房屋，只要没有确定新的使用者时，都可被视为空置房屋。房地产增量市场的空置率是指某一时刻新建房屋的空置面积占一段时期新建房屋总面积的比率。这时的空置房仅指第一次进入市场的新房屋。按照国际通行惯例，商品房空置率在5%~10%之间是合理的，商品房供求平衡，有利于国民经济的健康发展；10%~20%之间为空置危险区，要采取一定措施，加大商品房销售的力度，以保证房地产市场的正常发展和国民经济的正常运行；20%以上为商品房严重积压区。

② 地产中国网：《北京房屋空置率高达28.9%》，2013年6月17日，http：//house.ifeng.com/rollnews/detail_2013_06/17/26471355_0.shtml。

③ 新华网：《一线城市空置率高部分 楼市"有价无市"》，2014年2月20日，http：//news.xinhuanet.com/house/cz/2014-02-20/c_119416291.htm。

对于青年而言，这种租赁房源与租住需求的矛盾更为突出。由于资产积累较少、工资收入有限，青年人的付租能力十分有限，多倾向于租住价格便宜、交通方便的居所。加之其处于单身和新婚期，对大户型房屋的需求也相对较少，多希望居住于宜居的小户型房源。但从市场供给来看，由于历史性问题，闲置房中别墅、联排、跃层等大户型房屋居多，其高昂的租赁价格和过大的面积，均不符合青年的租住要求。这种供需的不匹配导致了青年租房困境的出现，大量的青年只能去竞争市场上已经饱和的小户型房源，当正规房源无法获取时，为了降低生活成本，便不得不选择群租甚至租住简易房等形式的非正规房源，生活质量受到严重影响。

二　中国城市青年的居住策略

当城市青年的居住理想在城市里遭遇现实困境，理想与现实会在实践中不断博弈、斗争，不同的城市青年会根据自身的资本积累情况以及社会现实进行权衡、选择，其居住理想与居住现实的博弈呈现一种坚持和妥协并存的双向特征：即城市青年安居城市的住房理想会最终指向"拥有自有性住房"，但是城市青年会根据其自身的资本情况而向现实进行一定程度的妥协，这导致在城市青年群体中形成了三个不同的住房策略："无借贷性住房策略""借贷性住房策略"与"过渡性住房策略"，并且每个住房策略都会指向一定规模的城市青年群体。

（一）无借贷性住房策略

"无借贷性住房策略"是指通过全额购置房产来实现自己的居住理想。按照正常的逻辑，城市青年必须在一定时期内完成自身的资本积累并且达到一定的资本储备后，才能独立购买自有性住房，而这往往要耗费短则几年、长则十几年的时间。但是在当今中国，并不缺乏直接以"非借贷性住房策略"来实现自己居住理想的城市青年，采取这种策略的城市青年往往并不是通过自身的资本积累，而是利用"代际资本"，也就是通过实现"资本的代际转移"来完成全额置业，这里的资本转移主要包括家庭的社会资本（父亲职业地位）、文化资本(父亲的受教育水平)和经济资本(家庭年收入)。在能顺利完成全额置业的城市青年中,这样的"代际资本转移"现象十分明显。

"无借贷性住房策略"的采取在目前中国城市房价持续上升的社会背景下应该是一种最为经济的选择,但是采取这种策略必须量力而行,家庭条件好的城市青年采取"无借贷性住房策略"无可厚非,毕竟"父母为子女打造安乐窝"是中国的一个传统特色(且不论这种传统是对还是错),但是许多家庭经济条件欠佳甚至贫困的城市青年强行采取"无借贷性住房策略"却会引发许多社会问题,如降低父辈的生活质量、影响家庭关系的和睦等。事实上,现在城市青年中采取"非借贷性住房策略"的人已经越来越多,社会上颇为人争议的"啃老房"[①]"毕买族"[②]皆属于该类。

城市青年这种通过"代际资本转移"来实现自己的居住理想的"无借贷性住房策略"应当引起重视,因为:一是"代际资本转移"会导致城市青年群体通过公平竞争实现居住理想的社会机制被破坏,在某种意义上会导致阶层固化,甚至会威胁社会和谐稳定;二是"代际资本转移"的普遍化会导致"啃老房"的出现,社会上两代人甚至是几代人为了当代城市青年的居住理想而牺牲的事例并不少见,随着中国社会逐渐步入老龄社会,"啃老房"必然会引发一系列的社会问题;三是"啃老房"现象的过度发展会在青年群体中形成一种认知即"不啃老就买不起房",这会导致青年住房压力的代际转移,并且极大地冲击父母与子女间的基本法律权益界限;四是"代际资本转移"会在一定程度上削弱城市青年奋斗向上的动力,这对于城市建设乃至社会发展都会产生一定的影响。

(二)借贷性住房策略

"借贷性住房策略"是指依靠贷款并通过还贷来完成自己的住房理想。"借贷性住房策略"是居住理想和居住现实博弈后的妥协性策略。采取这种策略的城市青年主要是由于其资本积累(包括其家庭资本)尚不足以支持其采

---

① "啃老房"即青年依靠父母毕生积蓄为自己购置房屋。
② "毕买族"是指一毕业就买房的群体。

取"无借贷性住房策略",当然其中也不乏部分城市青年是因为不愿接受父辈的资本资助而希望通过自身努力来实现独立购房。一般来说,有三个原因推动了城市青年采取"借贷性住房策略":一是城市青年在城市中并不是绝对贫困者,他们大多数拥有稳定职业,工资水平相对较高,收入占有相对优势,但是在不断攀升的房价面前,他们要实现短时间内的全额置业还是相当困难的;二是城市青年普遍接受过高等教育,消费观念比较先进,提前消费观念、贷款意识和能力都比较强,能够接受贷款按揭这种消费方式;三是推动这个策略走向现实的导火索在很大程度上会指向"婚姻",青年在进入社会后不久会步入"结婚成家"的生命阶段,当这个生命阶段遭遇"无房不婚"的时代背景时,"借贷性住房策略"将成为城市青年群体的最佳选择。

值得一提的是,采取"借贷性住房策略"的城市青年必须具备两个基本条件:一是已经具有一定的资本积累(不管这个资本积累是其本身的资本积累,还是其通过代际转移而来的资本);二是具有稳定的持续性资本来源,这就意味着城市青年必须拥有稳定的经济来源。这两个基本条件的实现都需要一定的前提,第一个条件如果在没有家庭的资本支持的前提下实现,城市青年往往要花更多的时间来完成资本积累,这会在一定程度上推迟其婚育年龄;第二个条件与其所处的社会环境和经济环境有关,为了规避其中的不稳定因素或是风险性因素,这会在一定程度上导致城市青年往"铁饭碗"职业上聚集,或者是大大降低城市青年的消费能力。

城市青年的这种通过"借贷"来实现自己的居住理想的"借贷性住房策略"也应当引起重视,因为很多实施"借贷性住房策略"的城市青年最终会沦为"房奴"[1],这些"房奴"在享受有房一族的心理安慰的同时,其生活质量会大大下降,在还贷的压力下,他们不敢轻易换工作,不敢娱乐,害怕银行涨息,担心生病、失业,更没时间好好享受生活。而且"借贷"本身是一种超前消费,对这种策略过于迷恋和依赖,会导致城市青年群体对于债务无所谓的心态,正如经济心理学家所指出的:借钱成为习惯后,债务容忍度就不可能

---

[1] "房奴"就是指家庭月负债还款额超过家庭月收入50%以上的家庭,此类家庭已经因为负债率较高而影响了家庭生活的正常品质。

回到原有的水平，并逐渐形成债务黑洞。这不仅不利于青年理性消费的发展，而且在某种意义上，会导致越来越多的城市青年群体沦为"负翁"。

（三）过渡性住房策略

"过渡性住房策略"是指以与父母同住（以本地青年为主）或是租房（以外地青年为主）来过渡，在过渡阶段完成资本积累后再通过"无借贷性住房策略"或"借贷性住房策略"来实现自己的住房理想。采取这种住房策略的城市青年往往具有以下特征（这些特征无须同时具备）：一是这类青年的资本积累（包括其家庭资本）尚不足以支持其采取"无借贷性住房策略""借贷性住房策略"；二是这类青年大部分没有结婚，尚没有对自有性住房的急切需求；三是这类青年工作流动性较大，导致其居住地点也需要随之变迁，租房成为便利其居住的最优策略。

"过渡性住房策略"在理论上应当成为大多数城市青年的现实选择，因为城市青年需要一个过渡时间来完成必要的资本积累。但是对安居城市的居住理想（即拥有自有性住房）的过度渴望，导致很多城市青年会采取各种措施来加快自己的资本积累进程，这导致城市青年在过渡性住房策略的选择上会存在很多差异，存在着"与父母同住""租住青年公寓""租住地下室""聚居""群租""合租"等多种策略选择，部分"过渡性住房策略"会产生很多社会问题，如"与父母同住"会加剧父辈的压力并催化各种家庭矛盾，"群租"更是成为城市安全的重要隐患等。

同时，我国租房市场存在的一系列侵权问题，导致城市青年在采取"过渡性住房策略"时面临很多困扰，在租房过程中很多青年租客遭遇过随意涨价、克扣押金和随意清退的状况。多数城市青年赞同租房是其"了解社会阴暗面的第一课"，说明租房行为存在很强的不确定性，危害租房者权益的行为也广泛存在。换言之，"过渡性住房策略"在当前并没有得到完善的政策与社会支持，这导致很多城市青年会跳过"过渡性住房策略"而直接采取前两种住房策略，导致前两种住房策略畸形发展，并激化了许多社会矛盾。

"过渡性住房策略"是城市青年居住理想与居住现实博弈的产物，可以说，这种"过渡性住房策略"是城市青年居住理想对居住现实的暂时妥协，也是城市青年在城市生活的底线,一旦连这种"过渡性住房策略"都无法实现,便会引发许多社会问题:一是可能导致大量的城市青年外流。城市青年是城市建设中活力最强、潜力最大、思维最活跃的群体,是城市建设中的中坚力量,一旦其"安居城市"的理想及其相关策略在城市中缺乏生存的土壤,他们极有可能会选择离开,这显然不利于城市建设,更不利于保持城市活力;二是"过渡性住房策略"是城市青年的住房理想对住房现实的最大妥协,一旦这种策略得不到尊重或者保障,很有可能会导致社会矛盾激化,甚至引发群体性事件,这将是对社会和谐稳定的极大冲击。

总而言之,上述三大住房策略是城市青年居住理想与居住现实在城市中博弈的产物,这三大住房策略在现实生活中其实都能指向一定的城市青年群体,折射出当代中国城市青年的住房理想以及住房行为。就解决城市青年住房问题来说,其重点应该在于如何引导城市青年更多地采取"过渡性住房策略",在这个意义上,如何有效地保障城市青年"过渡性住房策略"得以有效实施成为最为关键之处。

三 中国城市青年住房问题的六个再思考

当代中国城市青年的住房理想和住房现实之间的博弈,不仅仅体现的是一个群体困境,更是一个社会困境。可以说,城市住房问题实际上就是城市青年的住房问题。唯有对城市青年的住房问题进行精准认识和准确把握,才能对症下药,在一定程度上对城市青年群体的住房问题提出有效和针对性的建议和策略。

(一)住房对青年社会化进程的影响显著化

课题组调查显示,住房已经成为影响部分城市青年生命周期演进的重要因素,主要体现在住房对其结婚、生育等重大决策的安排上,住房通过转变青年个体的社会经济地位以及身份而影响婚姻,这在现实生活中非常普遍。很多城市青年明确表示,在住房问题没有解决之前不考虑结婚或者生育问题。

在中国,绝大多数青年受传统观念影响,认为住房和结婚以及幸福生活密切相关，住房是稳定生活必备的基本条件，"无房不嫁"成为许多女青年的要求，这一要求也变成了男青年的奋斗目标。课题组调查显示，男性随着学历的增高，对住房的重视程度在不断增加，很多男青年认为爱一个女子就要为她提供最基本的生活保障。对于当代中国城市青年而言，他们不愿意在没有住房保障的情况下推进自身的社会化进程。在他们看来，一方面，住房能够为适婚年龄的青年提供一定的私人空间；另一方面，稳定的住房也能够给结婚、生育带来心理上的安全感，令其感到可以为子女提供一个相对稳定的成长环境。受此观念影响，很多城市青年在无房时期不愿或是很难结婚、生育。这在一定程度上反映出，住房在城市青年的社会化进程中起着重要作用。

可见，住房确实成为影响城市青年群体生命进程的重要因素，如果城市青年的住房问题一直得不到解决，无疑会给整个城市乃至整个社会的发展带来一定的影响。住房市场的压力长期存在，那么，如何引导城市青年合理地看待结婚与买房之间的关系便值得进一步深入研究与探讨。

（二）住房使城市青年居留意愿多元化

目前，城市生活压力大、节奏快，媒体舆论以及周围的社会环境对青年人心态的影响越来越大，在这种情况下，住房问题已经不单纯影响他们的生活质量，在很大程度上也会影响他们的居留意愿和对城市的情感。居留意愿关系到流动人口迁移到迁入地后是否居留的选择。城市青年大多接受过高等教育，对自身的发展预期比较高，工作收入水平较高，比较认同大城市的文化氛围，在城市中的居留意愿也更为强烈。

虽然城市青年最初对自身在城市的发展预期比较高，但是随着时间的推移，当面临结婚生子、成家立业这些问题时，青年开始重新认识现实，理性地认识生活，对自己开始新定位。加上大城市极高的房价，这些因素共同促使城市青年的居留意愿呈现多元化趋势。首先，工作稳定、收入高的城市青年的居留意愿比较强烈；其次，刚毕业的大学生居留意愿比较摇摆；再次，随着年龄增长，居留意愿呈现矛盾与分化趋势，部分青年一方面希望在城市中继续坚守，另一方面也存在"逃离大城市"、回乡购房安居的倾向；最后，已婚青年往往具有较强的居留意愿，而住房状况又对青年的婚姻决策有重要影响。总的

来看，在影响城市青年居留意愿的因素中，户籍和住房价格对城市青年的居留意愿影响最为显著。

城市青年的居留意愿根据不同的家庭背景、经济条件、受教育水平、工作性质等各方面的原因出现多元化的倾向，这是城市发展、竞争与青年自身选择之间相互博弈的结果，但是青年是城市发展主力，增强城市青年的居留意愿对城市未来的发展和建设具有深远的意义。

（三）住房获得的代际影响增强化

近年来，先赋因素对城市青年的住房差距和住房的阶层分化起着非常重要的作用。调查显示，家庭的社会经济背景对青年的住房影响非常显著。父母的购房能力也就是说经济状况在很大程度上决定了城市青年的购房支付能力，在城市尤其是大城市中，很多来自贫困家庭、农村小城镇，以及偏远的经济不发达地区的青年很难从其父辈处取得住房方面的资金支持。虽然这些青年作为"穷二代""农二代"在工作能力以及学历水平等个体性特征方面与其他的城市青年没有任何差异或者拥有足够的竞争力，但是由于其几乎不可能获得来自父辈的家庭经济支援，所以也很难在城市购买住房。课题组将这种购房困难现象称为"遗传性住房困难"，这种问题是地域经济不平衡发展的根本结果。住房困难问题的代际传递，导致部分城市青年"安家乐业"的"城市梦想"被抑制。而且代际住房贫困问题，进一步阻碍了青年通过自身努力获得更好社会经济地位的机会。这与追求平等竞争的社会环境要求相悖，青年的不满情绪会因此增加。因此，城市青年的住房代际贫困问题需要引起足够的重视，这是建设公平竞争社会的基本要求。

（四）住房的分层现象显性化

课题组认为，住房分层是指城市居民按照不同的收入水平、职业地位、教育背景、名誉声望、家庭背景等客观性的资源条件向同一个社会阶层和居住空间聚集的现象，不同类别的居住空间归属于不同阶层的居民，反之亦然，即不同阶层的居民归属于不同类别的居住空间。根据调查研究发现，目前在城市青年群体中，这种住房的分层化现象开始变得比较严重。学者朱迪对"80后"

城市青年的住房分层化现象做出了研究，她利用2010年对6所985高校毕业生的调查数据，系统地分析了"80后"知识精英群体的住房拥有情况，指出很多家庭背景好、父母经济收入高、独生子女的家庭在很大程度上能够帮其子女解决住房的问题[1]，与"房奴""蚁族"等群体形成了鲜明的反差。

住房本质上也是一个有型的保值资产，是高额的消费品。尤其是在大城市房价畸高的状况下，住房具有投资的功能，因而成为社会分层的一个非常重要因素。由此带来的一个重要问题是，社会成员的经济地位作为一个突出的外显因素成为住房阶层分化的重要催化剂。社会成员众多特征，如家庭背景、职业能力、文化水平、地域差异甚至体能等均能通过住房体现出来[2]。就此而言，拥有住房和拥有什么样的住房已经成为社会分层的重要标志，反过来，目前存在的社会阶层分化对城市青年的实际购房能力又具有非常大的影响，如典型的"官二代""富二代"与"穷二代""农二代"之间在购房支付能力上差异显著。反映在城市青年住房问题中，就表现为"拥有自有性住房"和"没有住房"以及"租房"和"租什么类型的房子"之间的分层差异，随着贫富差距的加大，这种住房的社会分层化特征越来越明显。

住房的阶层分层化现象某种程度上导致青年心理压力加大，社会不平等感增强，对生活的预期和希望降低，因此，研究城市青年的住房变化规律，掌握城市青年的住房分层趋势，是一个非常紧迫的课题。

（五）住房的身份象征普遍化

课题组调查显示，住房在成为社会分层的重要标志的同时，已经很大程度上替代"职业"成为社会身份分化的主要因素之一。住房的符号价值越来越明显，它已经不是单纯意义上的居住场所，还是一种投资品，更是财富、身份以及社会地位的象征。是否拥有自有性住房对城市青年的社会经济地位有着明显的影响。

保罗·福塞尔指出美国人住房格调差异非常明显地体现了美国阶层的差

---

[1] 朱迪：《"80后"青年的住房拥有状况研究——以985高校毕业生为例》，《江苏社会科学》2012年第3期。
[2] 李斌：《中国城市居住空间阶层化研究》，光明日报出版社，2013，第20页。

异,通过分析住房就可以研究人们的社会地位和社会阶层。这说明,住房的符号化抑或身份性象征越来越明显①。桑德斯也认为,在现代社会中住房越来越重要,甚至比职业划分更能准确地划分出现代社会的分层状况,观察一个人的住房状况要比留意他的工作更为重要②。这都说明,住房已经成为个体身份的重要象征。一般情况下一个城市会被划为很多分区,而每个分区的经济发展水平、绿化水平、离商业中心的距离、教育资源水平等都是不相同的,不同的住房地段和区域显示着不同的住者身份,而且在同一个区域中,也存在着别墅区、高档住宅区以及一般住宅区的划分,这些住宅区域的划分和形式也显示着住房者的不同身份。在我国当经济适用房、限价房等小区出现时,高档小区也逐渐形成,"居-住分异"③现象在各大城市普遍存在。在城市青年中,是否拥有房、拥有什么样的房、是否在租房、租住在什么样的地段、租住在什么样的小区等一定程度上反映着城市青年的不同身份,这种住房身份也成为一种划分社会群体的标志。目前,伴随着房价的持续走高,这种住房的身份化象征越来越明显。

(六)住房导致城市排斥现象加剧

城市排斥是指城市由于占有地域、政治、经济、文化、社会、科技等各方面的优势,通过一系列国家政策和既有的城市体系使省会及直辖市获利或者免受损失,限制分享拥有该城市户籍的居民所享有的基本保障,进而排斥城市的外来者。在城市排斥理论中,户籍是造成城市排斥的一个重要关卡。城市排斥不同于一般意义上的社会排斥,一般而言,社会排斥指的是社会排斥那些被贴上具有"社会问题"标签的一类人,例如流浪汉、精神病以及乞讨者等人,但是,在本文中,城市排斥指排斥城市的"外来者"分享城市既有的发展成果和利益。原因如下:一方面,大城市有更大的权限获得更多国家投资、民间

---

① 保罗·福塞尔:《格调》,中国社会科学出版社,1998,第122~152页。转引自李斌著《中国城市居住空间阶层化研究》,光明日报出版社,2013,第20页。
② Peter Saunders, Peter Siminki. 2005, "Home Ownership and Inequality: Imputed Rent and Income Distribution in Australia", *Economic Society of Auatralia*. Vol. 24, Iss. 4: 346–367. 转引自李斌著《中国城市居住空间阶层化研究》,光明日报出版社,2013,第9页。
③ "居住分异"是指居民住房的分化现象,特别是指人口形成一定规模的居住小区的分化现象,典型的就是国外所谓的"穷人区"和"富人区"的分化现象。

投资和境外投资，又可以从下面的次级城市以及农村吸取资源，达到城市竞争最优状态①，这样一来，大城市通过国家制定的各项政策以及城市自身制定的政策对一些外来者——这里面不乏城市青年——设定一定的门槛，迫使很多为这个城市做出贡献的城市新青年不能真正成为城市一份子，例如没有户口，就不能享受购房的优惠条件，也就不具备购房的条件，就不能享受保障性住房政策优惠等。一定意义上，城市排斥大多通过政策表现出来，因此也有人称之为政策性排斥，也就是说通过政府颁布的各种政策和规定，将一部分社会成员排除在政策覆盖之外，使他们得不到应有的社会权利②。另一方面，拥有城市户籍的居民对外来人口有心理上的排斥，城市居民认为外来的城市青年占用了其公共资源，导致了房价的上涨，因此有歧视和敌视外来城市青年的现象。

除了户籍之外，课题组认为造成城市排斥的另外一个重要因素是住房因素。例如不同单位性质间城市青年的住房现状存在着很大的差异。国企员工、公务员在一定程度上还享受一些住房政策优惠，能够比其他工作单位的青年更容易获得住房，这在一定程度上对其他单位的青年造成了排斥，所以，住房在城市排斥发挥着重要作用。住房不仅是栖身之所，还包含了居住者对于自然环境、人文环境、交往对象和生活方式的选择，体现了阶层、身份、财富水平等与居住空间之间存在着匹配与集中关系。布尔迪厄曾从"趣味"的社会系统意义角度探讨住房造成的社会群体之间的分离和排斥，他强调"趣味"起点的差异是由社会决定的，并且是不同群体之间相互分离和排斥的武器，趣味的差异会不断地在社会中复制，甚至隔代复制。而居住空间是"趣味"得以复制的主要场所③，因而住房的分化或者居住空间的差异也成为城市排斥的重要因素之一。

以前多数学者认为城市排斥的唯一对象是"农民工"，实则不然，像不具有城市户籍的城市青年也徘徊在被城市排斥的边缘，他们同样难以享受城市提供的各种保障制度。随着青年在城市中的发展，他们会很明显地感觉到来自城

---

① 李斌：《中国城市居住空间阶层化研究》，光明日报出版社，2013，第36页。
② 徐晓军、欧利：《返乡青年农民工的游民化风险》，《当代青年研究》（沪）2009年第5期。
③ 布尔迪厄著《文化资本与社会炼金术》，包亚明译，上海人民出版社，1997，第192~193页。转引自李斌《中国城市居住空间阶层化研究》，光明日报出版社，2013，第36页。

市自身的排斥,住房一定程度上成为城市排斥的主要力量,它对城市青年的住房选择以及迁移性决策有着非常大的影响。除了客观性的城市排斥外,还存在一个主观性城市排斥,就是没有购房或者没有能力购房的城市青年会在心理上觉得自己被整个城市或者被有房的同事所排斥。也就是说,城市青年自身社会认同低与被城市排斥两个主客观因素同时导致这个群体在经济、社会和心理三个层面都不能有效地融入城市生活[1]。目前城市青年群体中由家庭经济背景导致的代际间贫富差距很大,这在一定程度上加剧了城市排斥现象。城市排斥现象的显性化已经成为城市青年住房问题面临的新挑战。

四 结语

在当今中国,城市居住问题已经在青年人身上集中爆发,很多在城市中奋斗着的年轻人,在守望住房理想的同时又不得不向住房现实妥协,其间衍生出一系列深层次的社会问题。不管是从青年人权保障,还是从社会和谐发展的角度来说,城市青年的"安居城市梦"都值得尊重与满足,且必须引起高度重视,否则可能会带来三个方面的风险。

一是社会阶层板结化的风险。目前在大城市中,住房已经在一定程度上从单纯的生活资料变成了身份的象征,成为划分社会阶层的标志之一,住房代际贫困加剧。许多"农二代""穷二代"通过高等教育获得了开启城市生活的钥匙,在城市获得了与父辈不同的奋斗起点,但是高昂的房价使很多家庭经济条件不好的城市青年再次"返贫",出生背景禁锢了他们改变命运的奋斗理想,住房成为改变命运的绊脚石,阶层分化使其难以分享改革和发展的成果,社会群体间的不平等性加剧,这些均会导致社会阶层固化加强。

二是社会不稳定性增强的风险。城市青年对公平、正义、平等的价值诉求较高,然而住房的符号化特征越来越明显,住房成为财富、地位和身份的象征。随着社会阶层板结化,城市青年的理想将越发难以实现,部分城市青年处

---

[1] 吕凯、鲍海潮:《农民工融入城市的难点、成因及对策:基于奉化市立邦社区的研究》,《三江论坛》2011年第8期。

在城市排斥的边缘，他们的被剥夺感比较强烈，不满情绪就会增强，爆发群体性事件的可能性亦会增强，社会的稳定性和安全性就会受到影响。欧美的"占领运动"以及台湾地区的"无住宅团结组织"的游行等等，都是以城市青年为主体发起的与解决住房以及提供工作等诉求密切相关的社会运动。

三是城市活力[①]不足的风险。城市青年消费观念超前，追求时尚，是市场中的主力消费群体之一。高昂的住房价格在一定程度上会使青年的消费倾向受到限制，降低城市青年群体的潜在消费能力，进而可能会影响内需的扩大，最终影响到经济的内涵式增长[②]和可持续发展。此外，如果青年人在城市解决不了"安居"问题，其"乐业"之奋斗精神也将会相对削弱。课题组调研发现，"安居不得"的心态已经在某种程度上给青年带来了沉重的生活负担，是其生活的主要压力源之一。当青年的主要精力都被住房成本牵制之时，其生活的质量与心情的愉悦也难免会受到压抑，而这些往往都是创新与创意的源泉。同时，"安居不得"也可能会导致青年的居留意愿降低，造成"过客心态泛滥"与"人才流失过快"的弊端，从长远上不利于社会融合与城市发展。

值得一提的是，城市青年住房问题并不是我国经济发展的特有产物，它是每个国家在经济发展和社会转型时期必然要面对的阶段性现象，是城市化发展不完善的产物。在我国加快转变经济发展方式、大力推动城市化建设的大背景下，关注城市青年的住房问题已属当务之急。城镇化的破题需要青年，社会的改革依赖青年，国家的发展更是与青年息息相关。青年安居，则国安稳；青年乐业，则国昌盛。愿在流动的大时代下，与各界同人一道，为青年的"安居"贡献我们的智慧与力量。

---

① 结合凯文·林奇和简·雅各布斯对城市活力的定义，城市活力是指"城市提供市民人性化生存的能力"，最终追求的是营造出一个充满趣味的空间场所，使得城市居民在日常生活和社会生活中得到精神上与物质上的满足。

② 内涵式增长主要是指通过内部的深入改革，激发活力、增强实力、提高竞争力，在量变引发质变的过程中，实现实质性的跨越式发展。

B.2 特大城市青年人才的住房现状与问题

——来自北京的调研与思考

廉思 张钊[*]

摘　要：

本文关注特大城市青年人才的住房问题，所用数据源自课题组2013年开展的"北京市青年住房状况调查"。本文从代际的视角出发，剖析了特大城市中青年人才住房问题的意义与重要性，将在京青年人才分为居住自有住房者、与父母亲戚同住者以及租房居住者三类，分别总结了他们目前面临的住房问题与影响因素。在此基础上，本文认为解决城市青年住房问题的突破口在于租房，故进一步阐释了在京青年人才租房问题的形成与原因，提出了以完善租房市场体系为核心的"青年住房促进政策"。

关键词：

城市青年　住房　青年人才　租房

青年，特别是青年人才，是影响城市发展的重要人群。他们富有活力与激情，是经济建设的新鲜血液，在促进科技创新、推动城市社会进步层面发挥着积极作用。在当前社会各界对住房问题的关注中，青年始终处于风口浪尖，而青年人才更是众多关注中的焦点。无论是早年对"北漂""蚁族"乃至"蜗居"的报道，还是近年对"燕郊跨省上班族"的热议，青年始终是这些舆论的叙事主体，更为准确地说，这种对特大城市高房价的抱怨与愤懑情绪更多地

---

[*] 廉思，对外经济贸易大学公共管理学院；张钊，中国人民大学社会与人口学院。

集中于具有高等教育经历的青年人才之中。被赋予高期望的高等教育文凭与背负高房价的焦虑青春形成了鲜明的对比，以同情和共鸣为基础，青年人才的住房问题往往成为引爆社会舆论对房地产批判的导火索，在我国当前城市住房问题以及青年问题中均扮演着十分重要的角色。

一 关注青年人才住房问题的意义与重要性

住房是个体生存和发展的基础，与人们的日常生活质量息息相关，乃民生之本。青年人作为一个特殊的群体，在脱离父母、参加工作后多会步入"离家单独居住，结婚组建家庭"的生命阶段，对住房有着较为刚性的需求。而其中大多数城市青年往往缺乏经济资本、人力资本以及社会资本的储备，无论在租房还是购房消费市场上均处于相对弱势的地位。

诚然，这种弱势地位并非当前社会发展阶段所独有的，长久以来，青年都面临着住房难的困境，而随着个体年龄的增长与社会经济地位的提高，其住房问题也往往可以得到缓解。但是，我们也应注意到这种状况的改善更多地发生于个体而并非群体层面，对于整个社会而言，青年作为一个整体，其住房问题并不会自然而然地得到解决。

随着时间的演进，一些个体的住房问题得以缓解后，其年龄往往已经相对较大，不再属于青年。而与境况改善者的退出相同步的是，另一批新个体又会进入青年期，加入青年群体之中，若其生活工作的大环境与上一代相似，未得以改善的话，那么同样的住房难题会再次上演。也正是出于这一原因，有观点认为青年住房困难在各个时期、各个国家的社会中均广泛存在，是一种常态，而并非问题，无须解决和关注。课题组对此并不认同，我们认为，新时期的中国社会已经至少出现了三点重要变化，有力地回应了这种质疑，促使着"青年住房难"现象逐步由常态转变成影响国计民生的重要青年社会问题。

其一是住房资源分配的逻辑发生了改变，从"福利分房"转变为"商品购买"。在其作用下，住房正逐步从一种社会福利产品转变为一种价格高昂的商品甚至投资品。在原有福利分房的时代，工作年限与分得住房有着制度化的相关性，青年对未来住房问题的解决有着相对明朗的预期。但随着商品房改革的深化，这一分配逻辑发生了转变，在激发市场活力、改善住房品质的同时，也影响了人们对未来的预期。青年人在对自身收入和不断上涨的租金和房价的评估比较之中，慢慢丧失了对未来可以改善住房条件的预期与信心。

其二是当代青年人的价值观与曾经青年人的价值观相比，发生了较大程度的改变，他们对公平、正义以及平等的诉求更为强烈，对高质量生活的渴望更加强烈，对自我住房问题也相应产生了更多的不满与抱怨。特别是在当前高强度的工作压力与生活节奏下，舆论环境与社会情绪对青年社会心态的影响越发明显。从某种程度上看，住房质量已不仅影响了他们自身的生活水平，更在很大程度上影响了他们对所在城市的情感态度与居留意愿，从而间接影响到流入地社会的人才可持续供给与社会心态的稳定，成为影响社会经济发展的重要因素。

其三是当下群体性事件的爆发与青年不满情绪关系密切。回顾近期世界范围内爆发的多起社会运动，我们可以发现，它们的发起者和参与者均以青年为主，根源也多和青年人生活质量下降、利益诉求未得到及时回应有关。例如爆发于欧美的"占领运动"，就是发生在精英青年失业破产、无力偿付房租房贷、居无定所的背景之下。再如台湾地区的"无住宅团结组织"（又称"蜗牛族"，该组织主要成员为青年阶层，包括学生、中产层、知识层和贫困层），曾于1989年8月26日组织了大规模的示威游行，旨在抗议"低收入者购买不起住房"的社会现实。

上述现象均启发政府在制定政策与开展相关工作之时，必须要积极关注与回应这一群体在住房层面的合理诉求，促进青年住房问题的妥善解决，发挥青年对经济社会建设的积极作用，保障社会的和谐与稳定。

在前期调研走访中，课题组发现，在北京青年中，接受过高等教育的青年人才的住房问题在众多青年之中尤其值得政府关注。这主要基于三点考虑。

第一，接受过高等教育的青年人，对生活质量改善的心理预期往往更高，在住房问题上的相对剥夺感、心理落差与不满意度也相应较大。

第二，现有政策对这一群体的覆盖相对较少，他们的收入往往超过了保障性住房制度的要求，但工作单位又极少可以提供宿舍，收入大多被用于住房消费，属于"刚需夹心层"，政策改善空间较大。

第三，该群体的人力资本基础较好，知识结构与技能水平与北京等特大型城市定位、产业规划及人口调控规划更加契合，更有可能在特大型城市中长期居留，成为建设的主力。

在这一背景下，课题组面向北京青年人才，以摸清住房状况、了解实际需求、探究可行性政策为目标，在开展大量文献与实地调研工作的基础上，将调研重点对象确定为：出生于1980年以后、年龄在16周岁以上、受教育程度在大学专科以上的在京工作青年群体（注：调研群体既包括户籍人口也包括非户籍人口），具体包括青年公务员、事业单位青年职工、国企和集体企业青年职工、外企青年职员及私民营企业青年职工五类子群体。自2013年4月起，累计召开座谈会8场，发放问卷5000份，回收有效问卷4321份，有效回收率86.42%。

调研的样本抽取采用分层两阶段不等概率抽样法开展，通过与有关部门的合作，利用组织渠道构建抽样框。在第一阶段，以企事业为抽样单元，将全市所有企事业单位划分为五类：国有和集体企业、政府机关、事业单位、外资及合资企业和私民营企业，在每类企业中采用简单随机的方法抽取出50家单位；在第二阶段，以企事业单位中的青年员工为抽样单元，在上一阶段抽出的每家单位中，根据简单随机抽样的原则，选择20人入样。

由于采用了分层不等概率抽样方法，因此在结果分析时，需要根据每层实际青年人才比例对直接汇总结果进行加权处理。在各类企事业单位青年人才总体规模比例数据不可得的情况下，课题组根据北京市第二次经济普查数据[1]中各类单位员工规模数据对五类青年的相对规模进行了近似估计，并与实际调查所得的五类青年数量进行综合计算后，得出了不同青年群体的相对权数，使用STATA12.0统计软件对所有推断总体的指标进行了综合加权计算，以求最大限度地反映实际情况。

---

[1] 其中青年公务员对应普查中单位类型为机关法人，事业单位青年职工对应单位类型为事业单位，国企和集体企业青年职工对应单位类型为国有企业、集体企业、国有联营企业、集体联营企业、国有与集体联营企业、国有独资企业和其他联营企业，外企青年职员对应单位类型为所有外资企业和港澳台商外资企业，私民营企业青年职工对应的单位类型则为所有股份有限公司、私营独资、私营合伙、私营有限责任公司以及私营股份有限公司，五类单位中员工规模比例依次为2.80%、9.62%、27.24%、12.02%、48.31%。

二 北京市青年人才住房现状

丰富的生活情境及多样的房源供给共同决定了青年住房状况的复杂性，不仅购房的房源类型有所差异，而且租住房源的类型也具有极强的异质特征，此外还存在单位分房、保障性住房、拆迁补偿或继承父母住房等多种情况。为了简化分析，课题组依据青年的住房状况，对其做了四种分类：其一是借贷性自有住房群体，主要指居住于依靠贷款购置的住房之中，需要每月偿还房贷的情况；其二是无借贷性自有住房群体，主要包括居住于单位分配所得、拆迁补偿所得、继承父母所得以及全额购置住房的情况，其典型特征是没有固定的住房支出，没有住房负担；其三是与父母亲戚同住群体，主要指与父母亲戚同住的情况；其四是租房居住群体，既包括租住市场房源，也包括租住保障性住房，同时也包含居住于单位集体宿舍的情况。具体细分的话，我们又可以将借贷性自有住房群体及无借贷性自有住房群体统称为自有住房群体，表示该类青年完全拥有所住房屋的使用权。

分析结果显示，北京青年人才中居住于借贷性自有住房的比例为11.9%，居住于无借贷性自有住房的比例为11.6%，与父母亲戚同住者的比例为24.3%，租房居住的比例为52.2%。在理论上，租房居住者和与父母亲戚同住者都存在获得自有住房的潜在需求，二者比例相加达76.5%。但若考虑实际情况，如此巨大的青年自有住房需求，显然难以全部得到满足。在实际工作中，需要着力关注非自有住房群体的住房质量，提升其生活水平，缩小与自有住房群体的生活差距，适度降低其对自有住房的刚性需求。

（一）居住自有住房者：住房状况相对较佳，但房贷压力影响消费倾向

调研显示，对于居住在自有住房中的青年而言，其住房消费负担相对适中，其中有50.6%的人居住于借贷性自有住房之中，需要逐月偿还贷款，其余49.4%的人则居住于全额购置、单位分房、继承所得、拆迁补偿所得等来源的无借贷性自有住房之中，无须每月为所居房屋缴纳费用。对于借贷性自有

特大城市青年人才的住房现状与问题

借贷性自有住房
11.9%

无借贷性自有住房
11.6%

与父母亲戚同住
24.3%

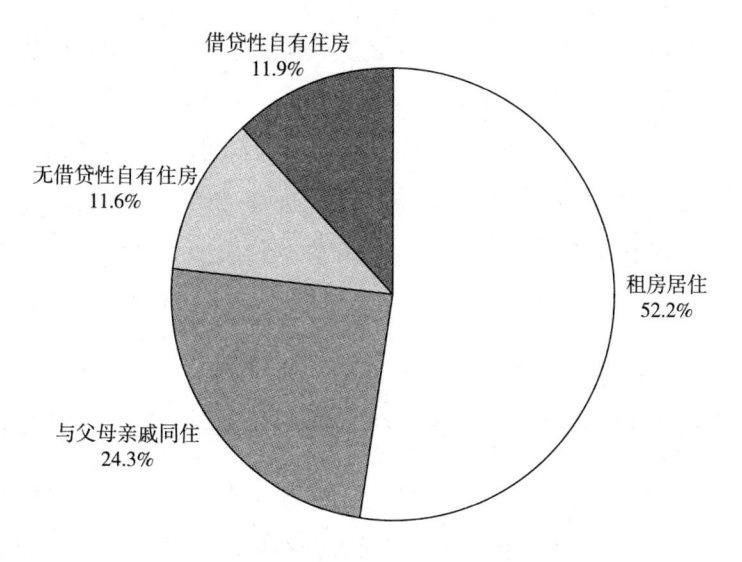

租房居住
52.2%

图1　北京青年人才住房现状

住房者而言，其房贷占收入比重平均为41.2%，与受访者认为自己最多愿意承受的比例40.6%相似，表明贷款购房者的还贷压力相对适中。但是，回归分析表明，在收入一定的情况下，个体住房支出与日常消费之比越高，其日常消费占收入的比例也就越低。这反映出，对于贷款购房者而言，虽然其住房支出压力相对适中，但还是会成为压抑日常消费倾向的重要因素，从而间接影响青年人及其家庭的生活质量。

（二）与父母亲戚同住者：以北京本地青年为主，婚育生活规划因房推迟

与父母亲戚同住者以北京本地青年（14岁以前居住地为北京）为主，占比为84.4%。在实地走访中发现，此类青年多为被迫与父母和亲戚居住，多数人渴望脱离家庭、独自生活，但苦于缺少资金，无力承担租房或购房费用。在调研中，课题组还发现，住房问题成为影响许多青年生命周期演进的重要因素。特别体现在他们对于自己结婚、生育等重大决策的安排之上。很多人都表示在住房问题没有得到稳定解决之前，不会启动结婚或生子计划。数据也显示，他们当中有20.1%的人已婚且育有子女，20.3%的人已婚但未

育子女，59.1%的人未婚，有0.5%的人离异或丧偶，其中未婚比例在各个年龄段均高于自有住房者。从社会学意义看，与父母长期共同居住不利于青年获得独立生活的经验，从而在一定程度上推迟其社会化进程，同时也可能带来家庭关系紧张等一系列问题。在访谈中，有位北京本地青年就曾表示："现在同父母挤在一个单元房里，没钱在外找房。父母有时会说，他们对我最大的贡献可能就是去死，这样我就可以继承房子结婚了。这让我很难受，也很惭愧。"

（三）租房居住者：居住状况相对较差，居住权益难以得到保障

租房居住者的居住状况相对较差。从租房类型来看，有42.1%的人居住于集体宿舍及青年公寓之中，20.9%的人合租整套居民单元房（非群租，未打隔断），17.4%的人租住在整套居民单元房之中，有15.0%的人居住于群租房、农村低矮平房以及地下室之中，有4.6%的人居住于廉租房、公租房之中。该数据表明，在租房居住的青年人才中，保障性、政策性住房覆盖面仍然较小，群租房、低矮平房及地下室等非正规房源仍占较大比例。

数据显示，受访者平均月租金为1993.4元，占家庭人均月收入的37.1%，略高于其最多能够承受的比重35.2%。而若分婚姻状态考察，则可发现单身者的月均租金占月收入比重为38.2%，高于其理想情况（35.7%）2.5个百分点；而已婚者的月均租金占月收入比重为34.3%，与理想情况基本持平。这表明单身租房者较已婚租房者而言，有着更大的房租负担。

此外，青年人才在租房过程中也常常面临着合法权益难以保障的困境，受访者中仅有26.31%表示在租房过程中未遇到权益受损问题，有33.3%的人表示自己曾经遭遇房东临时清退，且无补偿的情况，有41.3%的人表示自己曾遇到租金不按合同规定、随意上涨的情况，更有43.8%的人表示自己曾遭遇黑中介克扣甚至骗取中介费。而如果考察青年人才对租房问题的看法，则有59.3%的青年人赞同"租房是其了解社会阴暗面的第一课"。分租房状态分析可知，租住于非正规房源的个体有着最低的满意度，其中持不满态度的比例达45.8%，远高于其他租房状态。这凸显出租房市场中存在的一系列侵权问题已经给青年人才带来了极大的困扰，甚至在某种程度上影响了他们对社会的认知

和体悟。

综合来看，北京青年人才群体仍面临着许多住房问题，无论是对于自有住房者，还是对于与父母亲戚同住者，抑或是对于租房者而言，情况都是比较复杂和多元的。但是通过比较，课题组认为，自有住房者及与父母亲戚同住者面临的问题仅涉及生活及发展的压力，其现有住房环境仍相对较佳，特别是对于自有住房者中已全额购置房产的人而言，他们无论在生活境况还是住房条件上都处于优势地位。而租房者除了面对同样的生活和发展压力外，还要承受较差的住房环境，面临租金克扣、临时清退等一系列问题。同时，数据分析结果也显示，租房者是三类群体中对当下住房现状以及住房政策最不满意的群体，他们对住房问题的抱怨较多，访谈中很多人都表示租房难问题对其在京工作生活带来了极大困扰。基于上述考量，课题组认为，目前阶段，政府应当重点关注青年人才中的租房群体，也就是着力解决青年人才的租房问题，规范相关市场，出台相应政策，保障其在京居住生活的顺利与幸福。

三　青年人才住房状况的影响因素

（一）家庭社会经济状况是影响青年住房的重要因素

在实地调研中，课题组发现家庭的社会经济背景对青年的住房状况具有显著影响。首先，在自有住房者中，在父母支持下贷款购房的占比为49.2%，父母为子女全额购置住房的占比达26.1%，这表明父母支持是青年获得自有住房的重要途径。其次，我们也发现城镇户籍的青年人才中自有住房的比例接近三成（27.8%），远高于农村户籍者7.1%的水平。户籍类别与青年人才的家庭经济状况有着密切的联系，农村户籍青年的家庭相比城市家庭而言，社会经济状况较差，能够为其在京居住生活提供的帮助较少。同时我们也在上文的分析中看到，对于北京本地青年而言，居住父辈的住房是他们解决住房问题的一个重要方式，但来自外地的流动青年则无此优势，很难借助家庭力量解决住房问题。这些均彰显了阶层固化现象对青年人才住房状况的影响，值得政府与社会进行密切关注与深度思考。

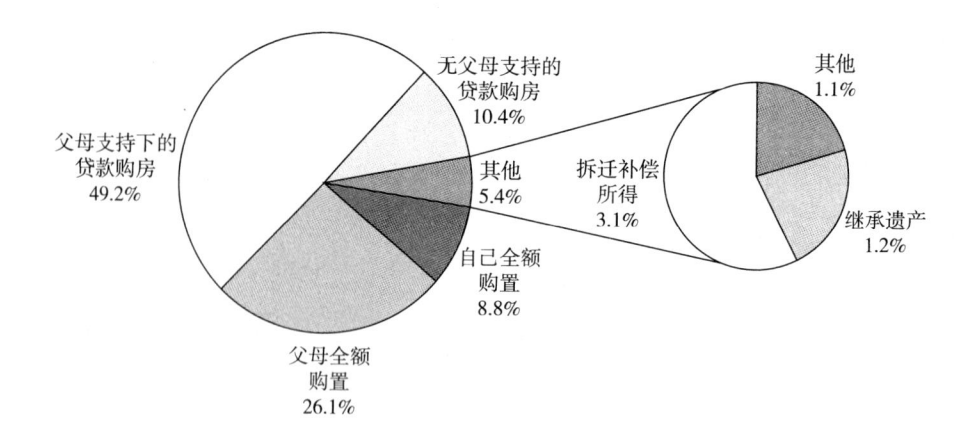

图 2　自有住房获得途径

（二）个体住房状况随着工龄的提升而部分优化

通过分析发现，工作时间是否满5年，对住房类型有显著影响。工作5年以下的群体只有15.4%的人居住于自有住房之中，大部分人（61.3%）为租房居住，剩余23.3%的人则是居于家庭住房中。但对于工作5年及以上的青年人才而言，其自有住房比例明显提升，达到36.0%，租房居住比例也明显下降至38.9%，不过居于家庭住房的比例却提升至25.1%，这可能与青年人生育子女后需要父母协助照料有关。青年人参加工作的年限越长，经验越多，阅历越丰富，个人经济状况也就越有可能随之改善，而这势必会影响到其住房状况的优化，上述数据也验证了这一规律。但是，我们应理性看待这一向上流动的趋势，它并不意味着青年人才的住房问题会随着时间推移而自然解决。我们可以发现，即使是工作5年以上者，仍然有1/4左右的人是与父母居住的，仍有近四成的人处于租房居住的状态，说明这种优化只是在一定程度上发生，这些青年中很大一部分人仍面临着一定的住房压力。

表1　分工作年限的青年人才住房状况

单位：%

	无借贷性自有住房	借贷性自有住房	与父母亲戚同住	租房居住	合计
工作未满五年	8.8	6.6	23.3	61.3	100
工作已满五年	15.3	20.7	25.1	38.9	100

（三）不同工作单位性质的青年住房结构差异较大

统计分析表明，青年人的工作单位性质与其住房状况有着密切联系，青年公务员与外资合资企业青年职工的住房状况相对较佳，而事业单位及私民营企业职工的住房状况相对较差。在自有住房方面，青年公务员和国企集体企业职工的比例较高，分别为31.3%和31.2%，远高于私民营企业职工18.2%的水平。在租房居住方面，租房者比例最多的为私民营企业职工，达64.6%；其次为事业单位职工，为45.0%；青年公务员的租房比例最低，占比不足1/3（32.8%）。在与父母同住方面，外资合资企业职工、青年公务员、事业单位职工中均有超过30%的人与父母或亲戚同住，他们很可能是今后购买自有住房的重要力量，最有可能成为潜在购房群体。综合来看，青年公务员和外资合资企业职工解决住房问题的主要方式是与父母或亲戚共同居住，而国有、集体企业青年职工、事业单位职工及私民营企业青年职工的住房问题则主要通过租房居住予以解决。

表2　分单位性质的青年人才住房现状

单位：%

	无借贷性自有住房	借贷性自有住房	与父母亲戚同住	租房居住	合计
青年公务员	15.5	15.8	35.9	32.8	100
国企、集体企业青年	13.5	17.7	27.4	41.4	100
事业单位青年	9.2	15.5	30.3	45.0	100
外资、合资企业青年	17.5	7.3	38.5	36.7	100
私民营企业青年	9.3	8.9	17.2	64.6	100

（四）外来青年租房比例较高，本地青年与父母亲戚同住比例较高

课题组结合生源地和户籍状况两个标准，对本地青年和外来青年进行综合界定。其中"外来青年"既包括传统意义上的青年流动人口（即流动青年），也包括生源地并非北京，但随后发生户口迁移、获得北京户籍的青年（即外来京籍青年）；而"本地青年"则主要指生源地为北京的青年。

数据分析表明，本地与外来青年的住房现状差异显著。对于本地青年而言，其住房问题主要依靠居住家庭住房的方式解决，占比达54.2%，居住自有住房的比例为28.7%，租房居住的比例仅为17.1%。对于外来京籍青年而言，其住房状况则呈现出明显的分化特征，即有40.6%的人居住于自有住房之中，其中居住在无借贷性自有住房的人占总体的14.9%，居住在借贷性自有住房的人占总体的25.7%；与此同时，也有51.4%的人采用租房居住的方式解决住房问题。最后，对于流动青年而言，有80.7%的人依靠租房居住的方式解决住房问题，能够居住在自有住房之中的比例仅为13.2%，而与父母亲戚同住的情况则更少，仅为6.1%。这些数据均表明流动青年是目前北京青年人才中住房状况较差、租房问题较为突出的一个群体，需要予以重点关注。

表3 分迁移类型的青年人才居住状况

单位：%

	无借贷性自有住房	借贷性自有住房	与父母亲戚同住	租房居住	合计
本地青年	18.5	10.2	54.2	17.1	100
外来京籍青年	14.9	25.7	8.0	51.4	100
流动青年	5.4	7.8	6.1	80.7	100

（五）个体住房状况随着受教育程度的提高而部分改善

统计分析表明，随着受教育程度的提升，个体的住房状况有着部分改善的趋势。在具有大专学历的个体中，仅有7.5%的人居住在无借贷性自有住房之中，6.9%的人居住于借贷性自有住房之中，显著低于本科学历者和研究生学历者的水平，在一定程度上表明受教育程度可以在一定程度上帮助个体获得自有住房。而在与父母亲戚同住方面，则是研究生学历者的比例显著低于本科学历者和大专学历者的水平。此外，在租房居住层面，三种学历者的相应比例差异不大，均在50%左右的水平，其中研究生学历者中租房居住者的比例甚至略高于本科和大专学历者，为57.7%，这些均凸显了受教育程度对住房状况改善作用的有限性。结合北京市对高学历人才的引进政策，我们应重点关注租房比例相对较高的研究生学历群体,着力保障其租房居住的质量,提升其居留意愿与发展信心,保障首都高层次人才队伍的相对稳定。

表4 分受教育程度的青年人才居住状况

单位:%

	无借贷性自有住房	借贷性自有住房	与父母亲戚同住	租房居住	合计
大 专	7.5	6.9	28.8	56.8	100
本 科	13.0	12.0	27.0	48.0	100
研究生	11.5	20.8	10.0	57.7	100

综合上述特征,我们认为:毕业5年内,就职于私民营企业、事业单位的外来青年是北京青年人才之中的弱势群体,他们因工作单位福利相对较差,工作年限较短,获得的家庭支持有限,只能依靠租房来解决在京居住问题,应是政府重点服务与关怀的对象。

四 青年人才租房问题的形成及原因

(一)房源供给与青年需求不匹配,多人合租成为失衡市场下的无奈选择

目前,青年租房市场呈现严重的供需矛盾。青年人才具有流动性大、付租能力有限的特点。调研显示,刚毕业的大学生倾向于租住租金便宜、交通便捷、适合单身或情侣居住的小户型房屋,其婚前的理想居住面积均值为55.4平方米,理想户型为一室一厅和两室一厅;婚后的理想居住面积均值也仅为75.4平方米。然而,在房源供给方面,房屋租赁市场上多数房屋套型面积偏大,租金价格偏高,租期也不甚稳定,受房东主观意愿的影响较为强烈。年轻人可以承受的租金较低的小型住房供应明显不足,无法满足需要。此外,受到土地、财政以及户籍制度等因素的影响,保障性住房依旧存在供应量不足的问题。在资源有限的前提下,为了保障社会各群体间利益的均衡协调,政策往往会优先保障最需要得到帮扶的弱势群体,因此难免会造成申请标准较窄、非户籍人口覆盖率较低等一系列问题。在这一背景下,大学毕业不久的

青年人便会面临比较尴尬的局面，一方面因个人收入超标、居住年限不足或户籍条件的限制，无法申请或较难申请到保障性住房；另一方面也因积蓄有限，市场价格偏高而难以在租房市场上寻得户型合适、价格适中、正规安全的市场性住房，成为所谓的"刚需夹心层"。供给与需求的严重不匹配导致了市场的结构性失衡。在难以找到价格合适的小户型房屋，又无力独自负担大户型高昂房租的情况下，降低居住质量、选择多人合租甚至群租往往便会成为大多数青年的无奈选择。

（二）缺乏明确监管政策，部分规定缺乏适用性，限制了有效房源的供给

从整体上看，北京租房市场仍不成熟，尚未实现完全意义上的规范化运作，加之流动人口总量巨大，有着强劲的租房需求，"地下室""群租房"以及"私建楼房"等形式的非正规低价房源大量涌现。这些非正规房源存在着大量隐患，往往难以满足建筑、消防、治安、卫生等安全标准，一方面不利于租客居住环境的改善，另一方面也破坏了房屋结构，从长远上损害房东的利益。长久以来，北京缺乏整治相关乱象的明确政策规定，缺少多部门联合统一的协调配合机制。这一情况直到2013年9月才得到了一定程度的改善，北京市住建委、市公安局、市规划委会同市卫生局等部门联合印发了《关于公布我市出租房屋人均居住面积标准等有关问题的通知》（以下简称《通知》），对群租进行了界定，明确了群租相关各方责任，并强调建立群租综合治理机制，强化属地监管责任。在实地走访中，课题组发现该通知中大多数规定明确、具体且便于执行，在整体上有利于对群租问题的治理。但是，仍有部分政策存在过度严格，与租客实际需求相脱节，从而抑制有效房源供给的问题。典型代表是"应当以原规划设计为居住空间的房间为最小出租单位，不得改变房屋内部结构分割出租"，该项规定虽然便于界分"群租"行为，但过度打击了一部分市场上既有的不降低租客居住体验的改造性房源，并抑制了一些正规中介对房屋内有限空间高效利用的有益尝试。同时，在不扩大有效房源供给的情况下，单纯采取强效手段限制群租的做法，往往也难以收到良好的效果，难免陷入"运动式"执法、政策难以长期有效执行的窠臼之中。

(三）监管体系不健全，青年租客投诉无门，缺乏安全感

北京目前的租房市场，仍处于需求大于供给的状态，特别是对于青年人才而言，可以满足其需求的优质房源并不充足。在这一卖方市场中，相对房东而言，作为租客的青年人往往处于弱势地位，议价和维权能力均相对不足，需要完善的市场监管体系保障其租房过程中的合法权益不受侵害。但遗憾的是，当前北京房屋租赁市场的监管体系并不健全，如前文所述，调查显示绝大多数青年都曾遭遇过"价格随意上涨""临时清退且无补偿""克扣租金"以及"不签订房屋租赁合同"等一系列不公待遇。而这种侵权伤害与供需失衡的卖方市场以及缺乏监管的租赁行为有着极为密切的联系。一方面，在我国，租金价格缺乏有效的监管机制，标准的制定与变动的原则都存在一定的随意性，往往由卖方市场中掌握定价优势的房东所决定，租客只能被动接受。出租人和承租人之间的租赁关系也常因此呈现不稳定特征，租客面临着被临时清退、克扣押金以及随意涨价的风险。另一方面，房东和一些非正规中介机构出于成本的考虑，在利益的驱动下，为避免缴税而选择地下交易，不愿主动登记备案，由此导致了诸多问题的产生，出租人及承租人的权利都得不到有效保障，纠纷与矛盾也常由此引发。此外，青年租客在自身权益受到损害时，也往往面临着投诉渠道不畅的窘况。目前介入住房租赁管理的政府部门除房地产管理部门外，还有公安、工商、税务等职能部门，社区街道也部分发挥着协管协助的作用，部门庞杂，青年普遍反映在遇到问题时不知该向何方反映，而即使投诉得到受理，相关维权和整治行动也只能在协调各部门资源后集中开展，难以及时有效地帮助青年解决现实问题。也正是出于上述原因，青年在租房中才产生了较高的不安全感，更有约三成（30.3%）的青年表示自己不接受"租房到老"的直接原因，便是临时清退等租客权益侵害事件。综合来看，在缺乏常态监管的卖方市场下，房东和中介的违法成本较低，即使做出违规行为，也无须担心受到严惩。而青年人才，由于处于弱势地位，即使遭遇了侵权伤害也往往由于维权制度的缺乏和时间精力的不足，难以有效维护自身合法权益。这些问题加剧了青年人对租房居住的不安全感，并进一步强化了他们通过购房获得稳定居所的意愿，给购房市场增加了价格上涨的潜在动力。

五 国内外对租房市场的管理经验

（一）政府在确保房源方面起主导作用，实现供需平衡

政府在确保房源方面起主导作用。日本为扩展公营住房房源，《公营住宅法》（1996）规定了三个途径：一是由地方公共团体建设公营住宅，二是由地方公共团体收购民间住宅，三是由地方公共团体租用民间宅。为确保有稳定的房源，自20世纪60年代开始，新加坡每5年制定1个建屋计划，政府除专门拨出国有土地和适当征用私人土地以供房屋发展局建房外，还以低息贷款形式给予资金支持。同时为了保证建屋计划实施，政府颁布了《建屋与发展法令》和《土地征用法令》（1966），拨出国有土地和征用私人土地作为建房之用。

德国实行鼓励性和强制性措施拓展房源，政府对合作社建造出租房给予多方面政策倾斜：一是提供长期低息贷款；二是给予借款保证；三是提供合理价格的土地；四是降低合作社征收税率；五是补贴租金。德国的合作社建造的出租房（约占全国总数的1/3）不能出售，对出租房源的稳定起到重要作用。对于私人投资者和地方房地产公司，政府为其提供无息或低息贷款，鼓励其为低收入群体提供价格低廉的出租房或对出租住房进行修缮。此外，德国还规定，房地产开发商在建造住房过程中，必须预留一定比例的住房专门卖或租给低收入群体。

（二）完备租房体系，明确交易双方权责

在租金控制方面。德国《民法典》等多项法律均有相关约束租金的条款以实现租户权益保障。根据法律，德国各州、市及乡镇都设有独立机构制定各地段房租价格标准范围，作为住房出租人和承租人确定住房租金的参考标准，房租涨幅若超过20%就被视为违法，超过50%则构成犯罪。我国香港则是实施"参考租金"制度[①]和"租金援助计划"，公共房屋租金主要依据不同公屋

---

① "参考租金"制度把全港划分为六个地区，参考租金是根据有关地区的位置和屋村的比对价值来核定，以每平方米室内楼面面积来计算出参考租金，楼宇设备、屋外环境及交通设施等亦会被考虑。

之间的比对价值和租户负担能力确定，租户负担能力是按"租金与收入比例中位数"来评估租房者整体负担能力，确保租金维持在合理水平。此外，由于政府免费拨地和向房委会注入资本，所以香港租金一直能维持在低水平。

在禁止"群租"方面。美国对"群租现象"管理严格，纽约市政府规定，1卧公寓只能住1至2人，2卧公寓只能住2至3人，3卧公寓只能住2至4人，厅不能住人，独立厨房与厕所必备。任何住宅皆不能非法改建，任何公寓要改变格局，都要向房屋局申请，获批后方能改造。不允许将地下室装锁、加建三层阁并改造成住人房间、将公寓的单元隔成多间，否则一旦被发现或举报，房东要接受严惩。

在规范"群租"方面。英国的《群租屋申领许可证令》（2006）规定，凡出租房屋超过三层、租户超过五人并共用厨卫沐浴设施者，房东就必须事先申请群租许可证，而要获得许可证，房东不仅每五年需缴纳一笔可观的许可证费，其本人还必须是没有犯罪前科也没有违反过群租法律的"良民"。要申请群租许可证必须先接受一个"合适性测试"①，对不合格者不颁发群租许可证。

（三）实施严格监管，加大惩罚措施

各国都对本国的住房政策实施了严格监管，通过立法保障住屋措施的落实。如美国先后通过了《住宅法》《国民住宅法》《住宅与城市发展法》等，对住屋消费保障做了相应的规定，内容涵盖了公共住房补贴、房租补贴、消除贫民窟等诸多方面。有关租房的细致规定还写入了德国的根本大法《民法典》中。

设有明确的租房市场监管与执法主体，权责明确。中国香港有关部门会对申请人进行全面的经济状况审查，通过之后他们才可入住公屋。入住之后的监管是持续性的，公屋租户住满10年后，每两年须申报住户收入和资产，而房

---

① 英国的"合适性测试"（The fit and proper test），若一个人符合以下任何一条，都不颁发群租许可证：（1）有过欺骗或其他不诚实行为记录、有过暴力行为、吸毒或贩毒行为及某些形式的性侵犯行为记录；（2）在市场交易过程中有性别、种族、肤色、国籍、民族或残疾人歧视倾向；（3）违反过任何一条房屋或业主租赁法律的。没有群租许可证的业主是不能将房屋群租出去的，否则一经他人举报，将会受到严惩，因此，法规的有效执行离不开严厉的监管和惩罚机制。

屋署也会定期"家访",了解住户情况。房屋署还成立100多人的"善用公屋资源分组",专责落户巡查,严格审查公屋住户的收入、资产申报以及公屋使用情况。为了保障租房福利性质,香港还建立了完善的惩处条例和退出条例,条例规定,任何人士如故意向房屋委员会虚报资料,即属违法,一经定罪,可判罚款20000港元及监禁6个月。对于滥用公屋①者,除了需要接受法律惩处外,还必须立即退出公屋。

(四)制定青年政策,实施租金补贴

为了保障青年人的租房权益,台湾地区建筑主管部门于2009年发布了《青年安心成家作业规则》②,列编专项经费,以补助青年家庭租屋及购屋。其对青年的补贴主要有两种:一是租金补贴,二是购置住宅贷款利息补贴。其间,除年龄限制外,尚有家庭年收入、有无自有住宅等条件限制。

为了实现青年人才的"稳心留根",江苏省无锡市于2012年推出了专门的"大学生租房政府补贴"政策③,该政策不限青年户籍,具体标准为博士每人每月800元、硕士每人每月600元、学士每人每月500元。期限暂定为两年,计算日期从大学生与所在企业签订劳动合同、缴纳社会保险且在外租房之月起。两年内,只要没有与初次就业的单位终止或解除劳动合同的人员,就可以一直领取租房补贴。

六 政策建议

住房问题牵扯面广,是一项复杂艰巨的系统工程。在这其中,租房已经成

---

① 条例明确列举的滥用公屋情形包括:将房子分租或转租他人,将房子作货仓等用途,在公屋进行聚赌、藏毒等不法活动,虚报资料或资产入息等。
② 台湾地区的《青年安心成家作业规则》规定:凡新婚(申请日前两年内办理结婚登记)或育有子女(未满二十岁之子女)租屋、购屋者,年龄在二十岁以上至四十岁以下;或育有子女换屋者,年龄在二十岁以上至四十五岁以下,均可申请补贴。
③ 无锡市"大学生租房政府补贴"由无锡市人社局和财政局联合在2012年3月7日正式公布,政策主要适用对象为与用人单位签订正式劳动合同,具有博士、硕士和学士学位的全日制普通高校(含国家承认的海外全日制高校)应届毕业生。其中"用人单位"主要限定为在无锡市区(不包括江阴和宜兴)进行工商登记注册并正常纳税的各类企业用人单位,事业机关单位就业的人员不在补贴范围内;而应届毕业生,指的是毕业两年内未实现初次就业的毕业生。

为很多青年走向自有住房所必须经历的一个过渡性阶段，解决好青年租房问题能起到"稳心留根"的作用。借鉴国内外相关租房管理经验，解决北京青年的租房问题，需要发挥市场在其中的决定性作用，通过改善供需关系，盘活存量，提升增量，从根本上缓解青年租房难问题。

（一）发挥地产中介的积极性，盘活大中户型存量房，增大规范合租房的供给

目前，北京已有一些大型中介公司自主开展了规范化的合租中介业务，他们通过收购或收租市场上现有的大户型房屋获得房源，在对其进行不影响宜居性的改造后，面向青年租赁。而这种做法，不失为一种盘活现有大户型空置存量房源的新思路。在科学论证的基础上，可初步尝试与此类地产中介的合作，制定出具体的改造、运营及管理标准，如人均居住面积不得小于5平方米、单间必须具备采光通风窗、不得对厨房厕所进行改造、手续费不得高于租金的10%[①]、租金价格不得高于同区位租金的10%[②]等，力求在有效监管的前提下，鼓励更多的正规机构参与到盘活市场存量房的行动之中，探索出一条增加合租房供给的新道路。

（二）鼓励地产商介入，增加符合青年需求户型的供给

在发挥市场决定性作用的同时，政府可适度出台面向于青年需求户型的补贴政策，鼓励房地产商积极开发中小户型房屋，尽量增加以青年群体为潜在消费主体的地产项目，这一方面可以在土地资源一定的情况下，增加市场中房屋供给的总套数；另一方面也会进一步优化市场中房屋供给的结构，间接增加青年在租房市场中寻得合适房源的机会。

（三）鼓励兴建青年公寓，直接面向青年人才提供房屋租赁服务

可以在科学布点、基础设施完善的前提下，鼓励地产企业与一些大型用人

[①] 调研显示，对于一个有保障的在线租房供求信息平台，在无法实现完全免费的情况下，青年人普遍认为该平台的手续费的合理价格应为所交易房屋月租金的10%左右。
[②] 调研显示，如果由政府统一管理的大企业来承办租赁业务，青年人普遍认为在位置和面积相同时，如果这种正规房源的价格比小型中介提供的价格高11%左右时，他们便不会选择。

单位合作，在城市远郊区县建设青年人才公寓，扩大当前青年公寓的规模、种类，提升对青年的吸引力，提升租赁服务水平与质量。其中要特别重视青年群体对区位、户型及周边基础设施的需求，应尽量沿地铁布点，靠近大型卖场，便于青年上下班与日常生活购物。

（四）设立青年租客热线，及时受理青年投诉，为青年提供法律政策咨询

在既有制度框架下，由相关部门牵头，设立青年租客维权热线，及时受理青年人才在租房过程中的投诉，督促职能部门采取行动，维护其合法权益。此外，还可以该热线为载体，为青年人搭建政策咨询平台，向其提供翔实丰富的与租房有关的法律政策资讯，帮助其更好地了解当前政策走向与法律规定，避免由存在政策或法律盲区而带来的利益损失。

（五）创新社会管理方式，发动社会力量开展社会监督，提高违法成本

创新社会管理方式，发动社会力量对租房市场中的违规行为进行社会监督，可适度采用举报有奖、群众劝导、社区合议等基层自治手段和方式，以求形成针对违法租赁行为的监管合力与社会压力。最终，应在房屋租赁市场中实现：合法租赁者的经济社会受益远高于违法租赁，违法租赁者的经济社会成本远高于其非法受益，以求从根本上优化市场环境、保障租房者的合法权益。

（六）制定和实施针对青年人才中弱势群体的租房保障体系

调研表明，毕业5年内，就职于事业单位和私民营企业的非北京生源青年是青年人才中住房状况最差的群体，他们因工作单位福利相对较差，工作年限较短，获得的家庭支持有限，只能依靠租房来解决在京居住问题，缺乏监管的卖房房屋租赁市场对他们日常生活的影响最为显著，学术界与舆论界对这一群体的关注也最为密切，"蚁族""蜗居"等社会热点均与其有着直接联系。在兼顾和协调社会中其他弱势群体利益的基础上，应该参考国外成熟经验，制定和实施针对上述弱势青年人才的租房保障政策体系。特别是要针对青年群体的

特点，在总体政策体系的框架下，增设或调整一些具体政策，例如完善保障性住房的申领标准、扩大租制灵活手续简便的短期公共租赁房供给、面向北京短缺人才提供租房补贴等。

（七）"堵疏"结合，在规范租房市场的过程中，避免对租客权益造成二次伤害

在治理违法租赁现象的过程中，要尽量避免对租客权益形成二次伤害，杜绝简单粗暴式的执法，在关注如何有效遏制违规房源出租、严惩非法中介的同时，也要关注承租方——青年租客的去向，需要制定出相应的人员疏导方案，协助他们寻得合适房源，避免社会情绪与社会矛盾的激化。

（八）多渠道入手，加大相关政策的宣传力度，引导青年理性对待住房问题

调研显示，青年人对政策的熟悉度与满意度之间有显著的正相关性，而当下仅有4.5%的人表示自己对相关政策非常熟悉。有关部门应加大对住房保障政策的宣传力度，在及时发布政策的同时，也应让社会公众理解决策背景、原因及现实困难，勇于厘清新闻媒体对住房政策的不实报道与误读。还可拓展宣传渠道，尝试开展高校讲座、社区宣讲、微博发布、微信互动等多种政策宣讲形式，确保政策受众可以便捷准确地理解所需资讯，倡导青年树立乐观的心态与积极的奋斗观念，理性对待在京奋斗期间的住房难题。

专题篇
Special Topics

B.3 市场和经济转型视角下的青年住房问题

吴老二[*]

摘　要： 随着近年来我国房价不断上升，部分地区逐渐出现了青年人群住房难的问题。本文分析了我国住房分配体制改革的历程，讨论了市场转型前后青年住房问题。在经过国内外以及我国住房体制改革前后的对比分析之后，本文发现：①我国的经济体制转型极大地解决了以前青年住房难的问题；②部分地区出现的青年人群住房难的问题由该人群过度且超前的住房消费所致；③我国18~34岁以及35~44岁年龄段人群租赁住房的比重远低于英美两国同年龄段群体，这也可能是我国部分地区出现青年住房问题的重要原因。

关键词： 青年住房　住房分配体制　改革

---

[*] 吴老二，对外经济贸易大学公共管理学院。

我国自1992年决定建立社会主义市场经济体制以来，房地产领域也出现了重大变化，住房分配从以前的实物分配转为货币分配，1998年7月3日，国务院下发《关于进一步深化城镇住房制度改革加快住房建设的通知》，要求各省从1998年下半年开始停止住房实物分配。另外，随着我国1994年分税制的推行以及1998年12月召开的中央经济工作会议明确提出将房地产业作为新的经济增长点之一，我国房地产业获得了重要发展机遇，房地产开发投资在我国固定资产投资中占有越来越重要的比重，房价不断上升，老百姓特别是青年群体的购房压力越来越大。有研究表明2012年我国城镇房价收入比为12.07，部分一线城市可能高达25.25[①]。而国际上认为适宜的房价收入比为6~8，因此近年来"住房问题"特别是青年人群的"住房问题"屡被称为除医疗、教育之外的压在老百姓头上的新的"三座大山"之一。

在我国经济转型的进程中，为了解决老百姓购房难的问题，国家配套出台了诸多政策并建立了相关制度。一是在1991年上海市试点推行住房公积金制度的基础上于1994年在全国推广住房公积金制度。二是1991年6月份，国务院在《关于继续积极稳妥地进行城镇住房制度改革的通知》中提出："大力发展经济适用的商品房，优先解决无房户和住房困难户的住房问题"。1998年我国正式开始大规模新建经济适用房。三是在2003年，《国务院关于促进房地产市场持续健康发展的通知》（国发〔2003〕18号）提出分层次解决不同收入家庭的住房困难问题，建立和完善廉租住房制度，切实保障城镇最低收入家庭的基本住房需求，各地开始尝试建立廉租住房制度。2007年，在《国务院关于解决城市低收入家庭住房困难的若干意见》（〔2007〕24号）提出进一步建立健全城市廉租住房制度，并对廉租住房的保障范围提出明确要求后，各地对加强廉租住房建设的认识明显提高，规模显著增加。还有部分地区如北京在2007年推出了规模庞大的两限房建设计划。总的来说，政府期望通过建立由住房公积金制度、商业贷款相结合的房地产金融体系，以及由不同产权性质、不同价位的商品房、经济适用房、两限房以及廉租房构

---

① 樊明：《房地产买卖行为与房地产政策》，社会科学文献出版社，2012，第73~98页。

成的多层次住房供应体系来满足不同收入水平群众的住房需求。应该说这些制度的实施实现了我国相当部分人口的"住房梦",但在现实中仍然有相当部分人群特别是青年人群的"住房难"问题并没有得到根本解决。鲁哲①对上海市青年关注的十大民生问题进行研究,研究发现,住房问题居民生问题首位。而在此之前的 2005 年,上海团市委发布的《上海青年调查报告》表明:住房是第二位受关注的问题,就业问题列在首位②。另一项调查显示:上海市青年白领平均需要 7 年的时间才能积累足够财富以支付银行按揭首付③。这表明:高房价下的住房问题是身处夹心层的青年群体所面临的最重要问题之一,并且形势可能还在恶化。本文的问题是:我国的市场和经济转型究竟缓解了青年住房问题还是产生了新问题?我国青年住房问题与市场转型之间究竟有无关系?

本文的结构安排如下:第一部分介绍我国住房分配改革的发展历程;第二部分讨论我国住房分配改革之前的青年④住房实践;第三部分讨论我国住房分配改革之后的青年住房实践;第四部分为研究结论。

一 我国住房分配体制改革的历程

我国住房制度改革大体上经历了三个十年:1978～1988 年的探索试点阶段;1988～1998 年的全国逐步推开和深化阶段;1998 年至今实行的住房分配货币化、建立住房保障制度阶段。具体如下:

---

① 鲁哲,《上海团市委开展了十大民生问题征集活动》,新民晚报 2008 年 4 月 10 日。
② 蔡玲玲:《上海青年调查报告显示:就业住房最受青年关注》. 2005 年 4 月 21 日,http://news. xinhuanet. com/school/2005 - 04/21/content_ 2859475. htm
③ 卢小惠、梁志超:《民生视角下的青年白须住房》,房地产时报 2008 年 5 月 5 日。
④ 青年一词的含义在全世界不同的社会中是不同的,而青年的定义随着政治经济和社会文化环境变化一直在变化。联合国于 1985 年国际青年节,首次将青年界定为 15 至 24 岁之间的人,而又无损于会员国的其他定义。联合国世界卫生组织于 2013 年确定新的年龄分段:44 岁以下为青年人,45 岁至 59 岁为中年人,60 岁至 74 岁为年轻老年人,75 岁至 89 岁为老年人,90 岁以上为长寿老人。联合国教科文组织则将 16～45 周岁的人界定为青年,我国国家统计局将 15～34 岁的人界定为青年。为了研究问题的方便及连续性,在本文中,将分别讨论 18～34 岁、35～44 岁的人群的住房问题。

（一）第一阶段：探索和试点（1978~1988年）

1949~1979年，是我国住房发展相对缓慢的时期。根据相关资料，国家在这30年内虽投入374亿元巨资建设住房，但仍不能满足城镇职工居民的需求。1978年，全国城镇居民人均居住面积仅3.6平方米，缺房户达869万，占城市总户数的47.5%。实践表明，计划经济体制下住房完全靠国家包下来、实行福利分配的路子走不通[1]。因此，从1978年开始，国家和企业开始探索以住房商品化为特征的住房体制改革。

（二）第二阶段：从分批分期到全面推进、深化改革（1988~1998年）

1988年，国务院发布《关于在全国城镇分期分批推行住房制度改革的实施方案》。1991年6月，国务院发出《关于继续积极稳妥地进行城镇住房制度改革的通知》，同年11月，国务院下发《关于全面进行城镇住房制度改革的意见》。1994年7月，国务院下发了《关于深化城镇住房制度改革的决定》（以下简称《决定》），确定房改的根本目标是：实现住房商品化、社会化。

"决定"出台后，各地纷纷制定本地区的房改实施方案，在建立住房公积金、提高公房租金、出售公房等方面取得较大进展。到1998年6月，全国归集住房公积金总额达980亿元。1997年底，35个中等城市的公房租金有了较大提高，平均为1.29元/平方米。到1998年中，全国城镇自有住房比例已经超过50%，部分省市已超过60%。

（三）第三阶段：住房分配货币化，建立住房保障制度（1998年至今）

1998年7月，国务院发布《关于进一步深化城镇住房制度改革加快住房建设的通知》，首次提出建立和完善以经济适用住房为主的多层次城镇住

---

[1] 刘志峰：《回顾三十年住房制度改革》，《中国房地产业》2010年第5期。

房供应体系。2007年8月,国务院发布《关于解决城市低收入家庭住房困难的若干意见》,要求以城市低收入人群为对象进一步建立健全城市廉租住房制度,这是中国房改历程中的一个新的里程碑。2007年10月,党的十七大提出,要加快推进以改善民生为重点的社会建设,努力使全体人民"住有所居"。

总之,经过30年不断探索,具有鲜明中国特色的住房制度正逐步形成。回首30年中国城镇住房制度改革的历程,我们不难发现,其中贯穿着四个鲜明的特征:第一,改革的方向是实现住房的商品化和社会化;第二,我国住房体制改革属于政府主导下的渐进式改革,即"摸着石头过河";第三,政府对住房问题的认识在不断演变,经历了以下变化:政府大包大揽时期——住房市场化时期——保障性住房体系建设时期;第四,住房改革颇具有中国特色。[①]

二 我国市场转型之前的青年住房问题

在1998年我国实施住房货币化政策之前,我国一直实施的是住房实物分配体制。但是因为当时国家财政紧张等因素的制约,在福利分房年代"住房靠国家,分房靠等级"的现象较为突出。在这一福利分房年代,建房难,分房更难。在这一时期,我国青年住房分配有以下几个特点。

(一)住房分配体制虽然僵化,但能给青年人明确的分房预期

"福利分房"是我国计划经济时代特有的一种历史印记,是一种房屋分配形式,也是那个时期住房保障的主要路径,具有"等国家建房,靠组织分房,要单位给房"的特点[②]。在福利分房时代,政府盖房子,分给老百姓住,也就是人们常说的"公房"[③]。国家定面积、定标准、定租金(收上来维护房

[①] 郭玉坤:《住房属性与我国住房体制改革前瞻》,《四川行政学院学报》2010年第4期。
[②] 刘洪清:《有限"福利分房"越走越窄》,《中国社会保障》2009年第10期。
[③] 李斌:《中国住房改革制度的分割性》,《社会学研究》2002年第3期。

子），无法转卖、限制转租，在分房的时候一般优先考虑结婚的夫妇，然后按照工作时间长短、职位的高低等来排分房的时间、分房的面积等[①]。但那个时候的人们并不担心没有房子住，只是等候时间长短、房屋面积大小的问题。[②]

这显著地有别于房地产分配体制改革之后的状况。福利分房时期，虽然福利分房体制较为僵化，青年人要想成功地获得住房有诸多条条框框以及等待时间的限制，但是他们对于分房的预期是确定的。因此，尽管当时人均住房面积只有4.8平方米（1978年的数据），但是人们并没有过多地担心青年住房问题。但1998年我国住房分配货币化改革之后，住房资源的分配取决于市场，住房的好坏取决于购房者的经济实力，再加上近年来我国房价高企且上升势头猛烈，对于那些城市外来务工青年、农村出身的青年人甚至部分城市中低收入家庭的青年人来讲，购买属于自己的房子可能存在较大压力，甚至可能都丧失了购买住房的期望，从而引起了该类人群的住房焦虑。

（二）住房质量虽然较差，但能满足青年人的最低居住需求

在"福利分房"时代，因为国家财政实力有限，但又必须解决职工的住房问题，同时又不能收取正常的市场租金，因此在实施的过程中，住房的配套设施出现了较多的简化，各地区出现了较多的"筒子楼"现象，很多新建的职工宿舍并没有独立的卫浴、厨房等必备的配置，这从表1可以看出。

[①] 李斌（2002）指出，中国社会调查系统于1988年在北京市进行了1000户居民的入户问卷调查。调查发现住房分配存在以政治身份和行政级别为基础的群体差异：（1）干部与工人的差异。机关干部和企业干部的住房状况明显好于企业工人和商业职工，干部的人均使用面积是8.338平方米，比工人（包括商业职工）高出2.331平方米。（2）党员与群众的差异。党员的人均使用面积为8.33平方米，比群众高出1.88平方米。（3）中央与地方的差异。中央机关干部的人均使用面积为9.23平方米，比市属机关干部高0.87平方米。（4）全民与集体的差异。全民单位职工的人均使用面积为6.75平方米，集体单位为人均5.65平方米。

[②] 刘洪清：《有限"福利分房"越走越窄》，《中国社会保障》2009年第10期。

表1 1988~1999年我国部分城市居民住房状况变化

	人均生活面积（m²）		拥有独立卫浴设施的比重(%)		拥有独立厨房的比重(%)		煤作为主要燃料的比重(%)	
	1988	1999	1988	1999	1988	1999	1988	1999
北 京	8.4	13.9	4	22	57	74	11	2
沈 阳	5.5	16.1	2	20	71	93	20	2
锦 州	6.5	12.9	1	10	90	98	20	1
南 京	8.8	16.2	11	45	67	93	31	0
徐 州	8.8	14.5	3	41	85	93	69	5
郑 州	9.2	19.0	1	53	91	91	40	7
开 封	8.8	16.3	11	52	83	95	93	59
平顶山	8.8	19.3	2	83	88	84	34	3
兰 州	8.5	15.5	2	10	86	94	17	4
均 值	8.0	15.8	4	33	75	89	29	7
样本数	2184	2966	2191	2962	2194	2966	2192	2965

资料来源：Hiroshi SATO, Housing Inequality and Housing Poverty in Urban China in the Late 1990s, *China Economic Review* (17), 2006。

（1）这一时期我国居民的住房条件相当差。从中国社会科学院1988年的调查中可以发现：人均生活面积最大的是郑州（9.2平方米），最小的是沈阳（5.5平方米），平均值为8平方米；在拥有独立卫浴设施的调查中，南京和开封的比重最大，为11%，而锦州和郑州的比重仅有1%，平均值为4%；在拥有独立厨房的调查中，郑州的比重最高（91%），北京最低（57%），均值为75%；在"煤炭作为主要的燃料"的调查中，开封的比重最高（93%），而北京的比重最低（11%），均值为29%。

（2）这一时期的房改取得了较大的成就。中国社会科学院1999年的调查发现，相比于1988年，人均生活面积（1999年，均值为15.8平方米）、拥有独立卫浴设施的比重（均值为33%）、拥有独立厨房的比重（均值为89%）以及煤炭作为主要燃料的比重（均值为7%）均出现了明显的好转[1]。

限于青年住房资料的可获得性，可以推断的是，在住房分配体制改革之前青年群体的住房条件不会高于上述的调查结论，但是值得肯定的是，它仍然可以满足这个群体的最低住房需求。

---

[1] 李斌：《社会排斥理论与中国城市住房改革制度》，《社会科学研究》2002年第5期。

（三）青年的代际混住现象较为普遍

受我国传统文化的影响以及当时住房条件的限制，青年的代际混住现象较为普遍。1985 年的普查资料显示：城镇居民中有缺房户 1054 万，占总数的 26.5%，其中无房户 128 万，占 3.2%；不方便户 415 万，占 10.5%；拥挤户 511 万，占 12.9%。其中，城市居民中，缺房户 754 万户，占城市户数的 28.8%，县镇缺房户 300 万户，占县镇总数的 22.1%。1995 年武汉市有 40% 的居民住房困难，具体如下：12 岁以上的子女与父母同住一室的占 11.9%，12 岁以上的异性子女同住一室的占 4.0%，老少三代同住一室的占 4.2%，已婚子女与父母同住一室的占 2.6%，床晚上架起、白天拆除的占 6.5%，客厅里放床的占 8.6%[①]。

而杨辰对上海市移民家庭的三代同居个案调查的研究更具有现实意义（见表 2）。

表 2 购房前居住轨迹与家庭变动

购房前	居住状况	家庭状况
1986～1994	三代同居两户室	李与爷爷奶奶姑姑一家同住
1994	四人一间的单位职工宿舍	李参加工作，并与钟相识
1996～1997	在单位附近租一室户的出租房，房东多次变更住房合同，两年之内三次搬家	恋爱并同居
1997.9～1998.1	得到单位住房补助 4 万余元，决定买房	领结婚证
1998.9	购得 SX 小区两室一厅与一室一厅两套商品房（一套自住、一套出租）	建立家庭

资料来源：杨辰：《住房与家庭：居住策略中的代际关系——上海移民家庭三代同居个案调查》，《青年研究》2011 年第 6 期。

这一时期的代际混住现象虽然住房条件较差，但在很大程度上解决了部分青年的住房问题。但是住房分配体制改革之后，随着我国城市化进程的加快，城乡之间的人口流动加快，城市之间的人口流动也加快了，在这种背景下青年的住房问题可能被放大了。另外我们也能看出来，目前租房市场不太完善，亟待就房屋出租立法，以规范出租方以及承租方的租赁行为，建立健康且稳定的租房市场。这一点可以参考美国的租金管制政策。

[①] 李斌：《社会排斥理论与中国城市住房改革制度》，《社会科学研究》2002 年第 5 期。

（四）房改政策解决了部分青年群体的住房问题

我国 20 世纪 90 年代实施的房改政策在很大程度上解决了部分青年的住房问题，如表 3 所示。

从表 3 可以看出，相当多的城市在房改的进程中，将住房以优惠价格销售给职工。1997～1998 年这一比重相当高，占到了调查样本的 44%，购房过程中享受到的价格优惠均值为 85%，其中优惠幅度最高的是自贡市，为 50%，最低的是北京，为 98%。但是自住房体制改革之后，福利分房制度取消，随着房价高企，且购房并无优惠政策，因此部分地区青年群体购买商品房显得有较大压力。

表 3 1999 年我国部分城市住房产权结构

地区	产权状况（%）单位所有	地方政府所有	私人所有	其他	购买私人住宅的时间段（%）1994年前	1995～1996年	1997～1998年	1999年	是否享受价格优惠（%）市场价	打折价	其他	享受到的市场租金优惠（元/平方米）
北京	37	20	40	3	31	12	41	17	1	98	1	372
沈阳	21	27	51	2	8	9	72	12	9	86	5	127
锦州	19	17	63	1	3	16	57	24	14	83	3	104
南京	20	17	63	0	0	17	60	23	2	92	6	174
徐州	12	8	79	2	19	29	44	8	2	92	6	111
郑州	23	4	71	2	12	34	47	7	2	93	4	80
开封	14	7	76	3	51	32	17	0	8	74	18	68
平顶山	12	0	69	19	34	37	25	4	3	74	23	62
成都	22	5	72	2	23	16	45	15	4	91	5	109
自贡	14	5	78	3	22	13	56	9	8	50	42	59
南充	5	9	84	2	60	19	16	5	3	96	1	56
兰州	16	7	76	1	8	29	32	31	4	81	15	118
平凉	10	8	80	2	19	19	37	25	7	78	16	56
合计	20	12	65	3	20	21	44	15	5	85	10	139

资料来源：Hiroshi SATO, Housing Inequality and Housing Poverty in Urban China in the Late 1990s, *China Economic Review* (17), 2006。

三 我国市场转型之后的青年住房问题

随着我国住房分配货币化的不断推进以及国家多层次住房供应体系的建

设，我国青年住房问题出现了一定程度的好转，本文运用 2010 年 CFPS[①] 数据分析这一阶段的青年住房问题。

（一）不同年龄段的青年住房状况分析

为了对比不同年龄段青年群体的住房情况，我们将青年分成 18~34 岁以及 35 岁以上 44 岁以下两个群体，如表 4 以及表 5 所示。

表 4　2010 年城市 18~34 岁人口住房情况统计

产权类型	人数（个）	比重（%）	全年龄段住房产权情况（%）
完全自有	4926	79.9	85.31
和单位共有产权	122	1.98	1.13
租住	713	11.57	6.07
政府免费提供	33	0.54	0.36
单位免费提供	38	0.62	0.32
父母/子女提供	218	3.54	4.89
其他亲友借住	66	1.07	0.96
其他	49	0.79	0.95
合计	6165	100	100

资料来源：CFPS 数据库。

表 5　2010 年城市 35~44 岁人口住房情况统计

产权类型	人数（个）	比重（%）	全年龄段住房产权情况（%）
完全自有	3296	79.08	85.31
和单位共有产权	88	2.11	1.13
租住	433	10.39	6.07
政府免费提供	22	0.53	0.36
单位免费提供	27	0.65	0.32
父母/子女提供	226	5.42	4.89
其他亲友借住	33	0.79	0.96
其他	43	1.03	0.95
合计	4168	100	100

资料来源：CFPS 数据库。

[①] 本文（书）使用数据全部（部分）来自北京大学"985"项目资助、北京大学中国社会科学调查中心执行的"中国家庭追踪调查。"英文为 The data are from China Family Panel Studies (CFPS), funded by 985 Program of Peking University and carried out by the Institute of Social Science Survey of Peking University。

从表4、表5可以看出：

（1）我国的住房产权体系较为复杂。既有完全自有的类别，也有与单位共有产权的形式；既有政府（或单位）免费提供住房的类别，也有租住（或借住）的形式。这一产权构成情况反映了我国自1978年以来的实施的住房制度改革的成果。

（2）18~34岁群体以及35~44岁住房自有率[①]相对较高，两个年龄组别的住房自有率分别为79.9%和79.08%。需要指出的是，本文的研究结果与西南财经大学《中国家庭金融调查报告2012》[②]的结论十分接近。他们认为，2012年我国家庭自有住房拥有率为89.68%。北京、上海、深圳自有住房拥有率低于全国其他城市地区，其中户主年龄在35岁以下家庭中，自有住房拥有率仅为59.88%，在35~45岁和45岁以上家庭中，自有住房拥有率分别为81.45%、82.3%。在其他城市相应年龄段家庭中，自有住房拥有率分别为76.98%、87.73%、89.92%。

（3）18~34岁群体以及35~44岁群体的住房自有率明显低于全国水平，即85.31%，这也可能反映出我国存在一定程度的青年住房问题的现实。但这两个年龄段的住房自有率却远高于美国。对比美国同年龄组的数据可以发现，我国同年龄段青年组的住房拥有率远高于美国，如表6所示。

表6 美国住房自由率随年龄变化的规律

单位：%

户主年龄	1996年	1997年	1998年	1999年	2000年	2001年	2002年	2003年
小于35岁	39.1	38.7	39.3	39.7	40.7	41.2	41.3	42.2
35~44岁	65.5	66.1	66.9	67.2	67.8	68.2	68.6	68.3

资料来源：郑思齐、刘洪玉：《从住房自有化率剖析住房消费的两种方式》，《经济与管理研究》2004年第4期。

[①] 郑思齐、刘洪玉认为，自由和租赁是两种不同的住房使用模式。住房自有率是指由住房所有权人居住的住宅套数占所有人居住的住宅套数或全部家庭数目的比例。住房自有率是国际上度量住房所有权状况的重要指标，反映了住房市场中的产权结构与消费结构。因我国城乡存在很大差异，农村居民主要是自建住房居住，故本文中仅讨论城市青年居民的住房自有率。郑思齐、刘洪玉：《从住房自有化率剖析住房消费的两种方式》，《经济与管理研究》2004年第4期。
[②] 甘犁等著《中国家庭金融调查报告2012》，西南财经大学出版社，2012，第40~60页。

从表6可以看出，美国35岁以下青年的住房自有率基本稳定在38%～43%之间，远低于我国2010年的79.9%的住房自有率；美国35～44岁青年的住房自有率在65%～69%之间，也低于我国2010年的79.08%的自有水平。从青年群体的职业发展规律以及家庭发展的角度看，35岁以下青年群体不应有过高的住房自有率，这部分群体可以采取租房等方式解决其住房需求。而对35岁以上44以下的群体而言，伴随着组建家庭并养育子女其对住房的需求较高，这也符合其收入发展状况以及财富积累的状况。从这个国际比较可以发现，我国存在的青年住房问题也可能是由35岁以下青年群体对住房过度或过早消费所致。这也可能是对我国解决青年住房问题的一个重要启示。

（4）租房的比重相对较高。从表4、表5可以看出：18～34岁群体以及35～44岁群体的租房居住率分别为11.57%以及10.39%。而且35～44岁群体的租房比率稍低于18～34岁群体的，这也反映出，随着35～44岁人群逐步结婚、生子，租房的比重出现了降低，但值得注意的是，这一比重降低幅度并不大。此外，青年群体的租房居住率远高于全国6.07%的平均水平。但是这一比重相对于英国同年龄群体的比重却又显得较低。

从英国的情况来看，英国青年群体的租房比重相对较高，如图1所示。

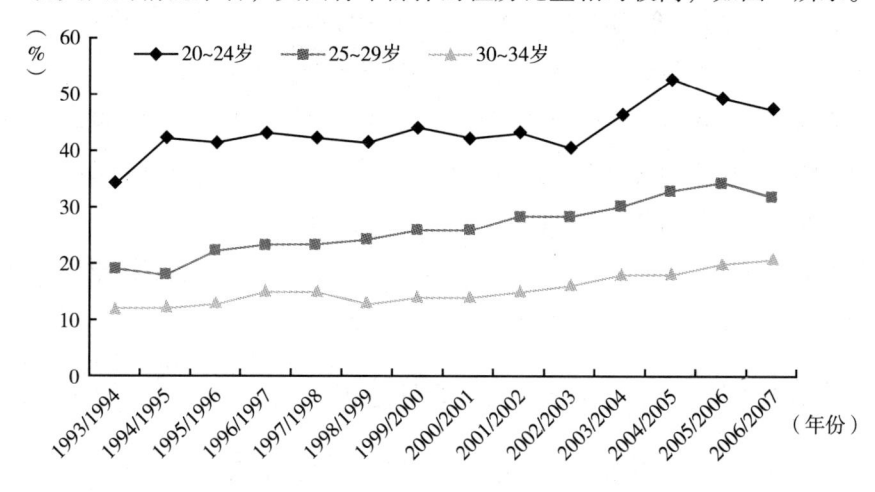

图1 1993/1994到2006/2007财年按年龄划分的英国租赁私人住宅的比例

资料来源：Julie Rugg and David Rhodes：The Private Rented Sector：Its Contribution and Potential，http://www.york.ac.uk/media/chp/documents/2008/prsreviewweb.pdf。

从图1可以发现，英国的青年人租房比例相当高，其青年人的承租率随着年龄增加呈现下降趋势。20~24岁的青年人的租房率为30%~50%；25~29岁的青年人的租房率为20%~40%；30~34岁的青年人的租房率为10%~20%，均远高于我国6.07%的比重。这也反映出我国在解决青年住房问题时，应该考虑增加35岁以下青年群体的租房比重，通过建立公共租赁住房、鼓励私人出租住房、推动单位出租过渡房等多种形式实现住房困难青年的"住房梦"。

(5) 与单位共有产权以及政府（或者单位）免费提供的住房比重较低。从表4、表5可以看出，合计分别为3.14%以及3.29%，占的比重较小。这可能也反映出在这期间我国住房体制改革市场化的步伐过快，将原本应由政府承担住房保障责任的住房需求抛给了市场，进而带来了部分群体的住房困难。未来政府应加强住房保障体制以及住房保障结构方面的建设。

(6) 父母提供住房的比重较高。在两个群体中，比重分别为3.54%以及5.42%，均高于政府（或单位）的比重。这可能也体现了一种颇具中国特色的青年群体住房供给模式。

对比我国住房分配体制改革之前的数据，我们能够发现，我国的经济体制改革以及住房分配体制改革极大地解决了相当部分青年人群的住房问题。我国经济体制转型并没有造成今天青年人群住房难的问题，相反，这一制度改革极大地缓解了住房难问题。至于我国出现的城市外来务工人员以及中低收入家庭青年人群住房难的问题，其解决途径可能在于公共租赁住房。这一点从国外较高的租赁住房比重可以看出，我国这两个年龄段的公共租赁住房比重明显远远低于国外的比重。

(二) 不同年龄段青年的住房条件分析

为了与我国住房体制改革之前的青年住房情况进行对比，在这部分将从青年住房卫生间的类型以及做饭使用的主要燃料的角度研究18~34岁以及35~44岁两个青年群体居住条件的变化情况。

(1) 从两个群体住房卫生间的类型来看，有居室内冲水厕所的比重分别为60.41%以及59.84%，前一组高于城市平均水平，而后一组稍低于城市平均水平[①]。但是远高于1988年4%、1999年33%的拥有独立卫浴设施的比例。这也表明我国的住房体制改革确实为老百姓带来实惠，极大地改善了人民群众的住房条件（见表7、表8）。

表7　2010年城市18~34岁群体住房卫生间类型统计

厕所类型	频数（个）	比重（%）	城市平均水平（%）
居室内冲水厕所	3727	60.41	60.18
居室外冲水厕所	268	4.34	4.37
居室外冲水公厕	173	2.8	2.59
居室内非冲水厕所	220	3.57	3.71
居室外非冲水厕所	1338	21.69	21.67
居室外非冲水公厕	354	5.74	5.93
其他	89	1.44	1.55
合计	6169	100	100

资料来源：CFPS数据库。

表8　2010年城市35~44岁群体住房卫生间情况统计

厕所类型	频数（个）	比重（%）	城市平均水平（%）
居室内冲水厕所	2494	59.84	60.18
居室外冲水厕所	184	4.41	4.37
居室外冲水公厕	95	2.28	2.59
居室内非冲水厕所	163	3.91	3.71
居室外非冲水厕所	902	21.64	21.67
居室外非冲水公厕	259	6.21	5.93
其他	71	1.70	1.55
合计	4168	100	100

资料来源：CFPS数据库。

（2）我国居民住房条件还存在进一步改善的空间。从表7、表8还可以看出，两个组别分别有21.69%、21.64%的居民使用居室外非冲水厕所。这两

---

① 由于我国存在较大的城乡差异，且本文的目的在于讨论城市青年的住房问题，因此在此计算的是城市的平均水平而非全国平均水平。

个比例接近城市的平均水平。

（3）从青年群体做饭使用的主要燃料类型看，2010年两个群体使用煤气、液化气以及天然气的比重分别为62.49%及62.26%，但18～34岁青年群体仍有16.27%的家庭在使用柴草作为主要燃料，8.87%的家庭以煤炭为主要燃料；35～44岁青年群体中这一比例分别为14.08%和9.19%，均接近城市平均水平，如表9、表10所示。相比于1988年29%的燃煤做饭使用率有了较大程度的改善，但是此值仍高于1999年7%的燃煤做饭使用率。

表9　2010年城市18～34岁群体做饭主要燃料类型统计表

做饭的主要燃料	频数(个)	比重(%)	城市平均水平(%)
柴草	1004	16.27	15.39
煤炭	547	8.87	9.00
煤气/液化气/天然气	3855	62.49	62.40
沼气	22	0.36	0.29
电	727	11.78	12.64
其他	14	0.23	0.28
合　计	6169	100	100

资料来源：CFPS数据库。

表10　2010年城市35～44岁群体做饭主要燃料类型统计

做饭的主要燃料	频数(个)	比重(%)	城市平均水平(%)
柴草	587	14.08	15.39
煤炭	383	9.19	9.00
煤气/液化气/天然气	2595	62.26	62.40
沼气	8	0.19	0.29
电	580	13.92	12.64
其他	15	0.36	0.28
合　计	4168	100	100

资料来源：CFPS数据库。

对比我国住房分配体制改革之前的数据，我们能够发现：城市青年人群的住房条件得到了较大程度的改善，不论是卫生间条件还是做饭使用的主要燃料均出现了较大程度的改善。这就表明经济体制改革在很大程度上改善了我国相当部分青年人群的住房条件。至于目前出现的青年住房问题，可能需要政府加大保障性住房建设力度特别是通过公共租赁住房以及廉租房的方式加以解决。

（三）不同年龄段不同婚姻状态的住房产权结构差异

目前多数舆论观点认为我国的房价上涨源于丈母娘导致的"特刚需求"，即因为我国传统观念的影响，年轻夫妻走进婚姻、建立家庭的时候一定要有一套婚房（新旧不限，新的更好），否则丈母娘也不会答应将女儿嫁给男方。在这一前提下，随着我国20世纪70年代以及20世纪80年代的婴儿潮在2000年以后逐渐进入结婚高峰期，这一"特刚需求"推动了我国房价上涨。

而数据分析的结果很难支持上述观点，但是年龄段的差异及婚姻状态的差异对住房产权结构的确产生了一定的影响，如表11、表12以及表13[①]所示。

表11 2010年城市18~34岁未婚住房情况统计

产权类型	人数（个）	比重（%）	全年龄段住房产权情况（%）
完全自有	2341	81.74	85.31
和单位共有产权	58	2.03	1.13
租住	288	10.06	6.07
政府免费提供	15	0.52	0.36
单位免费提供	21	0.73	0.32
父母/子女提供	85	2.97	4.89
其他亲友借住	31	1.08	0.96
其他	25	0.87	0.95
合　计	2864	100	100

资料来源：CFPS数据库。

---

① 从数据整理的情况来看，2010年城市35~44岁未婚人口的样本过小，共计筛选出了79个该年龄段的未婚样本。因为数据较少，类似的产权分析估计意义不大。因此，在此省去35~44岁未婚人群的住房产权统计情况。

表12 2010年城市18~34岁在婚住房情况统计

产权类型	人数(个)	比重(%)	全年龄段住房产权情况(%)
完全自有	2511	78.71	85.31
和单位共有产权	62	1.94	1.13
租住	401	12.57	6.07
政府免费提供	17	0.53	0.36
单位免费提供	17	0.53	0.32
父母/子女提供	124	3.89	4.89
其他亲友借住	35	1.10	0.96
其他	23	0.72	0.95
合　计	3190	100	100

资料来源：CFPS数据库。

表13 2010年城市35~44岁在婚人口住房情况统计

产权类型	人数(个)	比重(%)	全年龄段住房产权情况(%)
完全自有	3103	79.18	85.31
和单位共有产权	82	2.09	1.13
租住	401	10.23	6.07
政府免费提供	19	0.48	0.36
单位免费提供	26	0.66	0.32
父母/子女提供	221	5.64	4.89
其他亲友借住	27	0.69	0.96
其他	40	1.02	0.95
合　计	3919	100	100

资料来源：CFPS数据库。

从中可以得出以下结论：

（1）18~34年龄段未婚与已婚青年的住房自有率较为接近，未婚青年组的住房自有率为81.74%，而已婚组的住房自有率为78.71%。尽管这一年龄群体的住房自有率大幅度落后于全国的85.31%的住房自有率，但远高于国外发达国家的同年龄群体的住房自有率。而值得注意的是，因为这一年龄群体大多数刚刚走进社会，缺少必要的财产积累，为了购买一套婚房可能需要全家甚至整个家族的财政支持，而对那些来自农村或欠发达地区的青年人群而言，在大城市购买一套婚房无疑存在较大的压力。

（2）18～34岁年龄段未婚与已婚青年以及35～44岁青年群体的租房比率均远高于全国6.07%的租房居住率。分别为10.06%、12.57%以及10.23%。从这个变化趋势可以看出，因为婚姻的压力（可能也有其他的原因，在此不表），18～34岁已婚群体的租房率要高于同年龄段未婚群体的比率，但是35～44岁群体的租房居住率要低于18～34岁已婚群体的租房居住率，这表明，随着时间的推移、财富的积累，有相当部分人可能通过购买住房实现自己的"住房梦"。应该说，这是值得我国大力推广的一条经验：年轻的时候租房住，随着收入水平的增高，可逐渐积累财富购买商品房，实现"住房梦"。从中可以看出，尽管青年群体的租房居住率高于全国平均水平，但是仍然大幅度低于国外，因此国家需要采取措施，大力发展我国的租赁市场，解决青年住房问题。

（3）从父母（或子女）提供住房的比重看，18～34岁群体的未婚与已婚群体的比重分别为2.97%以及3.89%，低于全国的4.89%的平均水平。但是35～44岁已婚青年群体的父母提供住房的比率为5.64%，高于全国的4.89%的平均水平。这可能表明在我国随着住房市场化的推进，房价不断上涨，父母的财富积累在解决子女住房问题中的作用在下降。这一点从35～44岁群体父母提供住房的比重要高于全国平均水平，而18～34岁群体的父母提供住房的比率低于全国平均水平的对比中可以看出。这可能也给我们很多启示：第一，要控制房价过快增长，举父母之力甚至是家族之力解决子女的住房问题，带来的最大问题是：为了孩子结婚，人们不敢消费，省吃俭用就为了孩子的婚房，这跟我国刺激内需的政策背道而驰。因此，国家应采取措施，抑制房价过快增长。第二，要改变青年群体的住房理念。买房是一辈子的事情，需要一定的财富积累，需要一个过程。第三，政府应采取措施建立健全我国多层次、多产权体系的住房租赁市场，适时地将传统的"补砖头"模式转化为"补人头"模式。改变我国以往存在的住房保障市场存在的恶性循环：政府建设保障性住房——销售——更多的需求，更多的资金缺口——更大规模的保障性住房建设——更多的销售——更多的需求……如此往复。政府可以考虑，将建设保障性住房的资金转化成租金补贴的方式，补贴给住房困难群体，这一方面可以避免政府因大规模建设保障性住房导致局部地区形成了"低收入群体聚居区"，

导致较大的交通、教育等基础设施压力，如北京市天通苑及回龙观地区因为数量庞大的保障性住房的存在，导致地铁早晚高峰拥堵现象严重，道路交通拥堵不堪①；另一方面也可使租房者合理选择居住地、工作地，尽可能降低对城市交通体系的过度需求。

四 我国当前存在的青年住房问题

（一）部分青年无力购置婚房

随着国家对房地产行业宏观调控力度的不断加大和调控政策针对性的进一步增强，以投资为目的的购房需求被有效遏制②。另外，刚性购房需求仍然旺盛。在所有购房需求中，结婚购房、首次置业、因房屋征收购房和落户的占比分别为26.05%、17.21%、6.21%和3.61%，这四类刚性购房需求占市场总需求的一半以上。此外以改善居住环境、方便子女上学和照顾父母等为目的的改善性购房需求的占比为41.61%。③

而且从前面的分析也可以发现，18～34岁以及35～44岁青年群体中的确存在购买婚房的现象，未婚群体的住房自有率高于已婚群体的住房自有率。随着我国城市化进程加快，将会有越来越多来自农村地区以及欠发达地区的青年人群进入城市，这部分人购买婚房的压力可能要远大于城市本地青

---

① 现行的住房保障模式带来的问题可能还在于，政府为了解决中低收入群体的保障性住房项目，通常将项目选在城市地价较低、较为偏远的地区，如北京的常营地区、回龙观地区以及天通苑地区。为了解决这些低收入群体聚居区的交通压力，政府被迫大规模地修建地铁系统并扩张公交系统；随着地铁沿线大规模的商业地产以及保障性住房项目的大开发，地铁出现了拥堵现象，于是被迫进一步扩张地铁及公交系统，这样的恶性循环的结果是给地方财政带来了巨大的压力，如北京市面临的地铁公交补贴问题。更糟糕的情况是，在北京市临近的河北省燕郊市形成了规模庞大的"北漂"族居住地，多年来一直在呼吁北京以及河北省政府尽早开通省际地铁以解决这部分人的进京通勤问题。这样的一种倒逼机制可能会给政府带来更多的财政补贴压力以及保障民生的压力。解决的途径可能在于变"补转头"为"补人头"模式。
② 曹彦：《论住房政策影响下的青年住房服务工作》，《山西青年管理干部学院学报》2012年第3期。
③ 赵振淇：《消费者购买房地产行为研究》，《商情》2013年第1期。

年群体。

尽管我国房地产金融市场得到了长足发展，建立了住房公积金制度、住房抵押贷款制度，但是高昂的房价使得部分青年人群面临较大的压力，特别对于那些来自农村或者欠发达地区的青年人群而言，高房价无疑是噩耗。但受我国传统文化的影响，青年人群的购房具有刚性需求的特点，因此在社会上产生了青年购房难的问题。

（二）白领青年购房夹心层现象

在我国目前的住房供应结构中，已经确立以下模式：低收入家庭主要倾向于选择廉租住房，外加经济适用住房；中等收入家庭根据各地实际可以选择限价商品房和经济租用房；高收入家庭主要通过市场解决住房问题。但在现实中三个收入群体之间存在夹心层现象：白领青年的收入可能超过了廉租房、限价商品房以及经济适用房的购买资格限制，但以其收入购买商品房则可能存在较大的压力和难度。另一方面，因为我国大多数廉租房、经济适用房以及限价商品房项目离市区较远，存在周围配套设施不完善、生活不方便等问题，有相当数量的白领青年放弃购买这些带有政策补贴性质的房屋，转而寻求在市区或者地段好的地方购买商品房，而这又超过了这部分人的承受能力，"高不成、低不就"成就了夹心层现象。

（三）外来务工青年在城市以租房居住为主

因为户籍制度以及外来务工青年自身存在的学历以及所从事的行业等因素的限制，进城务工青年的居住条件较为简陋。有学者调查[1]发现，在进城务工青年当中，10.8%住的是自购商品房，48.8%租房居住，32.3%住在单位宿舍里，还有5.9%的人借住在亲戚朋友家里。虽然有一部分人在城里已经购买住房，但这仅是极小一部分，大部分务工青年居住状态不够稳定。辜胜阻[2]认

---

[1] 刘虹发现，外来务工人员从事建筑业的为24.9%、工业的为9.7%、服务业的为59.7%、其他的5.7%。刘虹：《进城务工青年现状调查报告——以石家庄为例》，《人民论坛》2009年第18期。

[2] 辜胜阻：《加快多层次住房供给体系建设》，《中国经济时报》2012年11月7日。

为，我国住房租赁市场不健全，立法滞后，主要体现在以下两个方面：首先是房屋租赁市场监管制度不健全，住房租赁市场法规不健全，很多管理环节无法可依，多头管理现象严重，导致承租人合法权益得不到保障；其次是对廉租房、公租房监管不到位，管理不健全，骗购、骗租保障性住房的违法成本较低，导致"雀占鸠巢"现象的发生，妨碍社会公平。

（四）低收入家庭青年住房困难

张晓松[1]发现，截止到2007年8月，全国仍有人均建筑面积10平方米以下的低收入住房困难家庭近1000万户，占城镇家庭总户数的5.5%。对于这部分低收入住房困难家庭中的青年（因数据缺失，故只能推断）而言，因经济条件较差，无论是经济适用房还是限价商品房抑或是商品房都远远超过了其承受能力，只有大规模地建设廉租房以及公租房可能才是这类人的居住需求的解决之道。

五 研究结论

本文从我国市场以及经济转型的视角讨论了青年住房问题，分析了我国住房分配体制的改革历程，讨论了市场转型之前青年住房的特点及问题，并对比分析了市场转型之后青年住房的变化，接着重点讨论了我国当前青年存在的住房问题。本文发现：①我国的经济体制转型极大地解决了以前青年住房难的问题。②部分地区出现的青年住房难问题由该人群过度且超前的住房消费所致。③我国18~34岁以及35~44岁年龄段青年人群租赁住房的比重远低于英美两国同年龄段群体，这也可能是我国部分地区出现青年住房问题的重要原因。

本文认为，我国现行体制下存在诸如户口、编制等方面的限制，制约了人员流动，降低了人员根据工作机会、生活成本（包括房价在内）、生活环境以

---

[1] 张晓松：《着力解决低收入家庭住房困难》，《经济参考报》2007年8月28日。

及个人偏好选择居住工作地的可能性，从而使得部分青年很难通过"用脚投票"选择适合自身生存能力的城市①。众所周知，我国北（北京）上（上海）广（广州）深（深圳）房价较高，但是因这些地区户口有较高的"含金量"，相当部分群体即使住房困难也不愿意选择其他适合地区而仍然会"漂"在这些城市，而政府为了解决这类群体的住房难问题也不断推出种类繁多的保障性住房类别，这在一定程度上也形成了一种正向"激励"，导致更多的人进入这些城市，从而给政府带来了更多的住房供给压力。这就是我国部分大城市出现的怪圈。究其原因，应该破除这种人口流动的限制（包括人为或者非人为的限制），使得人才能够在不同的城市自由选择工作机会，选择在能够承受起房价水平的城市工作、生活，从而使得住房市场也实现真正的市场化。

参考文献

［1］袁奇峰、马晓亚：《住房新政推动城镇住房体制改革——对"国六条"引发的中国城镇住房体制建设大讨论的评述》，《城市规划》2007 年第 11 期。

［2］张兴瑞、陈杰：《住房价格的特征法分析与"夹心层"住房需求的实证估测》，《中国房地产》2011 年第 10 期。

［3］张元端：《纪念中国住房制度改革 30 年》，《上海房地》2012 年第 4 期。

［4］《北京福利分房的特点及存在的一些弊端》．搜房房产知识．2013 - 08 - 14，http：//zhishi. soufun. com/detail/bj_ 14277. html。

［5］《住房制度改革》．百度百科．2014 - 03 - 18，http：//baike. baidu. com/link? url = 1xJrzKlQCqYYMl_ WCx_ og1e8hGd9QGV_ THSEV5iqLFD8BCAZ pLazKvIIp6QK6nfy。

［6］Vidhya Alakeson, Making a Rented House a Home: Housing Solutions for "Generation Rent", *Resolution Foundation*, 2011.

［7］朱迪：《"80 后"青年的住房拥有状况研究——以 985 高校毕业生为例》，《江苏社会科学》2012 年第 3 期。

---

① 李斌：《城市住房价值结构化：人口迁移的一种筛选机制》，《中国人口科学》2008 年第 4 期。

B.4 场域-惯习视角下城市青年住房行为分析

加小双　鲍文涵*

摘　要： 城市青年住房问题现正被社会共同关注，与之密切相关的社会现象，如"蚁族""蜗居""啃老族"等字眼频繁出现在公众视线中，并引发社会对于青年住房行为的研究和思考。本文将以布迪厄的"场域-惯习"理论作为研究工具，提出"住房场域""住房资本""住房惯习"等概念，将行动者、社会结构（经济、文化）等综合起来并结合实际调研来考察当代城市青年住房行为的作用原理和发生机制。

关键词： 城市青年　住房行为　场域　资本　惯习

一　引言

改革开放以来，随着我国福利分房时代的结束，住房市场机制开始运行，加上社会人口的流动加剧，城市空间住房资源争夺战愈演愈烈。城市青年从进入社会之始便被迫卷入这一场全民涌动的住房消费盛宴，其住房问题开始在经济、政治、社会等层面日益突出，发展至今已经成为一个全社会所共同关注的问题，甚至有学者指出，"我国城市住房问题在很大程度和最终层次上就是城

---

* 加小双，中国人民大学信息资源管理学院；鲍文涵，武汉大学政治与公共管理学院。

市青年住房问题"①。城市青年住房问题的焦点在于是否能拥有"自有性住房"②。由于自有性住房是当今社会大多数人的主流居住模式,是以我们可以得出一个基本假设:即使无任何原因,其他的一切都是公平的,个人或家庭也更倾向于拥有自有性住房③。对于很多城市青年来说,其最大的梦想就是能在城市拥有一套自有性住房,不管这套住房对其来说意味着是"居住地""家""社会地位""身份象征",抑或是其他。

城市青年群体现已成为向自有性住房扩张的主要群体,也是潜在的首次买房的人。按照一般步骤,城市青年必须要在一定时期内完成自身资本的积累并且达到一定的资本储备后,才能独立购买自有性住房,而这往往要耗费短则几年,多则十几年的时间。据有关调查,在20~34岁的英国人中,因为无力购房,有将近1/3的男性和1/5的女性仍然和父母生活在一起④。这说明,即使是在西方发达国家,青年人也需要在平均工作15年后方有能力独立购买住房。但是在当今中国,越来越多的证据显示,中国城市青年对于自有性住房的态度已经越来越积极,甚至演变成为一种"住房崇拜",很多城市青年在远未完成自身资本建构的时候便开始购房,中国城市青年首次置业低龄化的趋势已经愈加明显,调查显示,北京首套房贷者的平均年龄已从2007年的34岁下降到27岁。而美国首次置业的平均年龄为30岁,英国为37岁,在德国和日本为42岁⑤。在中国甚至还催生了一大批"毕业即买房"的"毕买族"⑥,2012年中国青年报社社会调查中心对19869人进行的一项调查显示,84.1%的受访者确认身边存在"毕业即买

---

① 顾海兵:《城市,青年,房子》,《中华儿女(海外版)》2000年第3期。
② "自有性住房"是指主体完全拥有所住房屋的产权,它包括两种基本类型:一是借贷性自有住房,即居住于依靠贷款购置的住房之中,需要每月偿还房贷;二是无借贷性自有住房,主要包括单位分配所得、拆迁补偿所得、继承父母所得以及全额购置的住房,其典型特征是没有固定的住房支出产生,没有住房负担。
③ 〔英〕朱莉·鲁格编著《英国青年人住房政策》,陈立中译,中国建筑工业出版社,2012。
④ 中国日报网:《英首次独立购房者平均年龄37岁 1/4年轻人与父母同住》,2010年10月30日,http://www.chinadaily.com.cn/hqgj/2010-10/30/content_11479596.htm。
⑤ 南方日报:《北京购房低龄化 首次购房者平均年龄27岁》,2012-04-18,http://house.qq.com/a/20120418/000291.htm。
⑥ 百度百科:"毕买族"是指一毕业就买房的群体。"毕买族"的流行是房屋焦虑症的典型体现,且此种焦虑情绪已弥漫全社会。

房"的年轻人。

这些矛盾的现象和问题使城市青年住房行为成为社会关注的焦点,已有许多学者从不同的角度对城市青年住房行为进行研究并试图给出解答,既有研究逻辑如下:一是从传统文化的角度出发,认为城市青年的超前住房消费是由于中国人家庭观念浓厚,深受传统的"成家立业""中国人须有自己的一套房子才有归属感""买房结婚"等文化传统的影响[①];二是从社会经济结构出发,认为城市青年的低龄购房是由不断高涨的房价所致,"买不起"和"高房价"的矛盾催生了"啃老"的社会现象,即年轻人及背后的家庭力量主动或被动地对房子这一特殊商品付出不合理溢价[②];三是从消费符号的角度出发,认为住房消费的象征性和社会性在体现资本、权力、认同、地位的住房市场中被无限放大,甚至上升为一种空间拜物和住房神话[③];四是从城市青年的非理性消费观念出发,认为这是由青年享受型的消费观念、过于乐观的消费预期、舒缓压力的消费需要、炫耀性消费心态、仿同的消费倾向所致[④]。

上述四种说法皆有一定道理,也在一定程度上对这些社会现象给予了解答。但是这些研究忽视了将行动者、社会结构(经济、文化)联系起来的可能,故并不能完全解释上述这些社会现象和矛盾,大大降低了对城市青年住房行为的理解。要想真正地了解青年住房行为,必须把行动者、社会结构(经济、文化)等综合起来并结合社会实际来分析其行为的作用原理和发生机制。本文希望能借助皮埃尔·布迪厄(Pierre Bourdieu,1930 – 2002)的"场域 – 惯习"分析框架,跳出城市青年购房行为的理性与非理性之争,以及跳出社会结构(经济、文化)与行动者的二元对立来回答以下问题:为什么城市青年一定要拥有自有性住房?什么样的城市青年才能优先拥有自有性住房?城市

[①] 中国经济网:《任志强建言"蜗居"80 后:中国年轻人就该买不起房》,2009 年 12 月 2 日,http://www.ce.cn/macro/more/200912/01/t20091201_20536193.shtml。

[②] 中国新闻网:《姚景源:消费者千万不要因通货膨胀因素抢购房》,2009 年 11 月 16 日,http://www.chinanews.com/estate/estate – gfzy/news/2009/11 – 16/1966380.shtml。苗国:《蜗居之痛:一项关于青年置业观念的社会学考察》,《中国青年研究》2010 年第 7 期。

[③] 闵学勤:《空间拜物:城市青年住房消费的仪式化倾向》,《中国青年研究》2011 年第 1 期。

[④] 傅慧芳:《对城镇青年住宅超前消费的理性思考》,《山东省青年管理干部学院学报》2007 年第 1 期。

青年有哪些住房行为？这些住房行为受哪些因素的影响？弄清楚这些问题，不仅能为解决城市青年住房问题提供一定的参考，同时也可以为深入研究当代城市青年住房问题提供一条别样的思维路径。

本文中所使用的数据和访谈资料均源自"北京市青年住房状况调查"。该调查受北京市政协社法委和北京团市委委托，由对外经济贸易大学青年发展研究中心于2013年开展，意在摸清北京市内广大青年的住房状况。调查对象为生于1980年以后、年龄在16周岁以上、受教育程度在大学专科以上的在京工作青年群体，具体包括青年公务员、事业单位青年职工、国企和集体企业青年职工、外企青年职员以及私民营企业青年职工五类子群体，采用分层不等概率抽样法进行抽样。调研累计召开座谈会8场，发放问卷5000份，回收有效问卷4321份，有效回收率86.42%。

二　"场域-惯习"理论引入

如前所述，已有的关于青年住房行为的研究要么偏重社会结构，要么偏重行动者，而忽视了社会结构和行动者的关系互动，故并不能完全解释上述这些社会现象和矛盾，大大降低了对城市青年住房行为的理解。要想真正了解青年住房行为的作用原理和发生机制，必须把行动者、社会结构（经济、文化）等综合起来进行考虑。本文采用的是布迪厄所提出的一种"建构的结构主义"理论——"场域-惯习"理论，该理论的提出主要是为了揭示在不同的社会实践中那些掩藏最深的社会结构，同时揭示那些确保这些社会结构得以再生产或转化的"机制"或"逻辑"[1]。

布迪厄的"场域-惯习"理论有四个核心概念，即"场域""惯习""资本""实践"，这四个概念是布迪厄为了更好地揭示出社会结构得以再生产或转化的"机制"和"逻辑"而提出的。在他看来，世界会分化成为若干个相对自主性的社会小"场域"，这些小"场域"具有其自身特有的逻辑和必然

---

[1]〔法〕皮埃尔·布迪厄、〔美〕华康德：《实践与反思——反思社会学导论》，李猛、李康译，中央编译出版社，1998。

性,故可以成为社会分析的基本单位①。"场域"是在各种位置之间存在的客观关系的一个网络,或一个构型,决定"场域"中行动主体位置的关键在于"资本",布迪厄将"资本"定义为一种积累起来的劳动(它以"物质化"或是"肉体化""身体化"形式存在)②。"资本"可以分为"经济资本""社会资本""文化资本""符号资本",这些资本之间可以在某种情景中实现互相转化,行动者在场域内的行动即为资本的争夺和斗争,其拥有资本的数量决定了他在场域中的位置高低。"场域"是一种客观的关系系统,但是场域中的行动者是具有能动性和创造性的,故布迪厄还提出了"惯习"概念,"惯习"是一种社会化的主观性,是一种性情开放系统,会不断地随经验而变,从而在这些经验的影响下不断地强化,或者调整自己的结构。它是稳定持久的,但不是永远不变的③。在布迪厄的实践社会学中,客观性的"场域"和主观性的"惯习"是密不可分的,二者相互影响,共同构成社会的行动机制,也就是布迪厄所说的"实践"。在《区隔:趣味判断的社会批判》(Distinction: a Social Critique of the Judgement of Tast)一书中,布迪厄提出了其分析模式的公式:(惯习+资本)＊场域＝实践。该公式表明,实践不能化约为关系、资本或场域中任何一个单一要素,而是它们联合作用的结果④。

布迪厄的"场域-惯习"理论在当代社会学理论中独树一帜,具有深厚的理论潜力和普遍的方法论意义,能为我们认识现代社会提供一种新的关系性研究视角。尽管布迪厄并没有专门对城市青年住房行为进行讨论,也没有提出"住房场域""住房惯习"等概念,但是其既体现结构性,又体现建构性的实践理论仍然能成为我们研究城市青年住房行为的重要工具,这和学科规律和逻辑并不相悖。根据布迪厄的"场域-惯习"理论,本文提出了"住房场域"

---

① 〔法〕皮埃尔·布迪厄、〔美〕华康德:《实践与反思——反思社会学导论》,李猛、李康译,中央编译出版社,1998。
② 〔法〕皮埃尔·布迪厄、〔美〕华康德:《实践与反思——反思社会学导论》,李猛、李康译,中央编译出版社,1998。
③ 〔法〕皮埃尔·布迪厄、〔美〕华康德:《实践与反思——反思社会学导论》,李猛、李康译,中央编译出版社,1998。
④ 〔美〕戴维·斯沃茨著《文化与权力:布尔迪厄的社会学》,陶东风译,上海译文出版社,2006。

"住房惯习""住房资本"等概念,并以这三个概念为基础,结合课题组的相关调研数据和资料来系统考察当代城市青年住房行为(住房实践)的作用原理和发生机制。

三 住房场域

"场域"是各种形式的社会网络,由场域中的社会行动者、制度、规则、群体结构等因素共同构成。"住房场域"即为城市青年住房行为的发生情景,这里的"住房场域"并不是指一个实体概念,也不是指某个特定的地理区域,它是一个特定的空间场域系统,其间存在着一系列的位置以及这些位置之间错综复杂的关系等等。本文所设定的"住房场域"的基本背景为"城市",因为就当下中国实际情况而言,住房资源的争夺主要集中在城市,尤其是大城市或特大城市。"住房场域"的行动者即为发生住房行为的个体或群体。"住房场域"中存在着一系列位置,这一系列位置是相对于这个"住房场域"才存在的位置,而且是相对于参与到这个场域中的行动主体而言才具有的位置。同时,这些在"住房场域"中具有区分作用的位置既是客观存在的,其意义又是一种社会建构的产物。拥有自有性住房的行动者在住房场域占据一定的位置,而没有拥有自有性住房的行动者则被排斥到另外一些位置。故在"住房场域"中,是否拥有一套自有性住房或者是拥有自有性住房的数量是将不同的主体置于各种具有不同社会意义的位置上的关键所在。

事实上,在当代中国社会,"自有性住房"已经很大程度上与婚姻、身份、阶层等紧密相连,"自有性住房"不仅仅代表一个居住地,更代表着有限的城市资源和权力的分配,是一个人或者一个家庭的最大财富,也是身份的象征。课题组调查显示,城市青年群体中对于"'住房资源'正逐渐代替'职业'成为社会分化的重要因素"这个说法明确持反对意见的仅为12.95%。座谈中,也有不少青年明确表示,"没有自己的一套房子感觉低人一等,甚至感到自卑"。可见,"拥有自有性住房"已经内化并构成社会的一个认同机制,这就导致城市住房的价值与异化远远超出了房子本身用于"居住"的预设,进而演变成为一种象征身份和地位的符号资本。同时,在"住房场域"中,

住房又是作为一种"投资品"而存在的，吸引着更多的行动者来参与这场集体性的"住房消费盛宴"，这导致"住房场域"的竞争更加激烈，而这种竞争又反过来导致场域内的资源更加稀缺，其价值更加被放大，最直接的体现就是不断攀升的房价，所以我们可以很轻易地推断出"住房场域"的默认"游戏规则"——即在城市社会中，城市资本和权力（户籍、福利、声望、身份、地位等）往往是根据你是否拥有自有性住房或你拥有自有性住房的数量多少而进行某种分配的，这样一种对各种资本和权力进行争夺的关键便在于"是否拥有自有性住房或尽可能多地拥有自有性住房"。

布迪厄将"场域"视为一个敞开的游戏空间，各种力量和关系的博弈随时可以改变场域形态。从自然的理想状态来讲，每个人在"住房场域"获得自有性住房的机会是均等的，那么占有城市资本和权力的机会也应该是均等的，但是，在现实生活中，存在着一种破坏"游戏规则"的社会现实，即许多已经拥有自有性住房的行动者会凭借自己的资本优势多购买几套房以增加自己参与游戏的筹码，这实际上是通过住房来达到城市资本和权力再分配。这样，"住房场域"的原有形态被打破，为了尽量多地占有城市资本和权力，"拥有自有性住房或是尽可能多地拥有自有性住房"这个"游戏规则"便会在社会中不断地得到认同、强化，最后演变成为一种内化的社会机制。城市青年从具有住房需求开始，便进入了"住房场域"，继而被迫卷入这场游戏争夺中，然后依据"拥有自有性住房或尽可能多地拥有自有性住房"这个游戏规则去行动，并在各种力量的冲突和各种资本的斗争中来为自己在"住房场域"中谋求更高位置或是更大利益。

总的来说，是否拥有自有性住房或拥有自有性住房的数量多少，不仅成为一种地位和身份的标志，并且成为城市青年人生意义和价值的重要体现。如果你问一个城市青年为什么要买房？你可能得到的回答不是买房的理由，而是为什么不买房的理由——比如没有房子就结不了婚等等。事实上，在课题组多年来累计的关于城市青年住房问题的一手资料来看，为什么要买房这个问题的提出一般不会直接得到买房好处的回答。因为在他们看来，买房是一件人生必须完成并且要优先完成的事，"住房场域"的游戏规则已定，要么遵守，要么颠覆，但是显然遵守规则的成本比颠覆规则的成本要小得多。

四 住房资本

布迪厄从社会行动的"场域"出发,得出"资本"的概念,他将"资本"定义为"一种积累起来的劳动(它以"物质化"或是"肉体化""身体化"形式存在)"①,包括经济资本、文化资本、社会资本、象征资本(又称"符号资本")等四种资本。一种资本总是在既定的具体场域中灵验有效,既是斗争的武器,又是争夺的关键,使它的所有者能够在所考察的场域中对他人施加权力,运用影响,从而被视为实实在在的力量,而不是无关轻重的东西②。将"资本"推到"住房场域",便引申出了活跃在"住房场域"的资本争夺与斗争,这些资本决定了住房场域内行动者的结构关系、具体行动和所处位置。如前所述,"住房场域"存在着不同的行动者,城市青年只是其中之一,这些行动者所共同遵循的一个游戏规则即——拥有自有性住房或是尽可能多地拥有自有性住房。为了参与这个游戏,不同的城市主体在城市中争夺资本,并利用既得资本进行"斗争",他们在"住房场域"中拥有资本的多少将决定其采取不同的住房行为。

城市青年刚刚进入社会,其资本积累才刚刚开始,这导致他们与"住房场域"的既有行动主体相比,处于一种相对弱势的位置,但是这种弱势位置会随着他们的"住房资本"累积而不断发生转变。在这个"住房资本"的累积阶段,他们会在"住房场域"中采取一些其他住房行为,我们称其为一种"过渡性住房策略",即不同的城市青年会根据自己的资本获取情况选择一种符合本人实际情况的住房策略,这种"过渡性住房策略"集中体现为租房和与父母同住(主要发生在本地青年中)。课题组调查显示,仅有23.5%的城市青年获得了自有性住房,其他城市青年皆采取了"过渡性住房策略"(见图1)。可见,虽然几乎所有的城市青年都会以"自有性住房"为最终选项,但是在"住房场域"中,城市青年的住房行为实际上是具有多样性的。换言之,"住房场域"其实具有强

---

① 〔法〕皮埃尔·布迪厄、〔美〕华康德:《实践与反思——反思社会学导论》,李猛、李康译,中央编译出版社,1998。
② 〔法〕皮埃尔·布迪厄、〔美〕华康德:《实践与反思——反思社会学导论》,李猛、李康译,中央编译出版社,1998。

大的包容性和灵活性，它为城市青年提供了多种居住方式的选择，特别是在租房行为上，城市青年的选择空间和余地都很大，但是其具体的住房行为主要取决于城市青年个人的资本积累情况和其住房策略（见图2）。

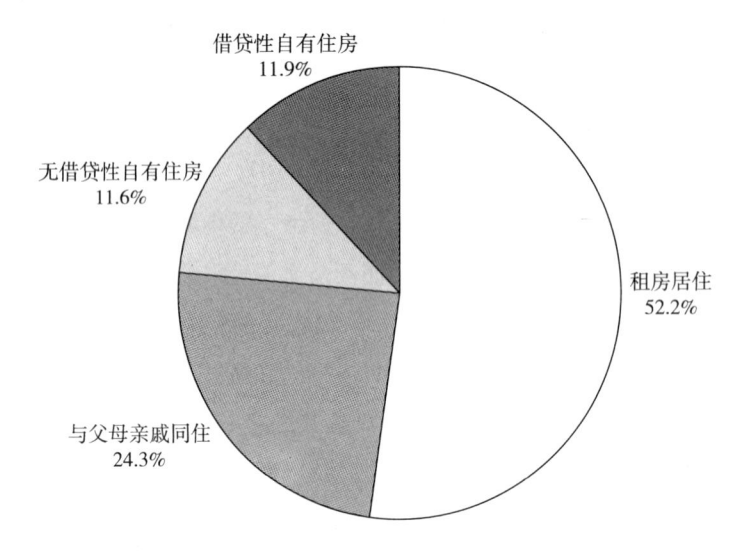

图1 城市青年的住房类型

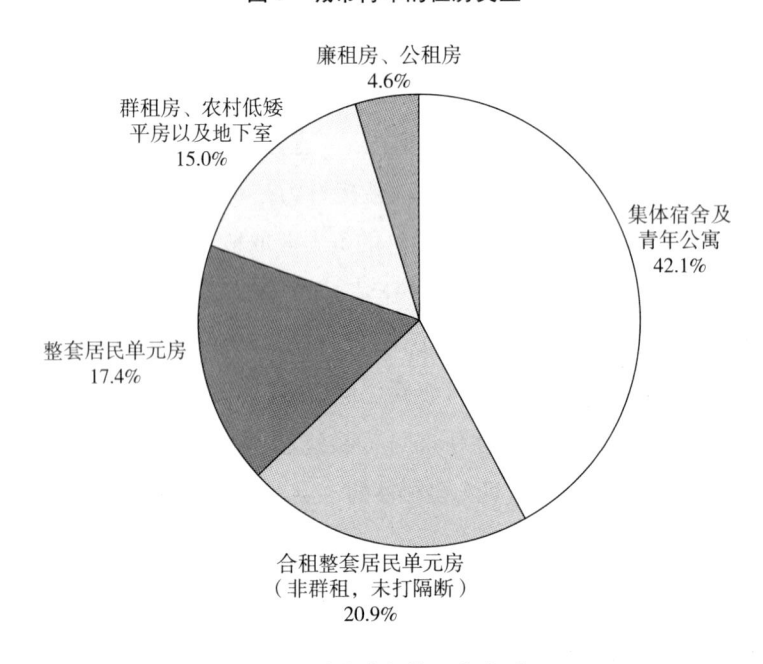

- 借贷性自有住房 11.9%
- 无借贷性自有住房 11.6%
- 与父母亲戚同住 24.3%
- 租房居住 52.2%

图2 城市青年的租房类型

- 廉租房、公租房 4.6%
- 群租房、农村低矮平房以及地下室 15.0%
- 集体宿舍及青年公寓 42.1%
- 整套居民单元房 17.4%
- 合租整套居民单元房（非群租，未打隔断）20.9%

在"住房场域"中，城市青年不仅要和其他行动主体进行资本争夺，在城市青年群体内部，这种资本争夺和斗争更加激烈，城市青年中有掌握资本较多的人，他们能更迅速地通过购房行为而获得自有性住房，也有资本相对匮乏的人，他们只能被迫继续采取"过渡性住房策略"。那么究竟哪些城市青年能够优先获得"自有性住房"？为什么有些城市青年能够实现"毕业即买房"？这就涉及城市青年群体内部的资本斗争与争夺。布迪厄认为，经济资本、文化资本和社会资本是最为基本的资本类型，三种资本都与象征资本相联系，甚至可以表现为象征资本的某种形式。不同资本在不同场域甚至是在同一场域的不同阶段所发挥的作用是不同的，由于城市青年的住房行为主要是一种经济行为，这就决定了经济资本是决定城市青年能否获得自有性住房的最终要素，而且大多数青年的社会资本和象征资本在其住房行为中差异不明显，当然也由于缺少必要的数据支撑，故这里主要对其经济资本以及能转化为经济资本的部分文化资本进行探究。

经济资本是"住房场域"中最为核心的资本，也是决定城市青年采取何种住房行为的决定性因素。这里的"经济资本"主要指向两个层面：一是本人家庭的经济资本，主要指城市青年本人及其配偶的经济购买力，主要由其经济收入决定。购房行为是否发生，主要看城市青年的经济购买力是否能达到购房水平，这里面会涉及收入和房价的差异。据课题组调查问卷数据显示，城市青年的经济收入和其自有性住房的拥有程度呈现明显的正相关性。这表明，城市青年的经济收入越高，其获得自有性住房的可能也就越大（见表1）。二是城市青年父母的经济资本。在城市青年的购房行为中，可通过调用父母及其他亲属的经济资本来完成自有性住房的获得。课题组调查显示，拥有自有性住房

表1 本人家庭人均月收入对青年人才住房状况的影响

单位：%

收 入	自有住房	与父母亲戚同住	租房居住	合计
3000元及以下	12.3	28.3	59.5	100
3000~6000元	23.6	25.7	50.7	100
6000~9000元	36.5	20.4	43.1	100
9000元及以上	47.5	16.5	36.0	100

的城市青年中有76.57%有父母支持,这其中继承遗产的约占1.22%。是以可以推断出,父母家庭经济条件越好的城市青年,可以越早地拥有足够的资本储备进而完成购房行为。在经济资本中,父母的经济资本多少现已成为城市青年能否尽早有自有性住房的重要因素(见表2)。

表2　城市青年自有性住房来源

单位:%

房屋来源	占比	房屋来源	占比
自己全额购置	8.84	继承遗产	1.22
父母全额购置	26.11	拆迁补偿所得	3.09
父母支持下的贷款购房	49.24	其他	1.08
无父母支持的贷款购房	10.42		

"住房场域"中的文化资本主要表现为受教育水平,受教育水平在城市青年寻求职业的过程中发挥着重要作用。一般来说,受教育程度越高,其拥有的文化资本越多,文化资本转化为经济资本的可能也越大。课题组调查显示,受教育程度越高,居住自有性住房的比例也越高。可见,文化资本在一定程度上能够转化为经济资本,帮助城市青年优先获得自有性住房。

表3　分受教育程度的青年人才住房状况

单位:%

学　历	居住自有性住房	与父母亲戚同住	租房居住	合计
大　专	14.4	28.8	56.7	100
本　科	25.0	27.0	48.0	100
研究生	32.4	10.0	57.7	100

综上所述,在"住房场域"中,和既有的一些行动主体相比,城市青年群体的位置相对弱势,需要通过一定的资本建构来实现位置的跃升,在这个完成资本建构的过渡阶段,城市青年往往会主动或被动地采取一种"过渡性住房策略",这也就是为什么大部分城市青年会采取租房或与父母同住的住房行为来作为自己实现最终目标(即拥有自有性住房)的一个过渡性策略。在城市青年群体中,能够快速地完成资本积累的城市青年便能率先拥有自有性住房

而实现位置跃升,而这往往受城市青年父母的经济资本的影响,也就是说,父母的家庭经济环境在很大程度上决定了城市青年是否能够率先获得自有性住房,"啃老"现象也就源于此处。

五 住房惯习

尽管"场域"是一个客观的关系系统,里面充满对"位置"的追求和对"资本"的争夺。但是"场域"中的行动者都是具有主观能动性的人,这导致"场域"并不是一个冰冷的物质小世界,而是一个具有性情倾向系统的"场域",这个"性情倾向系统"即为"惯习"。"惯习"具有以下特征:一是具有动态性、开放性、连续性。"惯习"会不断地随经验而变,从而在这些经验的影响下不断地强化,或者调整自己的结构。它是稳定持久的,但不是永远不变的[①]。二是"惯习"是与客观结构紧密相连的主观性。事实上,没有孤立存在的"惯习",只有与特定场域相关的"惯习"[②]。三是"惯习"既是个人的又是集体的。"惯习"虽然代表着个人的观念和价值选择,但是个人并不能脱离社会而单独存在,否则便失去意义,所以个人"惯习"必然带有"集体"属性。

"住房惯习"即为行动者对于"住房场域"中游戏规则的认可、遵守,甚至是一种内化行动追求,这种认可和追求既具有先天的因素,又是在社会化的情景中逐渐习得的结果,它包括传统住房文化、住房观念、住房策略、行为倾向等。按理说,青年群体是最具有向传统规则挑战精神的群体,但是,大多数青年群体在自有性住房上却表现了强烈的保守倾向,即将拥有自有性住房或尽可能多地拥有自有性住房作为终极目标。主要原因如下。

一是中国传统住房文化的影响。中国人历来注重"住房","住房"在中国人传统的认知中并不仅仅代表着"住所",还代表着"家"这个富有情感性的处所。课题组问卷调查结果显示,仅有 5.44% 的受访者认为有房和幸福无

[①] 〔法〕皮埃尔·布迪厄、〔美〕华康德:《实践与反思——反思社会学导论》,李猛、李康译,中央编译出版社,1998。
[②] 毕天云:《布迪厄的"场域-惯习"论》,《学术探索》2004 年第 1 期。

关。中国人的"成家"已经不仅仅代表婚姻关系,而且代表有住房支撑的婚姻关系。据课题组问卷调查结果显示,结婚前,住房对于城市青年更多的意味着"栖身之所",而结婚后,住房对于城市青年更多地意味着"家庭港湾"(见表2)。可见,对于大多数青年而言,拥有自有性住房才代表着其真正拥有了一个"家"。

表4 婚姻状况与住房状况的交互分析

单位:%

房屋的意义	婚前	婚后
栖身之所	65.73	6.41
家庭港湾	24.43	71.69
工作场所	1.93	0.41
身份和地位的象征	0.88	2.07
提高生活品质的必要条件	6.75	19.00
其他	0.29	0.41

二是青年居住观念的变迁。在长久的社会变迁中,青年居住观念也发生了革命性变迁,小家庭式居住成为人类居住方式的主流观念,这中小家庭式住房观念反映在社会现实中,就是越来越多的青年家庭已经脱离了其父辈家庭而独立居住。中国传统的和父母同住的居住方式渐渐式微,课题组调查显示,未婚前,城市青年主要的居住方式为和父母同住,但是婚后,其居住方式则以居住自有性住房为主。类似的调研结果在其他学者的研究中也得到了验证,一个对青年住房意愿的研究显示,仅从青年的愿望来看,绝大部分未婚青年都希望将来结婚后在自己的小家庭单独居住[1]。这表明,在现代社会,城市青年已经越来越倾向于脱离父母独立组建家庭,这种居住观念已然成形并在城市青年群体中延展强化成为一种"惯习",这种群体"惯习"的过度发展,导致社会中出现了"无房不婚"的新"住房惯习",青年便会推迟自己的结婚时间,《2012城市年轻人婚房观念调查报告》显示,在参与调查的5万名适婚青年(25~

---

[1] 风笑天:《家安何处:当代城市青年的居住理想与居住现实》,《南京大学学报(哲学.人文科学.社会科学版)》2011年第1期。

35岁）中，51.5%的适婚青年因为"没房没经济基础"而选择延迟结婚。可见，"有房结婚""无房不婚"的观念已经经过社会建构而上升成为一种城市青年群体中独特的"住房惯习"。

表5 婚姻状况与住房状况的交互分析

单位：%

	未婚	已婚	离婚或丧偶	合计
居住自有性住房	24.7	74.0	1.4	100
与父母亲戚同住	59.1	40.5	0.4	100
租房居住	68.3	31.4	0.4	100

综上所述，从"住房惯习"这个角度来看，城市青年之所以对自有性住房存在着异常积极的态度，并以获得自有性住房为最终目标，是因为存在着一个"住房惯习"，而这个"住房惯习"又制约着"住房场域"内青年的行为逻辑。"住房惯习"是由"中国传统住房文化"和"青年住房方式选择"共同在现实生活中建构出来的，"住房惯习"中有合理的成分，也有不合理的成分。"住房惯习"和"住房场域"相互作用，最终形成一种社会机制，这种社会机制又反过来作用于"住房场域"中的每个行动者并发展成为其行动的内在机制。

六 结语

在城市青年住房行为的研究中引入"住房场域""住房惯习""住房资本"的概念，可以更好地理解当前中国社会中的城市青年住房行为。

第一，有助于从一个全新角度去思考城市青年的住房行为。"住房场域"实际上是一种自我重构的特殊逻辑，所有外部因素的影响都只有通过场域内的某种形式特征调节后，才会起作用。换言之，住房场域一旦形成，限购、住房保障等多种住房制度作为国家对于住房行为调控的外来力量，只有通过"社会住房偏好"这种特殊的方式才能起作用。从这个意义上来说，要解决城市青年住房问题，不能将城市青年作为社会政策消极的承受着，把解决青年住房问题的责任寄托给政府、社会等外部力量，而是应该考虑真正让外部权力和力量能融入"住房场域"，促使"住房场域"的结构优化，以及"住房惯习"的调整。特别是在城市青年群体的"住房惯习"上，应该引导整个社会的舆论导向朝着淡化"无房不婚"的观念的方向发展。

第二，有助于理解城市青年在住房行为中的自有性住房偏好。"住房场域"是按照社会成员特定逻辑建立起来的一个竞争场所。竞争目标即为自有性住房，在"住房场域"，自有性住房被作为一种符号商品被视为比其他竞争目标具有更多的附属价值。从某种意义上来说，自有性住房就是一种符号，甚至可以称之为一种"符号暴力"[1]，这种"住房符号暴力"是社会成员所共同构建的，并且又反过来作为一种规则或是力量施加于每一个社会成员身上。而且社会成员对于这种规则或是力量持有"认可"态度。于是，对有那么多的城市青年都将拥有自有性住房作为一种理想或追求，也就不那么难以理解了。在"无房不婚"等一系列的社会压力面前，拥有自有性住房也就成为城市青年群体在"住房场域"的终极奋斗目标。或者说，我们可以这么理解，在"住房场域"，城市青年的自有性住房偏好实际上是对自有性住房作为理想或追求的一种论证和强化，因为他们中很少有人会去质疑将自有性住房作为理想或追求的合理性。

第三，有助于我们理解城市青年住房行为的多样性。在城市青年的住房行为中，"住房场域"为城市青年提供了多种选择的空间，城市青年的住房策略为其住房行为提供了依据，但可以肯定的是，几乎所有的城市青年都会以"自有性住房"为最终选项。由于自身资本积累的限制，城市青年被迫妥协而采取了一种过渡性策略，即租房行为或者与父母同住行为，租房行为中又可以分化出不同的租房选择。所以，尽管城市青年都表现出最终的自有性住房偏

---

[1] 符号暴力是指由语言、文化、思想和观念所构成的为人们自觉或不自觉地接受的"看不见的、沉默的暴力"。布迪厄认为："符号权力是通过言语构建已知事物（the given）的能力；是使人们视而可见和闻而可信的权力；是确定或者改变对于世界的视界（vision），因而确定或改变了对于世界的行动乃至于世界自身的权力；是一种几乎是魔术的权力，借助于特殊动员手段，它可以使人获得那种只有通过强力（无论这种强力是身体的还是经济的）才可以获得的东西的等价物。作为上述权力，它只有被认同的时候，也就是说，作为任意性被误识的时候，才能发生功效。"

好,但是城市青年在"住房场域"的住房行为是多样的,是以我们在研究城市青年住房行为的时候不仅要关注行动者的社会结构,还要特别关注城市青年个体的居住行为选择。

第四,提醒我们重视和尊重城市青年的"过渡性住房策略"。"过渡性住房策略"是城市青年在"住房场域"中为积累相关资本而主动或被动采取的一种妥协策略,这种"过渡性住房策略"是青年根据自己的资本积累情况和住房策略所作出的选择,它在现实生活中往往体现为"租房"或是"与父母亲戚同住",其中"租房"是普遍的住房行为策略,这种"过渡性住房策略"应该得到尊重和重视,因为一旦连这种妥协性的住房权益都不能在城市中得到尊重和保障,城市青年便在"住房场域"中失去了生存空间,被剥夺感骤升,这显然不利于和谐城市的建设,更不利于城市活力的保持。

总之,在青年住房行为的研究过程中,"场域-惯习"概念的逻辑展开,能有效将行动者、社会结构、城市空间三者集中起来,从而能使城市青年住房行为研究更加全面和深刻,也能更加地贴近现实。值得一提的是,由于篇幅限制,加上本文主要侧重于研究城市青年的住房行为,故焦点也相对集中在城市青年这个行动主体上,并没有涉及"住房场域"的其他行动主体,也没有涉及和"住房场域"相互影响的其他"外部场域",这也是本研究的一大缺憾,将有待相关研究者进一步深化研究。

B.5 中国特大城市青年住房政策分析

吴 军*

摘 要： 本文以"北上广"三个特大城市现行的青年住房政策为例，运用文本分析的方法，重点梳理了我国大城市青年住房政策的现状。研究发现，鼓励青年人租房的政策将是未来大城市解决青年住房问题的主要趋势，比如人才公租屋、公共租赁房和政策性租赁房等。然而，现行该类政策还比较薄弱，存在一些问题，其中，政策覆盖面比较窄和排斥性比较强是最突出的问题。因此，未来大城市的青年住房政策可以参考以下四点：第一，开展青年住房需求调研，掌握青年职业和空间分布等动态信息；第二，制定专门青年住房保障政策法规，明确住房政策目标；第三，完善公共租赁制度，不断降低政策的排斥性；第四，整顿城市租房乱象，改善公共租房环境和制度。

关键词： 青年住房 特大城市 政策分析

《新京报》于2014年2月份做了一次北京101位青年人调查，结果显示，"房价高、房租贵"打败"交通拥挤"和"空气质量"上升为青年人最头痛的事情第一位，其中，有七成的青年人觉得住房问题是最烦恼的事情。不仅如此，最近几年，媒体和民间都比较流行的称呼或词语，如"蚁

---

* 吴军，中共北京市委党校、北京行政学院社会学教研部。

族""房奴""啃老购房""无房难婚"等,也从侧面说明了住房问题正成为制约青年人才发展的重要因素。在这样的社会背景下,本文对北京、上海和广州等特大城市青年住房政策和做法的梳理,至少有以下三方面的意义。

第一,比较系统和深入地了解中国大城市青年住房政策的特点和现状,为解决特大城市青年人住房问题提供背景性信息和知识。

第二,为中国其他大城市解决该问题的政策制定和分析提供样板。"北上广"作为迄今中国城市发展形态最高阶段的代表,聚集着大批的青年人才,同时,这三个城市也是中国的先发城市,具有很多先发的特点和问题,青年住房问题就是其中一个典型,对于这些问题的探讨,将为内地省会城市和较大的地级市城市解决该问题提供一些政策性思路。

第三,破解城市发展的动力难题。城市发展的动力在于人才,如何创造良好的条件,吸引青年人才,保持城市可持续的魅力(吸引力),这个问题无论是对于北京、上海和广州等一线的特大城市,还是对于高速发展的二线城市,都是城市建设与管理中的一个重大难题。尤其是青年人才住房问题,现已成为制约青年人才自身发展和城市顺利转型的重要难题。

一 "北上广"青年住房政策梳理

北京、上海、广州等中国特大城市关于青年人住房的政策主要是"嵌入"在整个城市的住房保障体系中。截至目前,这些城市针对青年住房问题并没有出台专门性的政策或法规,有的只是一些政策性建议和探索性做法。因此,本文对于青年住房政策的梳理仅限于特大城市保障性住房政策中涉及青年人的部分,本文介绍的这些城市对解决青年人住房问题的做法,主要来源于该城市最近几年的一些探索性实践,特此说明。

"北上广"三个特大城市中青年住房政策的特点主要集中在购买和租赁两个领域,其中,鼓励青年人通过租赁的方式来解决住房问题的政策倾向比较明显。在住房政策中,有利于青年人购房的政策多嵌入整个城市的保障性住房体系中,比如,北京的限价房、经济适用房和最近推出的自住型商品房。事实

上，相对于购房，最切实有效的是鼓励青年人租赁房屋，比如北京在中关村推行的人才租赁房、上海的公共租赁房和广州的政策性租赁房等。虽然这些政策中对于青年租房的称呼不同，但是，它们的指导思想却是一致的，即通过公共租赁的方式帮助青年人解决住房问题。

（一）购房政策：经济适用房、限价房与自住型商品房

1. 经济适用房政策

经济适用房政策作为一种正式的制度安排，在解决大城市低收入家庭的住房问题时，对于本地青年人群住房条件改善有一定的帮助作用。本地青年人群主要是指长期居住在该城市的青年，或称"生于斯，长于斯"的青年群体。毫无疑问，只要该青年所在的家庭获得经济适用房，其自身的住房问题就得到解决了。从这个层面来理解经济适用房政策惠及青年是可行的。另外，经济适用房政策中，对于单身家庭的规定，也为青年人购房打开了一扇门。比如，北京住房政策规定单身家庭年龄满30周岁者，也可以申请经济适用房；上海尽管没有经济适用房申请年龄的具体规定，但是，对申请人本市城镇户籍持有年限进行了限制，一般为7年，并且在申请区5年以上；广州的经济适用房政策吸取了北京对于年龄的要求和上海对于户籍年限的规定，要求申请人须取得本市城镇户籍时间满3年，且年满18周岁，单身家庭要申请必须超过30周岁。除了这些外，这些城市住房政策，都有对申请人现有收入、住房面积和资产等的限制，不同之处就是政策对收入、资产和现有住房面积的要求标准不同。可以说，经济适用房政策对于一部分家庭收入处于城市中低位的本地青年人比较有利，可以解决这部分青年人的住房问题。

案例1　北京经济适用房政策

北京经济适用房政策颁布于2007年，是主要面向城市低收入家庭的住房政策。经济适用房是指政府提供优惠政策，限定建设标准、供应对象和销售价格，向低收入住房困难家庭出售的具有保障性质的政策性住房。申请人须取得本市城镇户籍满3年，且年满18周岁，申请家庭应当推举具有完全民事行为

能力的家庭成员作为申请人。单身家庭提出申请的,申请人须年满30周岁。申请家庭人均住房面积、家庭收入、家庭资产符合规定的标准。

案例2　上海经济适用房政策

上海经济适用房政策开始于2009年《上海市经济适用住房管理试行办法》的颁布。规定经济适用房的申请审核实行"两级审核、两次公示、两次公开摇号"。经济适用房对于申请人的资格审查有四条：第一,家庭成员必须具有本市常住城镇户口7年以上,并且在申请区5年以上；第二,人均住房建筑面积15平方米以下；第三,人均月可支配收入是2300元以下,人均财产7万元以下；第四,申请人申请经济适用住房前五年内,未发生过住房交易的行为。2011年3月2日,上海市政府对外宣布了上海最新的经济适用房准入标准。最新的标准是,3人及以上申请家庭的人均年可支配收入限额调整为39600元（相当于月均3300元）、人均财产限额调整为12万元；2人及以下申请家庭的收入和财产标准在此基础上进一步上浮10%,即人均年可支配收入限额为43560元、人均财产限额为13.2万元。还要求申请人拥有上海户口7年以上,人均住房面积低于15平方米,且最近5年没有进行房屋买卖。

案例3　广州经济适用房政策

广州经济适用房政策开始于2007年,以《广州市经济适用住房制度实施办法（试行）》为主要标志。该办法也对申请人做了资格限定：第一,申请人及其共同申请的家庭成员具有本市城镇户口并在广州市工作或居住；第二,无自有住房,或者现住房人均居住面积小于10平方米；第三,家庭年可支配收入、家庭资产符合市政府公布的标准；第四,申请人及其共同申请的家庭成员在申请之日前5年内没有购买或出售过房产；第五,未享受过以下购房优惠政策。（以下略）

2. 限价房政策和自住型商品房政策

限价房和自住型商品房是北京出台的关于解决城市中低收入家庭和单身人士的住房政策。对于在京工作的、具有一定经济实力的青年人才解决住房问题

有一定作用。限价房政策要求申请人必须具有北京城镇户籍，年龄满30周岁；而最近推出的自住型商品房政策，对于户籍进行了"松绑"，只要在北京连续五年缴纳社保或个税，且年龄底线往下调低了5岁，即25岁以上的青年均可申请。这在一定程度上满足了城市中具有较高收入的青年人才的住房需求。

事实上，限价房政策颁布于2008年，主要面向北京市中等收入住房困难的城镇居民家庭、征地拆迁过程中涉及的农民家庭及市政府规定的其他家庭，青年人要想申请限价房，第一道关卡就是户籍，换句话说，申请人必须具有本市户口。另外，限价房申请对于年龄有要求。要么以家庭为单位进行申请，要么以单身家庭的身份提出申请，前者要求18周岁以上具有完全民事行为能力的家庭成员作为申请人，后者要求申请人年龄必须等于或超过30周岁。最后，限价房申请对人均住房面积、家庭收入和家庭总资产有规定。比如家庭人数在3人以下的，家庭年收入不得高于8.8万元，人均住房使用面积为15平方米及以下，家庭总资产为57万元及以下。

自住型商品房是北京市政府2013年推出的最新住房政策。自住型商品住房套型建筑面积，以90平方米以下为主，最大套型建筑面积不得超过140平方米；销售均价，原则上按照比同地段、同品质的商品住房价格低30%左右的水平确定。无户籍和拥有北京户籍的家庭和人士均可购买，但对于无户籍人士需要连续五年在北京缴纳个税或社保。其中，单身人士要年满25周岁。另外，购得房屋后，持有人五年内不得转让，五年后转让的所得收益中，需要缴纳土地出让差价。

（二）租房政策：廉租房、人才租赁房与"蚁租"

根据调查，解决青年住房问题最切实有效的方法就是政策鼓励租赁而非购买。事实也如此。在北京、上海和广州等大城市里，"流动"的青年人才数量比较大。一般情况下，大学毕业后，他们怀揣着梦想，到这些特大城市"打拼"。他们之中有演员、律师、设计师、翻译、画家、自由撰稿人、销售员、技术员等。由于工作不稳定，购房居住是一种不划算的途径，而且这些城市的房价昂贵到远远超过了他们的承受能力，因此，租房是一条比较有效的解决路径。

针对这一问题，北京、上海和广州三个大城市也出台了惠及青年人的租房政策，比如廉租房、人才公租房、公共租赁房、政策性租赁房以及"蛰租"等政策或做法。尽管这些政策或举措的名称不一样，但是，它们有着类似的指导思想，即鼓励青年人才通过租赁的方式解决住房问题。尽管现实中租赁环境还不完善，出现许多让青年人烦恼的租房问题。但是，从整体来看，这种方法是最有效、最切实可行的解决青年人才住房的办法。

1. 廉租房制度

北京、上海和广州三个城市曾经或正在制定和推行租房制度，但是，现实操作中，青年人享受到的廉租房优惠比较少；这与该政策针对的目标群体有关。这项政策主要面向城市低收入群体的户籍家庭，以中老年人家庭居多。北京市的廉租房制度颁布于2007年，主要面向北京市低收入家庭的住房需求。北京市廉租住房保障水平应当以保障低收入家庭基本住房需求为原则，根据财政承受能力和居民住房状况合理确定。北京城市低收入家庭廉租住房保障方式以发放租赁住房补贴为主，实物配租为辅。

相较于北京，上海的廉租房制度实施比较早，早在2001年，上海就开始在长宁、闸北两区试点廉租住房制度，随后试点扩大到卢湾、虹口等8个市中心区，深受市民欢迎。之后，廉租房制度覆盖了整个上海市区和郊县。其内容与北京廉租房制度大致类似，主要面向上海低收入的户籍家庭，尤其是老年人家庭。该政策最近一次调整是在2011年。上海市政府下发了《上海市人民政府关于调整本市廉租住房申请条件和配租标准的通知》，人均月可支配收入从1100元的上限放宽至1600元，且已在试行"先租后售"的政策。廉租住房申请家庭须同时具备下列条件：第一，申请家庭自申请之日的上月起连续6个月人均月收入不高于960元（含960元），家庭不拥有机动车辆、出租房屋和临时的较大财产收入（如福利、体育彩票中奖等），家庭财产不高于12万元（含12万元）。家庭财产是指家庭成员拥有的全部存款、非居住类房屋、车辆、有价证券等财产。第二，申请家庭的人均居住面积低于7平方米（不含7平方米）。第三，申请家庭成员在户主户籍地具有本市非农业常住户口且实际居住，并至少有一人取得本市非农业常住户口3年以上，其他成员户口迁入此住处须满1年以上。

广州的廉租房制度与北京和上海的大同小异。《广州市城市廉租住房保障制度实施办法（试行）》颁布于2007年。申请廉租住房保障应当同时符合下列条件：第一，申请人及共同申请的家庭成员具有本市市区城镇户籍，并在本市工作或居住；第二，家庭年人均可支配收入、家庭资产净值符合政府公布的标准；第三，无自有产权住房，或自有产权住房人均居住面积低于10平方米；第四，未享受过相关购房优惠政策；第五，申请人及共同申请的家庭成员在申请之日前5年内没有购买或出售过房产。其中，年满30周岁的户籍青年，可以单身家庭的身份申请。

2. 公共租赁房和政策性租赁房制度

公共租赁房和政策性租赁房制度分别是上海和广州最近推出的新型住房政策。实际上，公共租赁房和政策性租赁房是廉租房的一种"变体"。不同之处在于配租形式，二者多以实物为主；在政策目标群体上，二者多倾向于青年群体。

上海公租房房型主要为成套小户型或集体宿舍，套均建筑面积一般控制在40～50平方米，有条件的还可配置必要的家具和家用电器等设备。租赁合同的期限一般不低于2年，考虑到公共租赁住房主要是解决阶段性居住困难，租赁总年限暂定一般不超过5年。公租房的租户只需支付租金，不需要缴纳物业费，因此，公租房的租金略低于市场租金。申请人必须满足四个条件：第一，具有本市常住户口或持有《上海市居住证》2年以上，并连续缴纳社会保险金（含城镇社会保险）达到1年以上；第二，已与本市就业单位签订一定年限的劳动或工作合同；第三，在本市无自有住房或人均住房建筑面积低于15平方米；第四，申请时未享受本市其他住房保障政策。（这是留沪青年人唯一可以享受的政策，但在执行过程中，往往是"门可罗雀"、无人问津，价格并不比周围便宜多少是造成这一现状的最重要原因）

政策性租赁房是广州推出的主要面向青年人才的住房保障制度。政策性租赁房指通过政府或政府委托的机构，按照市场租价向中低收入的住房困难家庭提供可租赁的住房，同时，政府对承租家庭按月支付相应标准的租房补贴。其目的是解决家庭收入高于享受廉租房标准而又无力购买经济适用房的低收入家庭的住房困难。不能租廉租房，却买不起经济适用房；不能买经济适用房，更买不起商品房；刚刚毕业，收入不低但没有积蓄，买不起房又租不到便宜、稳定的房——这就是人们常说的"夹心层"。尽管房地产市场和住房保障体系不断发展完善，但仍然有许多这样的家庭和新就业人员处在这个体系的"空白区"。为满足"夹心层"人群的住房需求，广东正在加紧筹措建立政策性租赁住房制度，即由各级政府根据需要，筹建或购买一批政策性租赁住房，用于解决既不符合廉租住房和经济适用住房政策要求，且家庭收入低于当地城镇居民平均工资水平的城镇中低收入住房困难家庭、城镇房屋拆迁户、引进的高级技术人员、异地调动的机关干部的过渡性居住需求。

3. 人才公租房

人才公租房是北京市政府新近推出的一项青年住房政策，重点解决青年技术人才的居住问题，试点工作在中关村开展，因此，又称中关村人才公租房制度。该项青年住房制度，有着明确的政策目标。申请人必须具有本科以上学历，或具有中级以上职称、高级技师资格等。该政策取消了户口限制，非京籍青年人才也可以享受到此政策，但是，必须通过企业承租的方式。

2011年1月，中关村科技园区管理委员会与北京市发改委、北京市财政局等7部门联合下发了《关于中关村国家自主创新示范区人才公共租赁住房建设的若干意见》。人才公共租赁住房建设是北京市住房保障工作的一项重要内容，旨在为中关村国家自主创新示范区内创新创业的海内外高端领军人才、高层次创新创业人才、战略性新兴产业人才等各类人才解决一定时期内的过渡性住房问题，多渠道满足人才的住房需求。

中关村公租房的租金不高于同地段类似房屋的市场租金。人才公租房最长租期不能超过工作合同期限，承租人需继续承租的，应在合同期满前3个月提出申请，连续租赁期限原则上最长不超过3年。符合承租条件的家庭只能承租一套。

另外，申请人才公租房的单位和个人，若出现开具虚假证明、未如实申报家庭收入或住房等情况骗租的情况，将由管理单位或产权单位解除租赁合同，按同期市场标准补交租金并取消申请资格，5年内不得申请政策性住房。

4. "蚁租"

公共租赁房固然好，但是实际操作起来难度非常大。比如公租房利润普遍较低，房地产企业不感兴趣或兴趣不大，而社会资本又很难在短期内筹集起来。除了资金之外，公共租赁房也面临着分配、管理等问题，富人利用政策漏洞从廉租房里套利以及廉租户经济条件改善后迟迟不愿退出廉租房等现象屡见不鲜。最近，北京的一些经济技术开发区、产业园区管委会经批准可以作为公共租赁房主体，利用自有土地建设一些公租房，解决本园区符合条件家庭的住房困难。"趸租房"政策的实施，正是基于这样的背景。

趸租是一种大胆突破的管理方式。所谓趸租，即具有国资背景的房屋租赁公司，长期租赁农民手中富余的定向安置房，将这些房源纳入公租房中，由统一平台整体托管、整体配租、整体统筹。比如，丰台近年来城镇化进展迅速，"农民上楼"后一户可能分到两套房子，其中的一套往往用于出租。

北京市鼓励机关及企事业单位、高校、科研院所等社会单位，利用自有国有土地建设公租房；鼓励产业园区建设公租房，向园区内企业职工出租；鼓励农村集体经济组织利用存量建设用地建公租房。

最近，由北京丰台区房管局下属房管中心具体操作，与农民签订长期租赁合同，再与园区企业签订承租合同，把公租房配租出去。中关村科技园区丰台园的首批48套人才公租房，即以趸租的管理方式进行配租的。

趸租最大优势就是"快"。从着手筹集房源到实现配租不到半年，首批承租的3家企业就拿到了公租房的钥匙，两居室的月租金为每套3080元，"这只是基础的租赁价格"，企业员工租房时还可以获得"双重补贴"。在签订协议时，丰台园即给予承租企业每套1万元的资金补助，用于添置家具、家电等。园区还为每套人才公租房提供每年1万元的房租补贴。企业同样给予补贴，员工每月只需掏1200元就能住进两居室。差额租金以及物业、取暖等费用，均由企业承担。农民转租的方式一举盘活了农民闲置的房屋，房主成了资产运作的受益者；而租赁公司则成为资本运作的操盘手，甚至是各方利益的协调中心。

二 "北上广"青年住房政策分析

事实上，北京、上海和广州等大城市的保障性住房政策（包括惠及青年群体的部分）是从国家层面政策上演变而来。中国最早颁布类似的政策是在1994年。当时，由建设部、国务院房改领导小组、财政部联合发布了《城镇经济适用住房建设管理办法》。办法中已经提出了保障性住房，不过，当时房价还比较低，在城市常住居民收入的承受范围之内。该政策并没有在当时引发普通百姓的重视。然而，现如今，大城市房价飞速上涨，保障性住房再次走入人们的视野，受到重视，尤其是对城市青年人群而言。时至今日，该类政策整整推出了20年，各大城市推出的保障性住房种类不再那么单一，从原来的经济适用房，到现在的自住型商品房、廉租房、公共租赁房、政策性租赁房等。这些政策对于解决大城市青年人群的居住问题起到了很大作用。另外，有些大城市还积极探索创新，提出了人才公租屋和"蛋租"等新措施，专门面向供职于大企业的专业技术性青年人才。

对于一项公共政策，作为学者，我们试图从不同的角度去审视它、去理解它，目的只有一个，希望涉及城市广大青年利益的住房政策能够实现预期的社会效益和经济效益。毫无疑问，通过对以上三个大城市工作和生活的青年人才的进行调研，我们对"北上广"大城市青年住房政策的效果有了个初步了解。

事实上，这些住房政策都面临着一些困境。比如，廉租住房制度一直面临着覆盖面过小、实施不力、资金不足和资金来源不稳定等方面的问题与困境；再比如，限价房面临着供应对象不明确、定价困难、定位不明确等问题。限价房要取得明显的政策效果，主要取决于供应量，而供应量太大又会冲击房地产市场。作为政府干预市场的特殊形式，限价房政策面临两难的局面。对于公共租赁房来说，其主要问题在于交通不便、远离市区、价格偏高等。该政策面向的青年人群，考虑到通勤成本，青年往往会采取市场途径来解决住房问题而不是公共租赁。这也是青年人群公共租赁房承租率低的重要原因。

为了更清楚地了解现在大城市青年住房问题，我们对北京、上海和广州三个城市有关青年人住房的政策进行了简要剖析。纵观这些住房政策，总的说来，存在以下三个主要问题。

第一，青年人住房问题并没有引发政策上的高度重视。即使是在经济社会比较发达的"北上广"这些特大城市，截至目前，解决青年人群住房问题的专门法规政策也尚未出台，更多的是一些官员和学者们的政策性建议，或者是

小范围的实践探索。也就是说，青年人的住房问题并没有上升到"刚性"的法规文件上，有的只是一些"柔性"的政策性建议。当然，根据笔者的调查，一些特大城市在这方面已经采取实际行动来解决青年人的居住问题，比如北京的中广村人才租赁屋、上海的公共租赁房、广州的政策性租赁房等。但是，相对于庞大的青年群体，这些措施显得有些"杯水车薪"。

第二，现有的住房政策无法覆盖不同类型的城市青年人才，尤其是个体创业和自由职业者。尽管北京、上海和广州等大城市已经实施一些人才住房政策措施，一定程度上解决了部分优秀青年人的住房问题。但是，个性的人才住房制度安排还欠缺。目前，各大城市为了招揽海内外优秀青年才俊，纷纷出台了一些引进人才的住房配套措施，但是，对于这部分高端人才，现行的保障性住房体系中比较通用的经济适用房准入条件限制了这部分青年人才的购买。比如，人均收入限制和居住年限限制等。这批人才只能通过单位自身状况，零星、个别地去解决住房问题。对于为大城市带来创意与活力的年轻创业者和自由职业者来说，现行的住房政策并没有实现有效的制度覆盖，即使诸如广州和上海的公共租赁房在推行，碍于地理位置偏远和价格贵的原因，入住率也相对较低；而北京的人才公租屋由于资源有限，只面向一些特大型单位的员工。

第三，面向青年的住房政策和做法具有很强的排斥性。无论是从购房政策来看，还是从租房政策来看，北京、上海和广州等这些大城市颁布和实施的政策具有明显的制度性排斥，或者排外性。尤其是，购房政策的排外性高于租房政策排外性。在购房政策中，三个大城市都有限购的规定，首先户籍或本地居住年限是最重要的排外条款；其次是对于社保和个人税收缴纳情况的要求，比如，三个城市都要求申请经济适用房的人员至少5年连续在本地缴纳个税或者社保；除了以上两个条件的限制外，政策对于申请人的年龄亦有限制，要求单身人士必须为年满30周岁的户籍人口。而对于租房政策，尽管限制未像购房政策一样严格，但在一定程度上，也呈现出了较强的排外性。比如上海的公共租赁房，尽管没有对户籍进行具体限定，却限制了居住年限；再比如北京的中关村人才公租屋制度，并非所有工作在中关村科技园的员工都能申请，而是一些签署协议的大集团和公司职工，例如诺基亚、奔驰汽车、中铁十九局等。事实上，更多的青年科技人才并非供职于这些大集团，而是个体创业。

三 政策建议

在当前关于民生问题的公共讨论中，住房问题往往是核心议题之一。在这种舆论环境下，青年人很容易受悲观情绪的感染，在压力与抱怨中，慢慢地产生共鸣，并不断加强。例如，在课题组开展的青年座谈会中，每当有青年表达出"房租贵""购房无望""经常搬家""房东任意涨价"等时，座谈会上就会出现"一拍即合"的现象，掀起热烈的讨论。从理论上看，当这部分群体人数越来越多，对住房问题有着情感共鸣和一致的价值认同时，一种新社会群体便很可能在城市出现。若不加以疏导，将会带来一系列社会问题。

现实是，很多人把解决这个问题诉诸"保障性住房政策"。希望通过大城市出台的保障性住房政策来逐步解决这个问题。然而，通过以上的政策梳理后发现，这些保障性住房政策并没有实质性地解决问题。当然，并不是否定这些政策的价值和意义，这些政策的出台与实施，确实缓解了大城市低收入群体的住房困难问题，但是，对于生活在这些城市的青年人才来说，这些政策离该群体住房问题的解决还有很大的差距，比如，青年人住房问题并没有引发政府政策上的高度重视、面向青年的住房政策和做法具有很强的排斥性、现有的住房政策覆盖面过窄等。

正如本文开篇所论述的那样，城市发展的动力在于人才，如何创造良好的条件，吸引青年人才，保持城市可持续发展的动力，是大城市建设与管理的重要课题。毫无疑问，可承受的住房价格、宜居住房环境是青年人才选择一个城市的重要原因。梳理大城市青年住房政策和做法，发现其中的问题，然后，提出一些建议或对策，这是本文的写作思路。那么，如何改善大城市现行住房政策制度呢？至少可以从以下四个方面去做工作。

第一，开展大城市青年人住房需求调研，掌握青年人职业和分布的动态信息。对于一项政策制定和实施来说，了解政策目标群体的基本情况，尤其是需求方面的信息至关重要。因此，在大城市出台惠及青年人的住房政策前，要对青年人住房需求做充分的调研。调研至少应该掌握城市在职青年人的职业和空间分布、购房能力、租房环境、居住意愿与需求等。住房政策的制定和实施要根据本城市现有在职青年人的基本情况进行，而不是"由上而下"的任务摊派或者名不副实的"政绩秀"。只有这样，制定出来的政策才能够"接地气"，达到预期的社会效益和经济效益。

第二，制定专门的青年人才住房保障政策与法规。大城市应制定明确的青年住房保障政策目标，为青年群体获得舒适、稳定的住所提供支持；帮助并鼓励群体青年通过自身努力适应住房市场；对确有严重住房困难的青年群体提供一定程度的政策支持和优惠。同时，大城市还应该明确青年住房政策的准入标准及退出机制。

第三，降低政策的排斥性，不断扩大城市青年人群住房保障的受益面。现行的大城市青年住房政策和做法具有明显的排外性。户籍是准入条件中的第一个基本条件；最近，北京和上海的自住型商品房和公共租赁房政策对此做出了一些调整，尽管对户籍的要求放宽了，但是，规定必须在当地连续5年缴纳社保和个税的青年才可以享受该政策优惠。实际上，对于"北上广"等大城市的创业青年和自由职业者，连续5年缴纳个税和社保是一个比较困难的事情，这与他们的职业性质和就业环境有关，而不是自身不愿缴纳社保。因此，城市的发展应该具有包容性，相关的住房政策也应该具有包容性，扩大大城市青年保障住房的受益面。

第四，整顿城市租房乱象，改善公共租房环境和制度。以上对北京、上海和广州的青年住房政策与做法的分析结果显示，对于为数众多、行业分散的大城市青年人群来说，最切实有效的住房解决办法就是租房。当然，购房确实也可以解决一部分青年人的居住问题，但仅限于数量比较少的青年精英群体。在这些大城市奋斗的青年人才，租房是相对行之有效的居住方式。然而，现行的市场租房环境和制度并不完善，公共租赁房屋由于地理位置偏僻、交通不便、价格偏高等因素，青年承租率比较低，造成有限的资源空置浪费；而大批的城市青年却为租房"苦恼"。因此，整顿大城市租房环境、改善公共租房制度，应该是大城市青年住房政策的重点内容。

参考文献

[1] 张天尧：《北京青年住房保障政策研究》，《北京规划建设》2012 年第 4 期。
[2] 张刚：《公共租赁住房政策分析与评价》，《中国房地产金融》2011 年第 7 期。
[3] 郭巍青、江绍文：《混合福利视角下的住房政策分析》，《吉林大学社会科学学报》2010 年第 3 期。
[4] 张年：《解决上海青年人才住房难问题的路径选择》2012 年第 1 期。
[5] 朱亚鹏：《中国住房保障政策分析：社会政策视角》，《公共行政评论》2008 年第 4 期。
[6] 《北京保障性住房申请指南》，首都城市信息服务网，http：//sqjt. beijing. cn/bzxzfsqzn/，2014 年 1 月访问。
[7] 柳田、梁建刚：《探访北京人才公租房》，《解放日报》2011 年 8 月 24 日。
[8] 上海市住房保障和房屋管理局：上海市住房保障政策介绍专栏，http：//www. shfg. gov. cn/，2014 年 1 月访问。

实证篇

Empirical Analysis

B.6
先赋因素与自致因素：
社会分层视角下城市
青年住房获得机制研究

黄剑焜[*]

摘　要： 本文在对已有社会分层和住房资源研究进行回顾的基础上，首先探讨了住房与社会分层的关系，得出城市青年确实已经将住房作为其内部社会分化主要标志的结论。然后通过二元逻辑斯蒂回归模型，分析先赋因素和自致因素对于城市青年住房获得的影响机制，发现家乡在一般县市的青年、北京本地青年、家庭经济状况好的青年具有明显的住房获得优势。青年虽然可以通过接受高质量精英教育完成住房上的阶层跃升，但能否接受精英教育也受到先赋因素的影响。由此推断先赋因素对城市青年人的社会分层仍

---

[*] 黄剑焜，中国人民大学社会与人口学院。

起着很大作用，阶层固化在一定程度上仍然存在。

关键词：

社会分层　城市青年　住房获得　先赋因素　自致因素

十八届三中全会通过了《中共中央关于全面深化改革若干重大问题的决定》，其中提到要"打破体制壁垒，扫除身份障碍，让人人都有成长成才、脱颖而出的通道，让各类人才都有施展才华的广阔天地"。青年人希望能在相对公平的社会环境下，通过自身的努力，获得相应的回报，完成向上的社会流动，实现人的全面发展。现实却是，旧有利益格局固化，阶层流动性并未上升。"富二代""官二代"凭借父辈的优势占有资源，"读书无用论"映射出自致因素的弱化。这严重削弱了青年人的主观能动性，不利于社会的创新发展。因此，我们有必要研究青年人群的社会分层状况，找出影响其内部社会分化的关键因素及其发生机制，通过采取有针对性的措施，促进社会流动，为青年人才营造公平公正的环境。

一　社会分层研究回顾

（一）两种理论范式

社会分层一直都是学术界的热门词。通过一个社会分层的三维空间图（见图1），我们能够全面直观地理解对分层的研究。

社会分层，是指社会资源在社会中的不均等分配，也就是不同的社会群体或社会地位不平等的人对那些在社会中有价值的事物的占有，一般包括财富、收入、声望、教育等。

社会分层理论主要关注两个最基本问题，也就是社会分层的总体结构（包括状态、成因等）和人们在该结构中的位置流动（包括方向、动力等）。为了解释这两个问题，人们从不同着眼点下手，发展出诸多理论，如马克思主义、韦伯主义、新马克思主义、新韦伯主义、涂尔干主义及新涂尔干主义

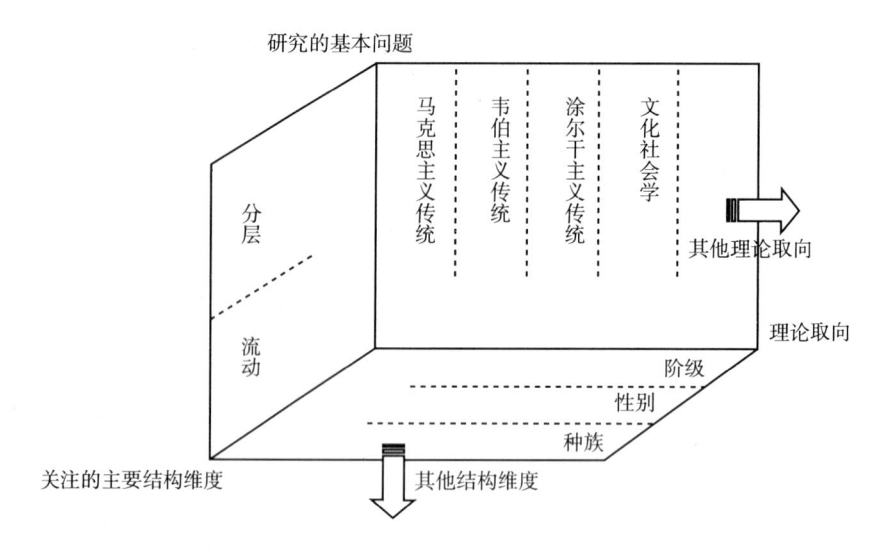

图 1　社会分层研究的三维空间

资料来源：张欢华：《管中豹、巴别塔或其他——格伦斯基〈社会分层〉及其中译本述评》，《社会学研究》2008年第3期。

等。而对基本问题的研究，主要是从不同的阶级、性别或者种族出发，这方面的差异更多地表现出不同文化的价值取向和时代的要求。

马克思的阶级理论与韦伯的社会分层理论一直被认为是两种基本的理论模式。

马克思的阶级理论将社会分层归于物质的生产方式中，他认为社会分层的不平等反映在有产阶级与无产阶级之间的统治与被统治、剥削与被剥削等关系里，对（生产）关系的研究是其理论基点，也是分层的来源和依据。但马克思关心的不仅是经济问题，也是意识形态和政治问题。结构本身并不那么重要，重要的是阶级变动及其对社会发展演变的影响。

韦伯的社会分层理论其实也受到马克思的影响，但他认为阶级是由于人们的市场能力和生活机遇的不同而产生的，即市场处境决定阶级地位。韦伯提出了三元分层观——经济分层，政治分层和声望分层。他认为财富－权力－声望三者是相互联系又各自独立的，应该综合起来作为社会分层的标准。虽然没有被正式提出，还是可以在其中看到先赋和自致等概念的影子。

阶级理论比较适用于从动态方面解释大型的社会事件和社会变迁，而多元分层理论更适于解释静态的社会分层格局和个体地位的方方面面[1]。这些理论并未根据人群的年龄或教育进行区分，所以同样适用于我们对城市青年人才的讨论。

（二）中国社会分层研究

中国自改革开放特别是 20 世纪 90 年代以来，对于社会分层的研究主要涵盖以下几个领域，包括阶级地位和关系，职业声望和职业分层、职业流动，收入分层，分层结构，精英社会，社会地位，等等[2]。

对于中国的社会分层影响研究，需要结合不同时代背景来讨论，因为人力资本、社会资本、政治资本及社会结构中的地位在不同时期对个人生活的影响不同[3]。1949 年后，尤其是 1956 年之后，中国的工资收入差距和苏联、东欧及西方资本主义国家相比是最小的，这时中国社会是一个机会比较均等的社会[4]。但十年"文化大革命"却导致社会从机会平等向"非阶层化"的大平均主义倒退，决定社会阶层的因素是阶级标签，"家庭对子女获得教育和社会地位的影响"几乎被抹去[5]。有观点认为，计划经济下，"单位地位"和"职业地位"同时影响着地位获得，某种程度上，前者更具有决定性作用[6]。也有学者更强调单位"预算级别"的影响力，因为这与"允许工作组织保留备用资源的预期能力"直接相关[7]。改革开放打破了平均主义，使中国从再分配

---

[1] 李金：《马克思的阶级理论与韦伯的社会分层理论》，《社会学研究》1993 年第 2 期。
[2] 李路路：《论社会分层研究》，《社会学研究》1999 年第 1 期。
[3] 周雪光、图玛、摩恩：《国家社会主义制度下社会阶层的动态分析——1949 至 1993 年的中国城市状况》，载于边燕杰主编《市场转型与社会分层——美国社会学者分析中国》，三联书店，2002。
[4] 怀默霆：《中国的社会不平等和社会分层》，载于边燕杰主编《市场转型与社会分层——美国社会学者分析中国》，三联书店，2002。
[5] 白威廉：《中国的平均化现象》，载于边燕杰主编《市场转型与社会分层——美国社会学者分析中国》，三联书店，2002。
[6] 林南、边燕杰：《中国城市中的就业与地位获得过程》，载于边燕杰主编《市场转型与社会分层——美国社会学者分析中国》，三联书店，2002。
[7] 魏昂德：《再分配经济中的产权与社会分层》，载于边燕杰主编《市场转型与社会分层——美国社会学者分析中国》，三联书店，2002。

经济中的以权力为主的分层机制转向市场经济中以经济效率为主的分层机制。这使得市场效率、人力资本的经济回报、企业家地位等都获得提升，工人阶级政治地位下降，体制内权力发生贬值①。而1993年提出社会主义市场经济的改革目标极大地刺激了市场行为的收益，促成了一大批人"下海"。这个时候体制内人员弃官从商尤其具有优势，"党员参与市场行为的收益会更大"②。比较权威的观点是，改革开放后，政治分层被模糊化了，但经济分层的不平等性在上升。二者互相弥合，共同构成了中国的社会分层要件③。虽然部分结论或推测受到了一些学者质疑④，但政治和经济的二元划分对后人的研究具有指导意义。

所以，在中国社会，小到个人教育、职业，中到单位性质、预算级别，大到市场效率、时代政治背景，都对社会分层产生了或多或少的影响。

（三）住房资源作为社会分层研究的一个维度

1967年，雷克斯和墨尔在《种族、社会和冲突》一书中首先提出了"住房阶级"理论，将住房作为不同阶级的物质符号。书中明确指出阶级的一种区分模式——住房阶级，可依据住房资源的获得途径以及使用方式来划分。关于这个理论的讨论有很多⑤，从实质关系来讲，它是对韦伯的多元分层理论的发展。

有学者归纳，将住房和社会分层相联系，主要有三种逻辑：空间决定论、人居匹配说，以及住房的地位获得观⑥。

恩格斯首次提出了空间与阶级的对应关系，随后由芝加哥学派开辟了经典的城市社会学，齐美儿提出了"住房阶级"论，这些都属于空间决定论。

---

① 倪志伟：《一个市场社会的崛起：中国社会分层机制的变化》，载于边燕杰主编《市场转型与社会分层——美国社会学者分析中国》，三联书店，2002。
② 边燕杰、罗根：《市场转型与权力的维续：中国城市分层体系之分析》，载于边燕杰主编《市场转型与社会分层——美国社会学者分析中国》，三联书店，2002。
③ 李强：《政治分层与经济分层》，《社会学研究》1997年第4期。
④ 米加宁：《社会转型与社会分层标准——与李强讨论两种社会分层标准》，《社会学研究》1998年第1期。
⑤ 张杨波、吴喜：《西方"住房阶级"理论演变与经验争辩》，《国外社会科学》2011年第2期。
⑥ 闵学勤：《社会分层下的居住逻辑及其中国实践》，《开放时代》2012年第1期。

人居匹配说是指由于社会分层的客观存在和社会制度的相应安排，不同社会阶层的群体会拥有与之相匹配的住房。如经济适用房和廉租房应该提供给低收入群体或弱势群体，工薪阶层则可租住一般房屋或购买中低价商品房。

住房的地位获得观强调住房的社会属性，突出人们跨阶层追求更好住房的动力，也凸显了政府在住房问题上缩小阶层差异的责任。卡恩、梅因尔和中国学者李强都通过研究证实了住房对于阶层地位优化具有很大影响。

就我国来讲，住房是一种特殊的社会资源，其特殊性更多反映在传统上对于房子的依赖和住房获得途径的差异性上。白威廉、魏昂德等在进行中国社会分层研究时，就将住房作为个人对福利的消费。

城市房地产市场化改革与社会转型在时间上大体一致，社会转型的一些基本特征在住房领域得到体现，住房中逐步显现的问题也折射了社会转型的阶段和水平。城市居民的住房消费差异是社会主义制度下阶层分化的一个主要方面[1]。随着一线城市房价节节攀升，不断有人提出"房子已经代替职业，成为新的社会分层的标准"，有房阶层和无房阶层成为社会两个主要阶层。有钱人拥有很多套住房，在高房价背景下，其财富不断增长；赶在房价上涨前购房的人群，有房在手，消费的底气更足；众多"中产阶级"仍然忙于偿还几十年的房贷，但"好歹也有了属于自己的安身之所"；没房的人则整天为了那点"房事"奔波劳碌，他们成为了社会的底层人群，被视为穷人。不同人群因为不同的住房状态而表现出来的不同的社会形态，构成了新的社会分层格局。

（四）对住房分层的定量研究

通过定量方法研究社会分层的已有很多，如 W. 劳埃德·沃纳在社会分层研究中引入的主观指标和主观方法，以及布劳与邓肯的地位获得模型和由其衍

---

[1] 毛小平：《社会分层、城市住房消费与贫富分化——基于 CGSS 2005 数据的分析》，《兰州学刊》2010 年第 1 期。

生出来的布劳和费德曼的二代模型、威斯康辛模型、哈佛模型、赖特模型和罗宾逊模型等[1]。

引申到住房领域,近年来比较多的是使用统计方法描述住房分层格局,分析影响住房阶层形成的各方面因素,解释社会流动和住房的关系。例如,边燕杰和刘勇利通过回归方法分析("五普"数据)行业垄断性、职业、文化程度、户籍、性别年龄以及城市发展对于住房私有权、住房面积和住房质量的影响,指出专业精英在市场体制中得到利益的同时,管理精英在再分配体制和市场体制中继续和更多地得到利益的满足[2]。毛小平则在此基础上,新引入了市场化指标作为一个自变量,考察了住房数量、面积和价格的影响因子(CGSS 2005 数据),指出住房改革加速了中国的贫富分化,也强化了中国社会的贫富分割[3]。张文宏、刘琳基于"2010 年世博与上海社会质量"调查数据分析指出住房对阶层认同发挥着非常显著的作用,主要是对经济因素,即收入发挥着显著的作用[4]。刘精明等从居住空间(社区类型和社区地段房价)、社会交往、生活方式和阶层认同 4 个维度出发来分析阶层分化的重要意义[5]。

二 研究问题的提出

之前无论是对于社会分层、住房阶层或者住房与社会分层的关系,都有很多研究,但大部分以全部年龄段的人群为研究对象,少有考虑在不同亚群体内部的分层差异和住房的联系,特别是没有考虑高校毕业的青年的社会分层结构及其与住房获得的关系。而这部分青年具备很高的知识储备和建设热情,他们

---

[1] 王昕:《社会性别视角下的布劳 - 邓肯地位获得模型及后续研究》,《青海师范大学学报(哲学社会科学版)》2010 年第 1 期。
[2] 边燕杰、刘勇利:《社会分层,住房产权与居住质量》,《社会学研究》2005 年第 3 期。
[3] 毛小平:《社会分层、城市住房消费与贫富分化——基于 CGSS 2005 数据的分析》,《兰州学刊》2010 年第 1 期。
[4] 张文宏、刘琳:《住房问题与阶层认同研究》,《江海学刊》2013 年第 4 期。
[5] 李路路、刘精明:《阶层化:居住空间、生活方式、社会交往与阶层认同——我国城镇社会阶层化问题的实证研究》,《社会学研究》2005 年第 3 期。

是发展的中坚力量。

影响甚至决定青年住房获得的关键因素到底是什么？教育、收入、家庭背景……前人尝试通过不同的数据和模型进行验证，但是鲜见有人系统性地从先赋因素和自致因素的角度进行研究，这一角度隐含在韦伯的多元分层理论之中。明确这一点对于我们判断阶层固化程度，并据此确定未来改革方向、加速社会流动具有重要的意义。

有鉴于此，本研究主要分析以下几个问题：在青年群体内，住房资源和社会分层在多大程度上相关？影响青年住房获得的因素有哪些？先赋因素和自致因素如何影响青年的住房获得，其中哪些因素对住房获得具有显著影响？影响的方向和程度如何？

三 数据介绍和回归分析

（一）数据

本文将使用 2013 年北京市青年住房问题调查数据，该调查受北京市政协社法委和北京团市委委托，由对外经济贸易大学青年发展研究中心于 2013 年开展，调查的对象为出生于 1980 年以后、年龄在 16 周岁以上、受教育程度在大学专科以上的在京工作青年群体，具体包括私民营企业青年职工、国企和集体企业青年职工、事业单位青年职工、党政机关青年、外企青年职员五类子群体。该调查发放问卷 5000 份，回收有效问卷 4321 份，有效回收率 86.42%。

（二）住房资源和青年社会分层的关系

首先我们需要搞清楚几个问题：在青年看来，社会阶层的高低和住房状况到底有什么关系？是不是有房青年群体的社会阶层高于无房群体？有房子的青年是否"底气"更足，对未来的社会流动预期更好？住房真的成为青年社会分层的新标志了吗？其实这都可以归于一个问题：对于青年人来说，拥有住房是否代表更高的社会阶层或者更大的向上流动期望。

当被直接问到"有人说,'住房资源'正逐渐代替'职业',成为青年群体间社会分化的重要因素,您是否认同这种说法"时,不赞同的只有12.94%,超过半数人(53.76%)表示同意。这说明在多数青年人眼中,住房已经被视为社会分层的重要标志之一。

表1 青年对"住房成为青年社会分化的重要因素"的态度

单位:%

有人说,"住房资源"正逐渐代替"职业",成为青年群体间社会分化的重要因素,您是否认同这种说法	占比
非常赞同	18.22
赞同	35.54
一般	33.30
不赞同	11.36
非常不赞同	1.58

调查数据显示,城市青年中,如图2所示,无房群体更多地认为自己处于社会中下层(51.66%)和下层(26.11%),而有房子的青年更多地认为自己处于中下层(49.71%)和中层(37.93%)。后者预期自己在40岁时可以达到的社会阶层也明显高于无房群体①(见图3),这反映了房子成为青年预期阶层改善的条件之一。张文宏等指出,在市场体制下,住房这一商品已然成为衡量人们经济地位的重要标准之一,不再是单位福利的象征,而是财富地位的符号。在人们的阶层意识中,住房发挥着越来越重要的作用。②

虽然以上研究只能说明有住房的青年对于自身的阶层认同和社会流动期望更高,二者具有较高相关性,而无法推定为因果关系。而且主观的阶层认定也并不能代表客观的社会分层。但这确实部分表明了住房对青年社会分层状况的深刻影响。

---

① 有房群体平均3.25,无房群体3.11,T检验结果显示,p=0.00。
② 张文宏、刘琳:《住房问题与阶层认同研究》,《江海学刊》2013年第4期。

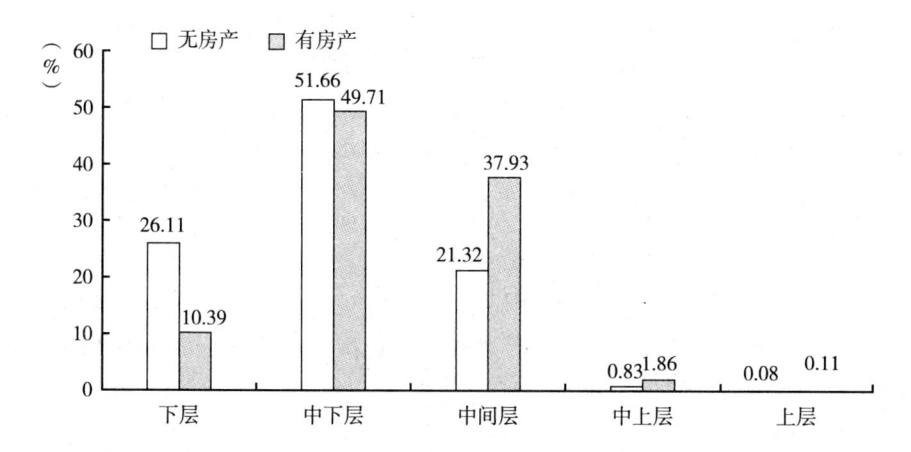

先赋因素与自致因素：社会分层视角下城市青年住房获得机制研究

图 2　青年目前所属阶层自评

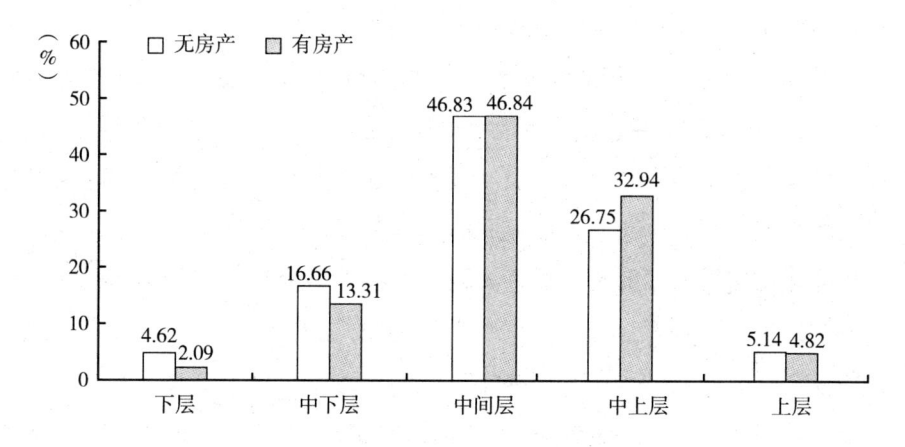

图 3　青年预期 40 岁能达到的阶层

（三）青年住房获得的影响因素分析

1. 变量选取与模型构建

（1）因变量

本文希望理清青年住房获得的影响因素以及不同因素的影响方向和程度，所以以是否在工作地拥有住房产权作为模型的因变量。由于被调查的青年都在北京市工作，因此根据调查中的问题"您在北京是否拥有商品房、限价房或经济适用房的产权"构建因变量，回答"没有"赋值 0，回答"有"则赋值 1。

表2　青年拥有住房产权的比例

单位：%

是否拥有住房产权	百分比
有	26.46
没有	73.54

可以看到，在有效回答中，超过1/4的青年在北京有住房产权，据统计他们平均年龄29岁，还有73.54%的青年没有住房产权，他们主要靠租房居住和与父母亲戚同住。

（2）自变量

在分析影响住房获得的微观模型中，笔者考虑了10个指标，其中包括6个先赋因素和4个自致因素[1]。

所谓"先赋因素"，指的是一个人与生俱来的、不经后天自身努力就具有的因素[2]，比如年龄、性别、出生地、户口、家庭背景等。这一概念最早由布劳在其《美国职业结构》一书中引入，他界定的先赋因素主要有两个：父亲的学历和父亲的职业分布。需要强调的是，户口性质和户籍所在地事实上可以发生变化。更需考虑的是，在特大城市严控人口的政策背景下，是否具有购买房屋的资格与是否具有当地户口是直接挂钩的，所以户籍并非严格意义上的先赋因素。此外，本文界定的先赋因素可进一步分为宏观因素和微观因素。宏观因素涉及家乡和主要生活地的资源分布差异，微观因素则侧重于资源的代际转移。

第一，宏观先赋因素。

——家乡所在地。户口性质（城市/农村）对于养老、医疗、教育等社会资源的分配具有直接影响，这也导致人们会竭力将自己的户口转变为有利于获取优势资源的类型，即资源分配和户口性质其实存在内生性。考虑到调查对象都是青年人才，这种转变的动力和能力更强，内生性也会更大。故使用问题"您的家乡所在地为（您14岁以前的主要居住地）"进行区分。14岁之前的

---

[1] 通过线性回归模型，已验证自变量之间不存在共线性。
[2] 李强：《中国社会分层结构的新变化》，《鞍山社会科学》2005年第5期。

主要居住地既是青年成长的主要环境，也是家庭或家族所在地，是其各类资源支持的来源地。该问题有6个选项，分别为"农村""乡镇""县城及县级市区""地级市区""省会城市"以及"直辖市"。考虑简化原则和资源分布差异，将其归为三类，"农村"和"乡镇"合为一类，赋值1；"县城及县级市区"和"地级市区"归为一般县市区，赋值2；"省会城市"和"直辖市"归为一类，赋值3。

——是否外来人口。外来人口一般是指现住地与户口登记地不一致的人，具体地讲就是指那些现居住在本市半年以上，但其户口登记在外省市的人口。本文认为，那些在进入城市工作、生活了一段时间后获得该城市户籍的群体，虽然在一般意义上已经和本地人无异，但其人际关系网络、资源获取手段和土生土长的本地人相比还是存在差异。并且很多情况下，这群人的家庭宗族还是在其家乡，亲缘和地缘的帮助也仍然源自该城市之外。所以本文界定的外来人口是14岁以前主要居住地不在本城市（北京）的人，采用问题"您的家乡（14岁以前主要居住地）所在省份"进行区分，在北京的归为本地人，赋值1；不在北京的归为外来人口，赋值0。

第二，微观先赋因素。

——父亲受教育程度。父辈的人际网络和资源积累往往能很好地传递给子代，这是先赋优势的最大表现之一。其中，父亲在该方面的影响是最大的。毋庸置疑，教育一直被认为是影响分层的最主要因素之一。父亲的受教育程度越高，对青年获得住房的指导和帮助可能就越大。根据问题"您父亲受教育程度"，将其归为三类，分别为初中及以下，赋值1；高中，赋值2；大专及以上，赋值3。

——父亲职业。职业分层在很大程度上被认为是社会分层的最主要标准之一，职业直接影响了个人的收入水平和资源支配能力，从而影响到住房获得的能力。仇立平曾经对上海职业地位与社会分层关系做过研究，认为上海存在界限较为分明的五大社会阶层：以领导干部为主，包括私人企业主、外商代理人在内的职业群体；以办事人员或职员（一般管理人员）为主的职业群体；以各类专业技术人员为主的职业群体；以商业从业人员为主的职业群体；以工人、农民、居民生活服务业人员为主的职业群体

（如从全国看，工人、农民是两个差别较大的阶层）。可以说这五大职业群体的层次是明显的，即依次为上上阶层、中上阶层、中间阶层、中下阶层和下下阶层[1]。鉴于北京和上海同属于特大型城市，具有一定相似性，所以参考其分类标准，根据问题"您父亲从事的职业"进行归类。该问中一共有9个类别，将生产、运输设备操作人员及有关人员，农、林、牧、渔、水利业生产人员，无固定工作人员，其他不便分类的职业归为工人、农民、居民生活服务业人员，赋值1；将商业、服务业人员归为一类，赋值2；将专业技术人员归为一类，赋值3；将办事人员和有关人员归为一类，赋值4；将国家机关、党群组织负责人，企业、事业单位负责人归为领导干部，赋值5。

——父亲工作单位性质。根据马克思·韦伯的理论，阶层的区分除了财富外，还有权力与声望。如果职业是对获取货币收入的一种区分，那么工作单位性质很大程度上反映了权力和声望。张文宏等的研究发现，单位性质与阶层认同相关，党政机关与国有事业单位在阶层认同中存在显著优势[2]。因此，父亲的工作单位性质也是我们要考察的先赋因素之一。根据"您父亲工作单位的性质"，将其分为三类：将私民营企业、外资企业（含港澳台资、中外合资所有）、公益组织、民非机构等、个体工商户和其他归为非公有制单位，赋值1；将国有企业、集体所有制企业和事业单位归为国有、公有企事业单位，赋值2；将党政机关归为一类，赋值3。

——父母经济状况。据此次调查，在所有已购房青年中，75.3%获得了父母的支持，包括26.1%由父母全额购置，42.9%接受了父母的支持偿还房贷。因此父母经济状况对于青年购房能力具有很强的影响，对于住房的获得起着重要作用。根据问题"您父母的经济状况在他们生活的当地属于哪一档"进行赋值，并分为五类：①远低于平均水平；②低于平均水平；③平均水平；④高于平均水平；⑤远高于平均水平。

自致因素，也称后致因素，是指个人后天依靠自身努力或通过外界环境

---

[1] 仇立平：《职业地位：社会分层的指示器——上海社会结构与社会分层研究》，《社会学研究》2001年第3期。
[2] 张文宏、刘琳：《住房问题与阶层认同研究》，《江海学刊》2013年第4期。

的变化可以改变的因素。比如所接受的教育、就业岗位和职业、个人收入等。

——毕业高校所属类型。一般在考虑教育情况时，较多采用受教育年限或者受教育程度，但此次调查对象都是大专及以上学历者，且以大学本科毕业生为主（53.16%）。一些人觉得接受更高层次的教育能缩短在社会上的奋斗时间，获得更多向上流动的机会；但也有人认为早日进入社会，能锻炼各方面能力，适应社会的竞争，了解社会需求并按需提升自我。这说明继续接受更高等教育与早日进入工作岗位之间具有替代效应，其对于分层的影响并非线性。因此在考虑所受教育对住房资源分配和社会分层的影响时，使用更具区分度的变量，获得最高学历/学位的大学所属类型。该变量共有五类取值：①民办高校；②公立普通院校；③非985的211院校；④985院校；⑤海外高校（含港澳台）。

——自身职业。青年自身的职业对于其社会阶层的影响是最直接最有效的，它影响着青年的财富收入、人脉关系以及未来的发展前景。这个变量的赋值方法与上述父亲职业赋值方法相同。

——自身工作单位性质。该调查的分层抽样设计依据的就是青年的五大主要就业单位性质，这是基于一个最基本的假设，青年的资源获得、社会分层和其所从事的工作单位性质有直接和必然的联系。单位性质具体包括私民营企业、国企和集体企业、事业单位、党政机关、外企五类。之所以只将父亲工作单位性质分为三类，而将青年自身工作单位性质分为五类，是因为父辈对于子代的社会分层影响是间接的、隐性的，其工作单位性质导致的异质性相对较小，分类上允许更加宽泛和模糊。而青年自身的工作单位性质对其分层的影响是直接的、显性的。不同性质单位的影响可能存在很大的差异，因此需要进行更加细致的区分。对该变量，将私民营企业赋值1、外资和合资企业赋值2、事业单位赋值3、国有集体企业赋值4、政府机构则赋值5。

——工作年限。一般情况下，随着工作年限的增加，职场经历和工作经验都会增加，这伴随着工作收入的增加和职位的提升，那么青年具有的购房能力也随之增加，社会地位不断上升。因此考察工作年限对于青年购房能力的影响是必要的。根据"您是哪年参加工作的"，用调查年份2013年反推，就能得到工作年限。

（3）控制变量

——性别。王昕认为，男女在职业获得和地位获得中存在显著差异，而且男女两性所能得到的社会资源和家庭资源支持也相对不同。女性的社会地位获得主要受自致性因素——受教育程度的影响，而男性则主要受先赋性因素——父亲的职业地位与就业单位部门的影响[①]。因此在考虑先赋因素和自致因素的影响时，需要控制性别变量。对于该变量，女性赋值0，男性赋值1。

——年龄。年龄同样也是影响青年住房获得的重要因素之一，很多指标都会随着年龄的增长而改善，但它们和年龄也只是相关关系，而非因果关系。在模型中按惯例另加入了年龄的平方项，以捕捉其非线性效用。根据"您的出生年月"，使用调查年月2013年11月反推，得到准确年龄，再向下取整，得到周岁年龄。

——婚姻状况。构建了自己家庭的青年在事业奋斗上有了坚强的后盾，有了避风的港湾，有了更大的动力，当然这也可能会伴随着更大的压力和更多的琐事。同时，"裸婚""蜗居"毕竟只为少数青年接受，多数人还是希望在迈入婚姻殿堂时能有一套属于自己的房子。所以有必要对婚姻状况进行控制。对问题"您的婚恋状况"进行归类，将未婚、丧偶和离婚归为无配偶，赋值0；将已婚归为有配偶，赋值1。

（4）逻辑斯蒂回归模型

本文采用逻辑斯蒂回归模型，因变量"是否有住房产权"是二分变量，只取值0或1。p表示事件发生的概率，在这里也就是青年获得住房的概率。$\frac{p}{1-p}$称为发生比（odds）。做Logit变换，即$f(p) = \ln(\frac{p}{1-p})$，表示对事件发生与不发生概率比值取自然对数。然后构造模型$f(p) = \alpha + \beta x + \varepsilon$。x就是模型纳入的自变量，$\varepsilon$表示因变量中无法被自变量解释的误差项。

[①] 王昕：《社会性别视角下的布劳－邓肯地位获得模型及后续研究》，《青海师范大学学报（哲学社会科学版）》2010年第1期。

表3 2013年北京青年住房问题调查描述性资料

变量	统计值	变量	统计值
先赋因素		自致因素	
家乡所在地(%)		毕业高校所属类型(%)	
乡镇农村	42.04	民办高校	11.03
一般县市区	27.99	公立普通院校	59.89
直辖市区和省会城区	29.97	非985的211院校	16.14
是否外来人口(%)		985院校	10.67
外来人口	58.27	海外高校(含港澳台)	2.27
本地(北京)人	41.73	青年自身职业(%)	
父亲受教育程度(%)		工人、农民、居民生活服务业人员	9.16
初中及以下	30.48	商业从业人员	18.58
高中	39.20	专业技术人员	27.79
大专及以上	30.32	办事人员或职员	30.90
父亲职业(%)		领导干部	13.57
工人、农民、居民生活服务业人员	45.18	青年自身工作单位性质(%)	
商业从业人员	10.20	私民营企业	48.33
专业技术人员	13.20	外资和合资企业	12.01
办事人员或职员	11.54	事业单位	9.62
领导干部	19.88	国有集体企业	27.24
父亲工作单位性质(%)		政府机构	2.80
非公有制单位	52.85	工作年限	
国有公企事业单位	40.10	均值	5.04
党政机关	7.05	标准差	3.53
父母经济状况(%)		控制变量	
远低于平均水平	4.71	性别(%)	
低于平均水平	22.52	女性	55.20
平均水平	63.22	男性	44.80
高于平均水平	9.40	婚姻(%)	
远高于平均水平	0.15	无配偶	53.59
		有配偶	46.41
		年龄	
		均值	27.44
		标准差	3.28

为了分析先赋因素和自致因素的影响方向和程度,笔者构建了三个模型,除了都包含控制变量外,模型一只包含先赋因素,模型二只包含自致因素,模

型三同时包含了先赋因素和自致因素。

2. 回归结果及讨论

表4 住房获得的逻辑斯蒂回归

	模型一 exp(b)	模型二 exp(b)	模型三 exp(b)
性别(参照组:女性)			
男性	1.04	0.86	0.99
年龄	1.12	0.77	0.99
年龄的平方	1.00	1.01	1.00
婚姻(参照组:无配偶)			
有配偶	2.59***	2.30***	2.48***
家乡所在地(参照组:乡镇农村)			
一般县市区	1.53**		1.58***
直辖市区和省会城区	1.20		1.12
是否外来人口(参照组:外来人口)			
本地(北京)人	1.70***		1.83***
父亲受教育程度(参照组:初中及以下)			
高中	0.94		0.97
大专及以上	1.08		1.08
父亲职业(参照组:工人、农民、居民生活服务业人员)			
商业从业人员	1.41*		1.51**
专业技术人员	1.05		1.01
办事人员或职员	1.75***		1.61**
领导干部	1.42*		1.45*
父亲工作单位性质(参照组:非公有制单位)			
国有公有企事业单位	1.02		0.98
党政机关	1.19		1.07
父母经济状况(参照组:远低于平均水平)			
低于平均水平	1.83*		1.87*
平均水平	2.66***		2.58***
高于平均水平	4.62***		4.44***
远高于平均水平	0.59		0.51
毕业高校所属类型(参照组:民办高校)			
公立普通院校		1.35	1.29
非985的211院校		1.60**	1.58
985院校		1.98***	1.86**

续表

	模型一 exp(b)	模型二 exp(b)	模型三 exp(b)
海外高校（含港澳台）		2.68***	1.73
自身职业（参照组：工人、农民、居民生活服务业人员）			
商业从业人员		1.44	1.13
专业技术人员		1.46	1.54
办事人员或职员		1.87**	1.72*
领导干部		1.81**	1.70
自身工作单位性质（参照组：私民营企业）			
外资和合资企业		1.41**	1.02
事业单位		1.25*	0.93
国有集体企业		1.52***	1.02
政府机构		1.46***	0.97
工作年限		1.03	1.07**
样本数	2883	3634	2746

注："*"，$p<0.1$；"**"，$p<0.05$；"***"，$p<0.01$。

（1）家乡在一般县市区的青年住房拥有率更高

回归结果显示，家乡在一般县市区的青年住房获得发生比是家乡在乡镇农村青年的1.53倍。考虑自致因素后，发生比上升到1.58倍。但家乡来自直辖市区和省会城区的影响就不那么显著。由此猜测一般县市区（县城及县级市区、地级市区）的青年来到北京的核心城区后，感受到的"文化震惊"更大。与大城市的繁华绚丽、机遇遍地相比，待在小县城给他们带来的失落感和心理落差很大，他们很不愿意再回到自己的家乡过"闲暇"的生活，而更愿意待在大城市分享先进的资源、享受多彩的生活，尽管同时也面临着更大的压力。因此从"逃离北上广"到"逃回北上广"，可能主要也是这一部分人。比起来自农村乡镇的青年，他们接受过更好的教育，有更强的能力留在大城市，比起来自直辖市和省会城市的青年，他们留下的意愿更加强烈。对于来自直辖市和省会城市的青年来说，一般情况下他们家中有房，进一步可以留在外面打拼奋斗，退一步可以回到家中避风休整。而且，对于来自除了北京之外的直辖市和省会城市的青年来说，他们也是来自大城市或特大城市，回到家乡并不会存在很大的资源差异和就业落差，还能享受到家庭的庇护和温暖。因此他们在京买

房的愿望可能也会相对弱一些。

(2) 本地人具有很大的住房优势

是否外来人口对于住房获得影响显著,本地人的住房拥有率发生比分别是外来人口的1.70倍(模型一)和1.83倍(模型三)。这点比较容易理解,本地人99.57%都拥有北京户籍,这首先使他们具备了在北京购房的资格。而且当地人对于购房政策调整和房屋价格变化更加敏感,长久累积的关系网络也使他们具备一定的信息优势。另外,本地人能够及时获得来自家庭的帮助,比如父母可以卖掉自己的住房为孩子提供首付,然后搬去和孩子共同居住,或者亲戚朋友能够及时提供借贷进行周转。相比之下外来人就相对困难一些,大部分都需要靠远在家乡的父母一生的积蓄和自己几年工作辛苦积攒下来的钱,才能勉强交上首付。

(3) 父亲的受教育程度和单位性质的影响微弱

被调查的青年在16~33岁之间,那么他们的父亲一般都出生于20世纪50年代至70年代。这一批人经历了从十年"文革"到改革开放,这是中国社会动荡、不确定性因素较大的年代,同时也是发展机会很多的时代。特别是邓小平南方讲话之后,中国市场化搞得红红火火。父亲的受教育程度和父亲工作单位的性质对于青年住房拥有率都无显著影响,这印证了白威廉的观点,即父亲地位影响的弱化,这可以被看作"政治经济体及其政策的后果,而非源于工业化过程"[1]。

(4) 父母经济状况显著影响了青年住房拥有率

以父母经济水平最低的青年群体为基准,低于平均水平的青年住房发生比是其1.87倍,平均水平的为其2.58倍,高于平均水平的更是达到4.44倍[2],这符合我们对于家庭经济状况与青年住房获得关系的认识。经济状况好的家庭能为孩子提供更多的资金支持,青年的住房拥有率也显著地高于家庭经济状况较差的青年。这是家庭财富在父辈和子代之间转移的一个主要方式,也是青年实现阶层跃升的比较直接和快捷的途径。

---

[1] 林南、边燕杰:《中国城市中的就业与地位获得过程》,载于边燕杰主编《市场转型与社会分层——美国社会学者分析中国》,三联书店,2002。
[2] 此处未提及远高于平均水平的群体,因为样本量只有12,不具有统计意义。

（5）精英教育是提升住房获得能力的关键自致因素

可以发现，虽然被调查的青年都是大专及以上学历，但对其毕业高校所属类型进行区分后，还是可以找到教育对他们住房获得的影响。一般认为，211院校在教育资源、师资水平、人才培养等方面总体上优于民办高校和普通院校。而其中，985高校为一流高校，享有集中各方资源培养人才的优势。反映在住房上，也基本是遵循这个逻辑的。根据模型三，住房拥有的发生比依据青年毕业于民办高校（参照组）、公立普通院校（1.29）、非985的211院校（1.58）、985院校（1.86）逐渐增加。需要注意的是，在只考虑自致因素时，毕业于985院校和海外高校的青年住房发生比达到1.98和2.68，但加入先赋因素后，分别下降为1.86和1.73，即先赋因素在一定程度上解释了青年的毕业高校类型，所以对其进行控制后，自致单纯的毕业学校类型的影响程度下降。这反映了诸多社会现象，如高考和大学招生的地域差异，经济状况好的家庭更可能送孩子出国留学等。总体来说，随着义务教育的普及和高等院校扩招，现代教育对社会分层的影响已经不仅仅以高等教育作为分野，而更要求青年接受过高质量的精英教育。

（6）职业为办事人员或职员对于住房获得帮助最大

表5　父辈和子代职业对青年住房获得的影响

职业	对青年住房获得贡献度排序（模型三）	
	父亲	自身
工人、农民、居民生活服务业人员	5	5
商业从业人员	2	4
专业技术人员	4	3
领导干部	3	2
办事人员或职员	1	1

以模型三为准，可以发现，北京市青年职业分层对住房获得影响程度基本和仇立平对于上海的研究结论基本一致。对比父亲职业的影响，我们发现除首位和末位未变，其他的排序都发生了变化。商业从业者差异性最大，父辈中它的影响居第二，但到了子代，它的影响掉到倒数第二位。专业技术人员已经追上了商业从业人员。专业技术人员的后来居上反映了我国对科学技术的重视和

发展，那个"人人下海经商都能赚钱"的时代已经过去，科学技术才是第一生产力、财富的源泉。办事人员可以说是财富积累和社会声望都比较均衡的群体，他们在住房获得上始终具有比较大的优势。领导干部虽然社会地位较高，但工资收入并不一定高，他们的住房优势可能源于体质内部的福利分房和较高的公积金、住房补贴。

（7）青年工作单位性质影响微弱

模型二中，青年自身工作单位性质的影响是显著的，但加入先赋因素后，却变得都不显著，说明青年自身工作单位性质在一定程度上可以被先赋因素解释，也就是说，先赋因素如父亲职业、父亲工作单位性质对青年自身的工作单位性质产生了影响，这反映的是父辈对子代的就业观影响和职业帮助。这种影响并非具体到对某个职业的选择上，而更多的是对工作单位性质的引导。同样，一些单位性质的职位招聘具有地域歧视和户籍偏好也会造成这种变化。而单就模型三的发生比来看，青年的五类工作单位性质之间发生比都在1左右，甚至事业单位和政府机构的低于1。这反映出在高速发展的时代背景下，某些传统上认为的住房获得优势群体可能已悄然改变。

（8）青年工作年限影响不明显

工作年限对住房获得的影响并不显著，而且发生比几乎等于1。这与我们的"工作时间越长，住房状况越好，社会地位越高"的预期不一致。考虑到被调查的群体是1980年后出生的青年，他们中近九成参加工作不超过十年，所以工作年限的影响还没有完全显现出来。另外，很多青年是工作多年后再返回学校继续学习的，很多人修读的是在职学位，所以工作年限的影响可能并非单纯是线性的。

四　结论

社会阶层固化将严重阻碍社会的发展和进步，促进人才的社会流动也成为新一轮改革的核心任务之一。本文通过对住房问题的探讨，分析在青年群体内部，住房与社会分层的关系，研究了影响住房获得的先赋因素和自致因素。通过上文分析，主要可以得到以下结论。

（一）住房已经被青年视为影响其内部社会分化的重要因素

居有所安一直是民众的愿望，安居之后方能乐业。在高房价的背景下，住房已经被赋予了更多的含义，甚至被青年视为社会分化的重要标志。调查显示，拥有住房的青年自我的阶层评价高于无房青年，而且他们对未来的阶层预期也更高，这表明住房资源是青年社会阶层自我评定的标准之一。有房子后，他们更有底气去消费、去生活，也更有动力去工作、去创造，青年对于未来阶层改善的信心也更大。房子已经不仅仅是一个居住的场所，它是一种投资品，更是财富、身份和地位的象征。

（二）先赋因素中宏观因素影响显著，微观因素里家庭财富的代际转移明显

本文考查了6个先赋因素，其中，宏观层面上家乡所在地和是否外来人口影响都很显著，家乡在一般县市的青年住房拥有率更高，而本地人在购房上具备不小的优势。虽然两个都是先赋因素，但发挥作用的机制不尽相同。前者通过影响青年的购房能力和动力提高房屋拥有率，而后者则是通过户籍特点和信息不对称来展现优势。这反映所谓阶层固化很大程度上和宏观因素相关，即青年的宏观背景是先赋优势的主要来源之一。家庭经济的作用也相当突出，经济状况好的家庭能提供给青年更多的支持和帮助。这反映家庭层面的社会分层对青年个体层面社会分层的影响主要是通过财富的代际转移方式发生作用的，这是先赋优势的另一大表现。而父亲工作单位和受教育程度并没有产生很直接的影响。

（三）自致因素中毕业院校影响显著，工作年限和单位性质影响并不明显

在纳入考虑的4个自致因素中，毕业院校所属类型影响始终最为显著，211、985高校以及海外高校毕业生具有很大的就业优势，因此他们的住房拥有率也显著高于普通院校毕业生。这也体现了精英教育的价值所在，当基础教育不断普及、高等教育逐步扩张时，进一步发展精英教育才是社会进步的必然

趋势，也是青年职业发展的基本选择。而且精英教育并非一味看重高学历，出自名校也是被考虑的一个重要因素。可以看到，精英教育是摆脱固化阶层的最佳途径之一。

工作年限和青年自身工作单位性质的影响在不同模型中表现的稳定性较差，原因可能是：①被调查青年普遍工作年限较短，工龄的优势尚未显现出来；②随着住房体制改革，一些工作性质的住房获得优势逐步减小了。获得住房的途径主要有分配公房、市场购房和保障性住房。分配公房本是一些单位的福利，现在也在逐步减少。

（四）两代人的职业影响差异体现了时代烙印

父辈和子代的职业对于青年住房获得的影响有一定差异，最明显地表现在商业从业人员这个职业上。父辈是商业从业人员的对青年住房贡献率很大，但青年自身是商业从业人员的对其住房获得的帮助却很小，这需要结合时代特征进行分析。特殊的时代背景造就了两代人不一样的职业分层标准和特点。当最初的几批淘金者满载而归后，随着"下海"的人越来越多，那么机会也就越来越少了。而办事人员这个职业群体具有较大优势，由于财富、权力和声望都比较均衡，无论是在父辈还是子代，它对于住房获得的帮助始终最大。

通过本文可以看出，住房资源已经在很大程度上影响着青年的阶层认同和流动预期。而在青年的住房获得上，先赋因素发挥了很大的作用：本地人具有户籍和信息优势，父母经济条件好的青年能获得来自家庭的财富代际转移，父亲职业是从政和经商的则凭借较高的声望和财富积累帮助青年获得住房。家乡所在地的影响机制有所不同，来自一般县市的青年因较强的购房能力和购房意愿而有较高的住房拥有率。自致因素中只有毕业高校类型表现出显著影响，985院校和海外高校毕业的青年具有很大的住房获得优势，这表明接受精英教育能显著提升青年的住房拥有率。但能否接受精英教育又直接受到先赋因素的影响。总体来看，更多的先赋因素直接或间接地对住房获得产生了显著的影响。这为促进阶层流动敲响了警钟：社会应当尽快打破地域或户籍差异对于住房、教育等资源获得的限制，弱化财富积累和转移造成的青年"先天畸形"，促进教育公平，为青年营造一个更加公平的社会环境。

事实上，先赋因素和自致因素二者会相互渗透，很难划出清晰的界限。碍于数据限制，本文没有对产权住房的类型进行区分，这势必会影响部分变量的显著性。本文也未考虑不同工作单位的"预算级别"，以及父辈不同出身、经历带来的影响和导致的差异，这也可能使一些因素对于青年住房获得的影响无法显现出来。

B.7 结婚是否一定要买房？
——住房影响婚姻决策的机制探究

颜洛阳*

摘　要： 本文主要关注住房与青年婚姻决策之间的关系。运用2013年底对北京5000名青年的调查数据，通过数据交叉分析，从主观和客观两个方面对住房作用于婚姻决策的机制进行了探究。结果显示，客观上，住房通过影响个人的经济社会地位进而影响婚姻决策；主观上，住房对于男女青年的婚姻决策具有重要影响。此外，女性青年的住房观念随着学历增长出现了分化，"重视住房"和"不一定买房"两种观念并存。在此基础上，本文进一步提出了对于当下婚姻与住房观念的反思。

关键词： 住房　分层　婚姻决策

我国房价自21世纪初开始上涨，至今仍居高不下，这在"北上广"等特大城市尤为明显。一套普通的住房动辄上百万元，"一房难求"使得青年举步维艰。有观点认为住房已不再仅仅是生活必需品，其昂贵的经济价值使得住房成为一种投资品。政府不断出台一系列政策试图控制快速上涨的高房价。国家层面，如"国十条""国八条""国五条"等；地方层面，出台了条目繁多的各种细则和指导意见，所有这些都没能够抑制大城市房价的上涨，房价依旧没有下降的征兆。

在房价不断上涨的背后，是住房性质的变化，从生活必需品变成一种昂贵

---

* 颜洛阳，中国人民大学社会与人口学院。

的奢侈品、投资品，拥有一套稳定住房对普通人来说似乎变得遥不可及。住房的变化对处于生命历程中不同时段的群体都产生了影响，尤其是正处在上升期的青年。青年刚走上工作岗位不久，正是实现抱负、大展拳脚的时候。以往，初出茅庐的青年凭借自身努力，谋求一份好的职业，能够逐步实现个人发展，完成向上的社会流动。然而，如今在大城市中所呈现的，是住房给青年发展带来的巨大压力。现实是残酷的，可能几十年的奋斗都不一定能够买上一套房子。这不仅对于青年的发展产生了阻碍，而且对处于婚龄期的青年们来说更是一个沉重的压力。越来越多买不起房的青年正在为婚姻问题发愁。目前社会上热议的"裸婚""富豪相亲"等现象无不显示了青年买不起房的窘境以及在婚姻中越来越浮躁的物质心态。甚至还有一种说法，认为"裸婚"不可接受，嫁给"没车没房"的男青年不能得到幸福。广大的青年正面临着发展的困境，越来越多的青年聚集在大城市，被人们称作"蚁族"。青年的婚姻被带上了沉重的物质枷锁。

基于以上背景，本文关注青年的住房与婚姻之间的关系，通过数据分析，试图探讨以下问题：①住房是否影响了婚姻决策，住房是通过何种机制作用于婚姻的；②不同群体的青年男女在主观上是如何考虑住房的，住房是否真的不可或缺。

本文所用数据源自"北京市青年住房状况调查"，该调查受北京市政协社法委和北京团市委委托，由对外经贸大学青年发展研究中心于2013年开展，意在摸清北京市内广大青年的住房状况。调查对象为：生于1980年以后、年龄在16周岁以上、受教育程度在大学专科以上的在京工作青年群体，具体包括青年公务员、事业单位青年职工、国企和集体企业青年职工、外企青年职员以及私民营企业青年职工五类子群体，采用分层不等概率抽样法进行抽样。调研累计召开座谈会8场，发放问卷5000份，回收有效问卷4321份，有效回收率86.42%。

一 文献综述

回顾住房领域相关的研究，当前研究主要集中在经济领域和政策领域，例如对经济领域的住房价格、住房供给与住房需求、住房贷款，政策领域的住房政策、保障性住房等都有大量的研究。也有部分学者关注不同群体的住房问题。赵旭等关

注农民工的城市住房问题，认为"多渠道采取措施解决其住房问题是农民工真正融入城市社会的关键"①。张建坤等关注上海的大学毕业生住房问题，提出应该增加青年住房公寓支持大学毕业生发展②。刘宝香关注夹心阶层的住房问题，"中等偏低收入和中等收入家庭向下不能像最低收入和低收入家庭那样申请廉租房和购买经济适用房，享受政府提供的住房补助，向上没有能力购买价位相对较高的商品房，而徘徊于住房保障体系和住房市场体系之间"③。廉思关注大城市青年群体，认为在中国的城市特别是大城市中出现了一个以刚毕业大学生为主体的新群体——"高校毕业生低收入聚居群体"，别称"蚁族"④。

关于住房所带来的社会效应，相关的研究较少，大部分关注于社会保障，有少量学者分析了住房与社会分层的问题。其中，学者大多是将住房分层作为社会分层的一个维度来探讨住房与社会分层的关系。李强等学者关注经济体制改革和市场转型过程中社会分层秩序的变化⑤。一些学者认为，社会分层机制既体现权力的延续，又体现了物质基础的跨越，并指出新的社会分层秩序将建立在财产之上。因此，"是否拥有住房产权，也就成为改革时期阶层差异和阶层分化的重要指标"⑥。张俊浦则关注住房对于社会分层本身的效应，他认为"住房不但能够成为社会地位的象征、稳定生活的保障，而且在日益发展的社会中能够实现保值、增值"⑦。刘祖云基于2010年广州市千户问卷调查分析进一步指出，"住房富有者因为住房将会更加富有，住房贫困者因住房会更加贫困"⑧。此外，还有学者从主观维度上对住房进行研究。孙伟增等从主观幸福感上分析了自有住房对于幸福感的影响，该文章指出，"家庭自有住房对居民的幸

---

① 赵旭、王钢：《农民工的城市住房问题研究》，《特区经济》2007年第8期。
② 张建坤、姚燕：《现阶段大学毕业生住房问题分析及对策》，《东南大学学报：哲学社会科学版》2009年11月期。
③ 刘宝香：《基于"过滤"理论的夹心阶层住房问题思考》，《中国城市经济》2009年第1期。
④ 廉思：《从"蚁族"视角分析高等教育对社会流动的影响》，《当代青年研究》2012年第2期。
⑤ 李强、王美琴：《住房体制改革与基于财产的社会分层秩序之建立》，《学术界》2009年第4期。
⑥ 边燕杰、刘勇利：《社会分层，住房产权与居住质量》，《社会学研究》2005年第3期。
⑦ 张俊浦：《兰州市城市青年职工住房分层状况研究》，《中国青年研究》2009年第7期。
⑧ 刘祖云、毛小平：《中国城市住房分层：基于2010年广州市千户问卷调查》，《社会学研究》2005年第3期。

福感有显著的正向影响,并且家庭越早拥有住房,其所带来的生活质量提高和其自身的资产增值效应表现得越充分,居民的幸福感越高"①。

而在本文所关注的住房与婚姻决策问题上,相关的研究较少。涉及此话题的文章大多基于对婚姻观念的主观分析。刘洪波认为,"在房价攀升的情形下,是否拥有住房是女性择偶的一个重要标准,并且影响越来越大","城市青年受中国传统婚姻观的影响,买房结婚是一种心理情结。面对迅速增长的房价,房子对婚恋的影响由隐性的因素变为显性的因素,并成为城市青年婚恋中的权重指标,影响着城市青年的择偶、婚恋观以及婚姻生活"②。风笑天关注青年婚后安家何处的问题,通过其文章分析表明,未婚青年的居住意愿以小家单独居住为主,实际单独居住的比例在50%~60%之间,并且有1/3的青年表示需要依靠父母的经济支持来解决住房问题③。

综上所述,在住房领域的研究比较丰富,但是具体到社会领域,尤其是婚姻领域的婚姻决策研究很少。因此,本文的分析能够进一步阐明住房与婚姻的关系,对于丰富该领域的研究能够起到一定的作用。

二 分析框架

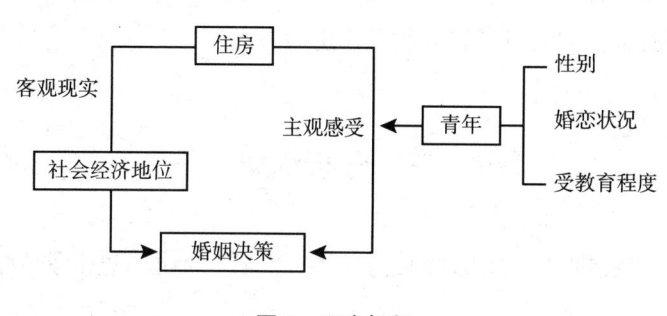

图1 研究框架

---

① 孙伟增、郑思齐:《住房与幸福感:从住房价值,产权类型和入市时间视角的分析》,《经济问题探索》2013年第3期。
② 刘洪波:《房价翻动了城市青年的婚恋奶酪》,《中国青年研究》2008年第4期。
③ 风笑天:《家居何处——当代城市青年的居住理想与居住现实》,《南京大学学报(哲学·人文科学·社会科学版)》2011年第1期。

在分析思路上，主要从客观和主观两个方面进行分析。

第一部分，从客观现实入手，探究住房是如何作用于婚姻的。已有研究表明，社会经济地位在青年群体的婚姻决策中扮演重要角色。男性的经济状况好坏经常是女性择偶时看重的砝码①。通过分析住房对于青年群体社会经济地位的影响，进而揭示出住房对于青年群体在婚姻市场中地位的影响。

第二部分，从青年群体的主观感受入手，分析不同的青年群体对于住房的主观认知。通过性别、婚恋状况、受教育程度三个维度，将青年分成不同的子群体加以比较。这样做主要基于以下考虑：①男性和女性在婚姻决策中看重的方面可能会有所不同，并且女性往往更加重视配偶的经济条件；②处于不同婚恋状况的个体对于住房的渴求可能是不一样的；③学历越高的个体，由于视野的拓展，对于住房的态度可能会有比较明显的变化。通过比较不同青年群体对于住房的主观认知，进而分析住房对于青年群体的意义，揭示住房对于青年婚姻的影响。

需要指出的是，由于数据中没有明确将住房与婚姻联系起来，如"你认为住房是结婚的前提吗"，而是直接问被调查者对于住房的态度。因此本文在分析中暗含了一个假设，即：个人对于住房的态度会在其婚姻决策中体现，如果"女性未婚群体认为住房是幸福生活所必需的"，那么本文认为这样的未婚女性在结婚时也会加大对于男方有无住房的考虑。

三 分析结果

（一）客观现实：住房导致经济社会地位分化，进而影响婚姻决策

改革开放以来，我国传统社会发生了巨大的变迁。随着经济社会发展，传统的婚姻介绍形式也经历了一系列变化。从延续几千年的媒人牵线，到20世纪80年代的报纸征婚，以及90年代开始出现的电视征婚，到现在各种诸如"非诚勿扰""为爱向前冲""百里挑一"之类的电视相亲节目。然而，在各

---

① 陈晨：《当代青年恋爱与婚姻状况分析》，《中国青年研究》2007年第7期。

种婚姻介绍形式的背后，对于经济社会地位的重视始终贯穿其中。中国文化自古以来讲究"门当户对"，梦想"嫁入豪门"的观念并没有改变。女性总是希望能够嫁一个好丈夫，甚至还有"干得好不如嫁得好"的说法。在中国各地还出现了不同形式的"富豪相亲会"，许多优秀女性慕名而去，盼望嫁入豪门。无论婚姻形式在各个时代发生了何种变化，婚姻双方的经济社会地位，尤其是男方的经济条件，在男女双方的婚姻过程中扮演了相当重要的角色。

从21世纪初期以来，一线城市房价一路高涨。住房超越了生活必需品的范畴而成为一种投资品，甚至是一种奢侈品，因此在衡量个人的经济社会地位中起到了越来越大的作用。拥有房产使得城市青年在心态上以及实际竞争中占有优势。

表1 "住房影响青年群体社会分化"的认同度

单位：%

是否认同"住房"代替"职业"，成为青年群体间社会分化的重要因素	百分比
非常赞同	18.22
赞　　同	35.54
一　　般	33.30
不 赞 同	11.36
非常不赞同	1.58
合　　计	100

调查对象对于"住房影响青年群体社会分化"这一观点的认同度情况如表1所示。有53.76%的城市青年对于这一观点持赞同态度，有33.30%的人持中立态度，仅有12.94%的城市青年对于这一观点持否定态度。"住房"正在代替"职业"，成为青年群体间社会分化的重要因素。同等工资水平下，拥有住房的青年将工资用于个人生活开支后，可能还有剩余；相反，没有住房的青年则必须支付一部分的租房费用或者偿还房贷，这就加大了个人的经济负担。况且，在房价居高不下的同时，租房价格亦不便宜。因此，仅仅是否拥有住房一项就可能使得城市青年在起点上产生较大的阶层分化。通过将"是否在北京拥有住房产权"与"自我感觉所属阶层"进行交叉分析可以得到表2的结果。

表2 是否在北京拥有住房产权与自我感觉所属阶层的交叉分析

单位：%

是否在北京拥有住房产权	自我感觉所属阶层					合计
	下层	中下层	中间层	中上层	上层	
是	10.39	49.71	37.93	1.86	0.11	100
否	26.11	51.66	21.32	0.83	0.08	100
合计	21.96	51.14	25.71	1.10	0.09	100

在自我感觉所属阶层上，绝大多数调查对象认为自己的经济社会地位处于中间层及以下，这可能是因为城市青年大多处于事业的起步期，在短时间内要达到自我感觉中的社会上层并不是容易的事情。在拥有住房产权的调查对象中，认为自己处于社会下层的仅占10.39%，认为自己处于中间层的占到了37.93%；相较之下，在没有住房产权的调查对象中，认为自己处于社会下层的占到了26.11%，比有住房的群体高出了约16个百分点，认为自己处于中间层的也仅占21.32%。从被调查对象主观上来看，拥有住房产权对于个人的社会经济地位存在明显的影响。

进一步的分析表明，住房不仅促使了同一代青年群体间的分化，影响个人经济社会地位，同时也加剧了代际差异的积累。在对于当前购买住房最可能的途径选择调查中，得到了如下结果（见表3）

表3 目前青年人购置房产最可能的方法和途径

单位：%

目前青年人购置房产最可能的方法和途径	百分比
自己全额购置	3.39
父母全额购置	6.15
父母支持下的贷款购房	74.77
无父母支持的贷款购房	4.94
继承遗产	3.88
拆迁补偿所得	5.46
其他	1.41
合计	100

高达74.77%的城市青年认为，目前青年人购置房产最可能的方法和途径是父母支持下的贷款购房，还有6.15%的青年认为需要父母全额购置，两项相加，认为住房需要父母支持的达到了80.92%。而认为仅凭个人努力可以购置房产的不到10%（包括自己全额购置以及无父母支持的贷款购买）。因此，父母的支持对于城市青年获得房产起到了很大作用。其父母一代生活宽裕的青年群体更有可能获得住房，从而获得较高的社会经济地位。因此，住房使得代际分化现象不断累积，进一步阻碍了青年通过自身努力实现向上流动。

通过以上分析可知，住房促使了城市青年群体间的分化，对于个人的社会经济地位有很大影响。住房不仅是一种生活必需品，更是地位的象征。社会学家布希亚（或译鲍德里亚）的消费社会理论对此做了很好的阐释。住房作为一种商品不仅仅具有使用价值和交换价值，而且还有符号价值。更多的时候，人们在购买住房时，并不是因为住房为基本生活所必需，而是住房本身已经成为衡量经济社会地位的一种符号。在更高的经济社会地位下，住房消费已经超出了个人的基本需要，而成为一种符号化的市场行为。因此，住房本身已经超越生活必需品，成为一种奢侈品或者投资品。①

另外，自始至终贯穿在婚姻市场中的对于经济社会地位的重视并没有改变。因此，两者相互联系可以得知，在房价高居不下的北京，住房通过影响社会经济地位进而成为影响婚姻的重要因素。

（二）主观感受：青年群体对于住房的主观态度存在差异

1. 女方视角：对住房普遍重视，但态度存在分化

在婚姻市场中，男性的经济状况经常是女性择偶时看重的。嫁到男方家中是否幸福，男方是否有房有车、是否有能力撑起整个家，常常成为女性家庭反复斟酌的问题②。并且，研究表明，女性利用婚姻实现自身的向上流动的比率要高于男性③。女性的主观期望或者主观感受对于深入理解婚姻有着巨大的作用。因此，以下主要从女性的主观视角来分析婚姻与住房的关系。

---

① 刘少杰：《当代国外社会学理论》，中国人民大学出版社，2009，第119~124页。
② 陈晨：《当代青年恋爱与婚姻状况分析》，《中国青年研究》2007年第7期。
③ 秦海霞：《婚姻与纵向社会流动——上海市民的婚姻观念》，《社会》2004年第10期。

(1) 婚恋状况维度

通常情况下,个体总是倾向于认为生活是否幸福在于个人,而并不在于外界的物质条件。但是,受生活所迫,物质条件往往又是不得不考虑的问题。

表4 婚恋状况与如何看待"房子与幸福的关系"的交叉分析(女)

单位:%

婚恋状况	您认为有一套属于自己的房子和幸福的关系是?			
	幸福所必需	和幸福有关	和幸福无关	合计
未婚,无对象	27.88	67.63	4.49	100
未婚,有对象	25.88	66.97	7.15	100
已　　婚	31.86	63.80	4.34	100
合　　计	29.42	65.43	5.15	100

对于不同婚恋状况的人进行分析显示,认为住房和幸福相关的(包括"幸福所必需"和"和幸福有关"两部分)高达94.85%,并且这一状况在不同婚恋状况的女性群体中没有明显差异。可以看出,对于不同婚恋状况的城市青年女性来说,住房对于幸福生活而言有着十分重要的意义。尽管有接近2/3的女性认为住房并非幸福生活所必需,但是另外约1/3的女性认为住房是幸福生活所必需的。也就是说,对于这约1/3的女性来说,没有住房就没有幸福生活。这种严苛的态度实际也体现出了住房作为一个重要的影响因素在婚恋市场中所施加的无形压力。

由于住房市场的巨大压力,购买一套房子对于大部分青年群体来说不切实际,因此租房市场成为青年群体的关注对象,甚至政府部门也有意通过规范租房市场来缓解高度紧张的住房问题。"永不买房,租房居住到老"的想法不断被提出。数据分析表明,青年对于"永不买房"这种想法的接受程度较低。

表5 婚恋状况与能否接受"永不买房"的交叉分析(女)

单位:%

婚恋状况	是否可以接受永不买房,租房居住到老?		
	可以接受	不能接受	合计
未婚,无对象	18.30	81.70	100
未婚,有对象	16.27	83.73	100
已　　婚	11.02	88.98	100
合　　计	15.09	84.91	100

数据表明，有84.91%的女性不能接受"永不买房，租房居住到老"的提议，实际上能够接受一辈子租房居住的只有15.09%的人，并且处于不同婚恋状况的女性有大致相近的态度。不考虑离婚、丧偶等特殊事件的话，还能够看出，在从无对象到有对象到已婚的过程中，接受"永不买房"的女性所占比例越来越低。也就是说，随着生活阅历的丰富、感情的进一步深入，女性群体接受"永不买房"的程度有所降低。对于住房的重视程度随着生活阅历的加深有所加重。

（2）受教育程度维度

受教育程度是各种研究都比较关注的问题，因为随着学历的增高、知识积累，个体往往能够更加宽容地接受多元化的观点，对于问题的看法也更加成熟，不带偏见。那么，是不是随着学历的增高，女性对于住房的态度会有所缓和，抑或是变得要求更高？对于受教育程度与"房子与幸福的关系"的交叉分析结果如下（见表6）。

交叉分析表明，对于不同受教育程度的女性个体来说，认为住房和幸福相关的女性所占比例依旧很高。但是随着学历的增高，持"有一套房子是幸福生活所必需"这种态度的比例不断升高——尽管从硕士到博士有所回落，但是整体上仍呈现不断上升的趋势。因此，学历的增高使得女性群体对于住房的重视程度增加。

表6 受教育程度与如何看待"房子与幸福的关系"的交叉分析（女）

单位：%

受教育程度	您认为有一套属于自己的房子和幸福的关系是？			
	幸福所必需	和幸福有关	和幸福无关	合计
大　　专	23.97	69.58	6.45	100
专升本	29.99	65.39	4.62	100
大学本科	29.68	64.93	5.39	100
硕　　士	35.61	60.72	3.67	100
博　　士	32.00	63.38	4.62	100
合　　计	29.25	65.44	5.31	100

矛盾的是，如果将受教育程度与能否接受"永不买房，租房居住到老"进行交叉分析，会看到不一样的结果。分析结果如表7所示。

表7 受教育程度与能否接受"永不买房，租房居住到老"的交叉分析（女）

单位：%

受教育程度	是否可以接受永不买房,租房居住到老？		
	可以接受	不能接受	合计
大　专	11.25	88.75	100
专升本	16.57	83.43	100
大学本科	14.48	85.52	100
硕　士	20.01	79.99	100
博　士	33.54	66.46	100
合　计	14.96	85.04	100

随着学历的增高，女性群体对于"永不买房，租房居住到老"的接受程度有较为明显的提高。从大专生到博士生，两个群体可以接受"永不买房，租房居住到老"的比例相差了约22%，差异明显。从大学本科到硕士再到博士，可以接受"永不买房，租房居住到老"的比例分别大约上升了6%和19%。显然，对于"永不买房，租房居住到老"这种较为妥协的方式，受教育程度越高的女性接受程度越高，其对于住房的态度更为缓和。

与表6中显示出来的结果相比较，可以看出两者得出了相反的结论。表6显示，在女性群体中，随着学历的增高，女性对于住房的要求越来越高，认为住房是幸福生活所必需的比例越来越高。而表7则显示，在女性群体中，随着学历的增高，越来越多的女性能够接受"永不买房，租房居住到老"的形式，对于住房的苛求程度降低。这两种相反的结论看似十分矛盾。然而，笔者认为，两种相反的结论恰恰表明，随着学历的增高，女性群体对于住房的态度出现了分化。有一部分女性群体，随着学历的增高，对于住房的重视程度越来越高。这可能是由于面临了更加严酷的生活现实，出现了对于稳定的婚姻生活更为强烈的渴求；也可能是由于学历的增高使得优秀女性对于生活的要求变得更高，在择偶方面对于配偶的要求更加高，或者对于生活的期待更高，从而对于住房的重视程度增加。而另外一部分女性群体，随着学历的增高，对于住房反而没有那么严苛的要求，而是持更加缓和的态度，并且更多的能接受"永不买房"这样一种不被大部分女性所接受的形式。知识的积累使得这一部分女性对于生活有更深入的理解，从而能够采取更加温和的态度。因此，随着学历增高，女性对于住房的态度更加多元化，有的人倾向于更加注重住房，有的人则持有更为宽容的态度。

以上对于女性的分析表明，女性群体对于住房的重视程度较高，绝大部分认为住房和幸福生活相关，并且不能够接受"永不买房，租房居住到老"这种形式。而随着学历的增高，女性群体对于住房的态度出现了分化，有一部分更加重视住房，而另外一部分对于住房的重视程度有所下降。

总体而言，女性青年群体对于住房的重视程度较高。这使得女性群体在婚姻过程中更加注重男性一方是否有稳定的住房。是否拥有住房使得男性在婚姻市场中面对不同的压力。

2. 男方视角：对住房的渴求程度不低于女性

更多的时候大众普遍认为，女性对于男性的期待经常会高于男性对于自己的期待。在全国妇联中国婚姻家庭研究会联合百合网发布的婚恋调查报告中指出，"超过70%的女性认为，男性应该有房才能结婚，而只有48.2%的男性认为自己需要有房才能结婚"。[1] 然而，笔者调查数据中显示出来的并不如此。男性对于家庭和住房的渴求程度不低于女性。

表8　有一套属于自己的房子和幸福的关系（男）

单位：%

您认为有一套属于自己的房子和幸福的关系是？	百分比
有房是幸福所必需	37.42
有关，但不是决定因素	56.63
和幸福无关	5.95
合　　计	100

约94%的男性认为住房和幸福相关，与女性的94.85%并不存在明显差异。而男性认为有一套属于自己的房子是幸福所必需的比例为37.42%，比女

---

[1] 《"2010年全国婚恋调查报告"发布》，新浪女性，2010-12-16，http：//eladies.sina.com.cn/qg/2010/1216/17411039318.shtml。

性的29.42%高了8个百分点。相比女性来说，男性在住房与幸福的关系上，对于住房的看重程度高于女性。

表9 对"永不买房，租房居住到老"的接受程度（男）

单位：%

是否可以接受永不买房,租房居住到老？	百分比
可以接受	13.29
不能接受	86.71
合　计	100

在对于"永不买房，租房居住到老"的接受程度，男性群体有86.71%的个体表示不能接受，相对略高于女性的84.91%。尽管没有明显差异说明两者在接受程度上有所不同，但是也能够看出，男性群体对于住房的重视不亚于女性群体。在对男性群体进行分受教育程度的分析中，可以更加清楚地看出这一点。

表10 受教育程度与如何看待"房子与幸福的关系"的交叉分析（男）

单位：%

受教育程度	您认为有一套属于自己的房子和幸福的关系是？			
	幸福所必需	和幸福有关	和幸福无关	合计
大　专	29.31	64.16	6.53	100
专升本	35.95	60.22	3.83	100
大学本科	39.38	54.38	6.24	100
硕　士	42.70	53.71	3.59	100
博　士	52.62	31.61	15.77	100
合　计	37.20	56.95	5.85	100

从表10可以看出，对于不同受教育程度的男性个体来说，认为住房和幸福无关的比例较低，大部分男性认为住房和幸福相关。持"住房是幸福生活所必需"这一态度的男性比例随着学历的增高而升高。由低到高分别大约上升了6%、4%、3%、10%，呈现不断升高的趋势。这表明，男性群体随着学历的增高，持"没有住房就没有幸福"观点的比例不断增加，男性对于住房的重视程度不断增加。在这一点上跟女性群体的分析结果相似。

表 11　受教育程度与能否接受"永不买房"的交叉分析（男）

单位：%

受教育程度	是否可以接受永不买房,租房居住到老?		
	可以接受	不能接受	合计
大　　专	8.55	91.45	100
专升本	17.01	82.99	100
大学本科	14.23	85.77	100
硕　　士	10.37	89.63	100
博　　士	1.57	98.43	100
合　　计	12.38	87.62	100

而在受教育程度与能否接受"永不买房"的交叉分析中，男性群体显示出了与女性群体不一样的结果。除大专学历的个体外，从专升本到博士，可以接受"永不买房，租房居住到老"的男性群体比例分别大约下降了3%、4%、9%。整体而言，对"永不买房，租房居住到老"的接受程度随着学历的增高而呈现下降趋势。学历越高的男性越不能接受"永不买房"这一形式。这与上文中对于女性的分析恰恰相反，随着学历的增高，女性群体对于"永不买房，租房居住到老"的接受程度有较为明显的提高。

上文的分析结果表明，随着学历的增高，女性群体中对于住房的态度出现了分化，有一部分更加重视住房，而另外一部分对于住房的重视程度有所下降。而对于男性的两项交叉分析都表明，随着学历的增高，男性群体对住房的重视程度均不断增加，并没有出现女性群体那样的态度分化。因此，男性群体对于住房的期待高于女性对于住房的期待。而不是普遍认为的那样，女性对于稳定住房的渴望高于男性。然而，尽管男性拥有对于稳定住房更高的期待，现实生活的残酷往往使得男性在婚前并不能够拥有一套住房。"一房难求"使得更多的男性认为，不一定要有住房才能结婚。但是这并不表明男性不重视住房，恰恰相反，男性对于稳定住房的期待高于女性。因此，男性在婚姻决策中对于稳定住房的重视不亚于女性。住房已经成为男女性婚姻决策中的重要砝码。

四 讨论与结论

房价自21世纪初以来快速上涨，住房从一种生活必需品变为奢侈品和投资品。住房的这种性质转换对于社会各个方面都产生了影响。无可否认，住房已经成为青年婚姻市场中的重要砝码。通过客观和主观两方面的分析，本文得出了以下几点认识。

（一）住房导致经济社会地位分化，客观上限制婚姻决策

对于社会经济地位的重视始终存在于婚姻市场中，"门当户对"以及对安定生活的渴望主导着婚姻中的决策。住房自身包含符号价值，拥有住房成为身份地位的象征。很大程度上，"住房"已经代替"职业"，成为青年群体社会分化的重要因素。住房性质的转变影响了个人的经济社会地位进而影响到了婚姻。同时，父母对于青年的经济支持对于青年获得房产起到了很大的作用。住房使得代际分化现象不断累积，进一步阻碍了青年通过自身努力获得更高的社会经济地位。

在"门当户对"的婚姻市场中，地位不对等使得男女双方在客观上处于不同的位置。这样的位置限制着双方的婚姻决策，尤其对于男性青年而言，往往只能寻求经济社会地位对等或者更低的女性。因此，住房在影响个人经济社会地位的同时，客观上决定了青年在婚姻市场中所处的位置，限制了青年的婚姻决策。

（二）"住房有无"受到青年群体的普遍重视，主观上影响婚姻决策

住房的重要性在青年男女群体的主观认知中存在着共识，绝大部分青年认为拥有一套自己的住房和幸福生活密切相关，其中有1/3的群体认为住房是幸福生活所必需的。对于这1/3的群体来说，没有住房就意味着没有幸福。这种态度充分体现了住房在青年群体的人生安排中的重要性。

由于住房市场存在巨大的压力，租房市场自然就成了解决住房问题的可能途

径。然而，租房从其本质上来说仍被青年视为暂时的栖身之所，有85%以上的青年群体不能接受"永不买房，租房居住到老"。不论是女性青年群体还是男性青年群体，在其一生中均将稳定住房视为生活的必备条件。在女性群体当中，随着婚恋模式的变更，从无男友到有男友到结婚，能够接受"永不买房"的比例越来越低。随着感情的加深、家庭进一步组合，女性群体对于住房的渴望程度将进一步加深。

男性青年群体与女性青年群体的差异在分受教育程度的分析中显现出来。随着学历增高，女性对于住房的态度更加多元化，有的人倾向于更加注重住房，有的人则持更为宽容的态度。而对于男性青年的两项交叉分析都表明，随着学历的增高，男性群体对住房的重视程度均不断增加，并没有出现女性群体那样的态度分化。因此，男性群体对于住房的期待高于女性对于住房的期待。

青年群体对于住房的这样一种高期待将会反映在他们的婚姻决策之中，因此，"住房有无"对于青年群体的配偶选择有较大的影响。拥有稳定住房的青年男女群体将在婚姻市场中占据更加有利的位置。

（三）反思住房消费观：结婚是否一定要买房？

本文分析中值得注意的是，女性青年群体的住房观念随着学历升高出现了分化。通常情况下，受教育程度越高的女性被定义为"更加优秀的女性"。因此，这一部分优秀的女性有充分理由渴望更好的生活。然而，女性青年中有一部分人，学历越高，反而更可以接受"永不买房"的形式。

在中国传统文化观念中，住房是个体安居乐业的象征。人们围起围墙，筑造房屋，为的是那一份安全感。数千年传承之后的结果是，人们思维中的买房观念已经根深蒂固。受其影响，中国的住房自有率偏高。2012年西南财经大学发布的《中国家庭金融调查报告》显示，中国自有住房拥有率高达89.68%，远超世界60%左右的水平（美国为65%，英国为70%，日本为60%）[①]。

然而，随着人口流动的加快，频繁地迁居于多个城市已经很常见。因此，

---

① 甘犁，等著：《中国家庭金融研究报告2012》，西南财经大学出版社，2012，第1版，第40～60页。

有部分人已经倾向于租房住而不是买房住。尤其对于中国2.2亿以上的庞大流动人口来说，解决这么多人的买房问题是不现实的，租房居住则更为合理。住房问题一方面是我国市场转型过程中，由供小于求而造成的问题，另一方面，也根源于人们的住房消费观念。"中国传统的住房消费观念支配着广大居民，宁肯借债也要买一套属于自己的房子"[①]。中国社会正发生着大的变迁，传统的买房观念也应该随着社会的发展而更新。住房并不能保证幸福生活，没有住房也不意味着不幸福的婚姻。

住房市场压力在一段时期内还将存在。如果延续当下的住房消费观念，青年在婚姻中遇到的压力会更大。因而，笔者认为，青年群体在婚姻决策中，不应将住房看得过重。把眼光放得更远一些，合理规划，才能成就幸福的婚姻。

[①] 魏国平：《我国居民住房消费分层与住房结构调整研究》，《特区经济》2009年第10期。

B.8
何去何从：城市青年住房与居留意愿研究

张涵爱*

摘　要： 本文将特大城市青年人才关注的住房问题与管理者关注的居留意愿相结合，通过系统性文献研究，明确居留意愿内涵，拟定影响因素研究的逻辑框架，并对青年人才居留意愿的特点进行分析。本文根据课题组调查数据及前期座谈材料进行了分析推演，从住房类型、房屋情况、租金情况、居住评价等多角度挖掘了住房对青年人才居留意愿的影响。研究结果显示，住房的确会影响青年人才居留意愿，且效果显著。

关键词： 青年人才　居留意愿　住房

随着中国社会经济结构的不断转型，"知识产业"[①]正受到越来越多的关注。青年人才作为高知群体的代表，越发成为推动经济发展，尤其是全面提升城市化水平的主力军。特大城市对青年人才的渴求则更为迫切。

对于青年人才来讲，很多人都愿意到一线城市打拼，此现象伴生的各类问题也愈发引起关注。近几年在公共领域对该问题的探讨也层出不穷[②]。随着关

---

* 张涵爱，中国人民大学社会与人口学院。
① "知识产业"由美国经济学家马克卢普在《美国的知识生产和传播》（1962）一书中首次提出。
② 2014年初的一条署名王远成的评论在"知乎网"受到关注，有十几万人参与转发和评论。其最后强调："那些放弃了家乡富足生活去一线城市打拼的，都是有理想有希望的孩子，他们才是这个国家各个领域改变的希望。"

注度的提升，我们应更加重视青年人才。另外，住房问题已成为青年人才关注的焦点问题[1]，那么，如果从青年人才住房情况入手，对居留意愿加以探讨，则不失为是一次利于城市发展的尝试。

本文就此提出以下研究议题：第一，住房是否会显著影响青年人才的居留意愿；第二，住房对居留意愿的影响途径和机制是什么；第三，如何有针对性地改善住房状况以增强青年人才的居留意愿。

为全面地探讨这三个问题，本文主要利用文献和数据进行分析。第一，先明确居留意愿的内涵与外延，再对收集到的文献进行系统性梳理。本文发现较少有人从青年人才群体、住房维度入手分析居留意愿，故而将再根据青年人才的特点以及住房因素入手进行深入讨论。第二，在文献研究的基础上，充分利用青年人才住房问题调查问卷，先对居留意愿予以概括性描述，再从住房因素入手进行深入的数据分析，以对所研究的问题做出有益探讨。

一 文献研究

（一）已有研究概述

1. 居留意愿的内涵与外延

居留意愿，顾名思义是一种青年流动人口迁移到迁入地后的居留态度。这涉及迁移意愿与迁移动机，就目前的已有研究来看，少有对青年人才这个特殊群体的迁移意愿分析，但对整个流动人口群体，尤其对乡城迁移人口的分析却不胜枚举。在国外，对人口迁移的研究十分活跃，出现了许多著名的模型与理论，例如被广泛运用的"推拉"理论，发展经济学中从宏观出发的刘易斯"二元结构模型"，以及用微观上的个人理性选择进行修正后的托达罗模型等。

当越来越多来自各地的青年人才涌向北京的时候，抑或是当源源不断的高

---

[1] 2011年，中国青年网联合北京美兰德信息公司对城市青年关注的社会热点问题开展调查，数据显示城市青年对"住房问题（36.2%）"的关注率居于首位。

校毕业生选择留京发展的时候,这个城市也在因他们而改变。如果说他们离开家乡,北上求学是一种选择,那决定留下则是另一种意愿在推动,即本文旨在探讨的居留意愿。与之相近的还有另一种意愿,即"永久性迁移意愿"。本文通过对二者加以比较来进一步明确概念。

在现有研究中,少有人将这二者进行比较,为使本文的研究对象更加明晰,有必要对此进行简述。有学者按照是否打算永久改变常住地,或是否打算返回原居住地将人口迁移区分为永久迁移和循环迁移。并结合中国特有的户籍制度,将其区分为合法性永久迁移与事实性永久迁移[①]。在永久性迁移意愿的影响因素研究上,学者们也提出自己独到的观点。有学者利用科尔曼的理性选择理论进行思考,从生存理性、经济理性、社会理性三个角度出发进行探讨[②],还有学者利用计划行为理论,强调迁移者的心理因素,从迁移倾向、他人意见、迁移评估三方面入手开展研究[③]。

若将二者加以比较,则可发现居留意愿的独特之处。居留意愿研究多以"流动人口"为研究对象,并不会强调农村特征,并且通常以是否愿意留在本地居住作为衡量标准。另外,研究居留意愿往往是为了研究已经选择向城市流动的人在城市定居的愿望,因此调查只能在城市即流入地开展,且居留意愿研究的范围更广泛。

简单地说,永久性迁移意愿与居留意愿一个强调"出",一个强调"入",它们的研究缘起、意义不同,调查对象和方法也有所区别。

尽管如此,永久性迁移意愿的研究在某种程度上对居留意愿研究可以起到借鉴的作用。对于本文所针对的青年人才来讲,该群体并不仅仅包括乡城迁移一种,再加之本文旨在研究青年群体住房情况对留京决策的影响,因此从居留意愿入手研究最为贴切。

2. 居留意愿的影响因素

在每年的七月份,都会有一批来自北京高校的毕业生面临抉择,是留京,

[①] 蔡禾:《"农民工"永久迁移意愿研究》,《社会学研究》2007 年第 6 期;姚婷:《农民工永久性迁移意愿研究》,《学术研究》2013 年第 5 期。

[②] 熊波:《理性选择与农民工永久性迁移意愿》,《人口与经济》2009 年第 4 期。

[③] 虞小强:《基于 Logistic 模型的农民永久性迁移意愿统计研究》,《统计与决策》2011 年第 24 期。

还是返乡？随着毕业生年复一年的增加，暂时留京的青年流动人口群体也在不断扩大，这也凸显出对该群体居留意愿研究的重要性。现阶段针对该特定群体的研究少之又少，故而可从流动人口居留意愿研究中获得启示。

此类研究多表现为将居留意愿视为被解释变量，建立分析框架从而对其影响因素予以梳理和分析，与此同时，也有不少学者选取特定角度，对居留意愿予以深入探讨。大多数学者所遵循的思路是将影响因素分为内部、外部两类[1]。系统总结如图1所示。

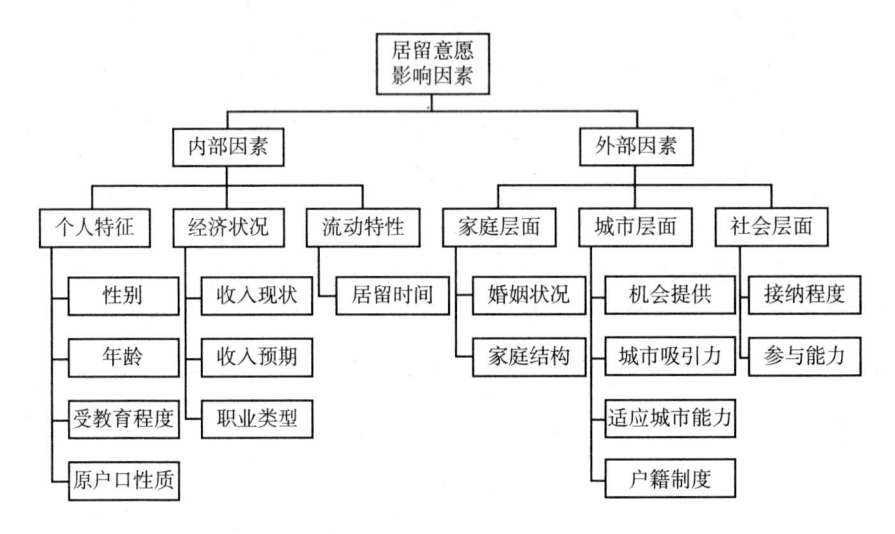

```
                        居留意愿
                        影响因素
                    ┌──────┴──────┐
                  内部因素        外部因素
              ┌─────┼─────┐   ┌─────┼─────┐
           个人特征 经济状况 流动特性 家庭层面 城市层面 社会层面
             │      │       │      │       │       │
            性别   收入现状  居留时间 婚姻状况 机会提供 接纳程度
             │      │              │       │       │
            年龄   收入预期         家庭结构 城市吸引力 参与能力
             │      │                      │
          受教育程度 职业类型                适应城市能力
             │                              │
          原户口性质                        户籍制度
```

图1 居留意愿影响因素

内部因素主要是指流动人口的个人特征，尽管不同研究中各类特征所体现的显著性不同，但学者都一致认同其内在的影响作用。最主要涉及性别、年龄、受教育程度、户口性质等。

个人经济状况是关键一点。绝大多数学者都肯定收入对居留意愿的影响是显著的，且是正向影响的。但也有学者认为收入并不是考虑问题的关键，关键在于对未来收入的预期[2]。与收入不同，经济地位中的职业类型却是争议颇多。有一部分

---

[1] 王春兰：《流动人口城市居留意愿的影响因素分析》，《南方人口》2007年第1期；赵琳华：《流动人口在城市居留意愿的研究综述》，《长春理工大学学报》2013年第10期。
[2] 侯红娅：《中国农村劳动力迁移意愿实证分析》，《经济问题》2004年第7期。

学者认为从事第一产业的人更倾向于回乡，从事第二、三产业的人居留意愿更强[1]。

另外，在内部因素中，还有一些学者强调"流动特性"的重要性，其中最重要的体现是指居留时间，即已在京生活的年限[2]。

外部因素主要分为三个层次：家庭层面，城市层面，社会层面。这与学者从个人流动历程的角度来建立的个体、家庭、社区、社会四层次框架比较相近[3]。

家庭层面主要涉及婚姻状况、家庭结构。学者通过实证研究发现，已婚人群与未婚人群相比，居留意愿显著较高。从家庭结构来看，研究结果一致认为随着家庭规模的扩大、成员数的增加，居留意愿也会增强。这与婚姻相呼应，有家人同住时会增强流动人口留下来的愿望[4]。

城市层面主要涉及城市机会、城市吸引力、适应城市能力以及在我国至关重要的户籍制度。若城市所提供的机会较多，居留意愿就会有增强的可能。城市吸引力是从经济、社会、文化各方面出发的一种流动人口对城市的综合评价，当评价较高时，居留意愿较强[5]。而流动人口适应城市的能力则与许多因素相关，如人力资本拥有量、交际与适应能力等[6]。在北京、上海这类户籍制度管理严格的城市，制度影响更为显著，若放开户籍制度，会导致很多人选择长久居留[7]。

从社会层面进行考虑，一方面是涉及社会自身的接纳程度，另一方面是流动人口的社会参与、融合意愿等。目前的研究更多强调的是后者，即人们的社会参与，并将其视为重要的影响因素[8]。有学者曾将视角聚焦在社会融合上，从经济融合、社会参与和心理认同三个层面予以探讨[9]。

---

[1] 孟兆敏：《流动人口居留意愿调查分析》，《南京人口管理干部学院学报》2009年第2期；周元鹏：《流动人口居留意愿内部分化研究》，《南方人口》2010年第6期。
[2] 黄匡时：《流动人口留京意愿的影响因素研究》，《陕西行政学院学报》2011年第1期。
[3] 蔚志新：《分地区流动人口居留意愿影响因素比较研究》，《人口与经济》2013年第4期。
[4] 赵艳枝：《外来人口的居留意愿与合理流动》，《南京人口管理干部学院学报》2006年第4期。
[5] 王春兰：《流动人口城市居留意愿的影响因素分析》，《南方人口》2007年第1期；申秋红：《流动人口居留意愿影响因素分析》，《经济研究导刊》2012年第2期。
[6] 郭建玉：《中山市流动人口居留意愿研究》，《南京人口管理干部学院学报》2010年第2期。
[7] 孟兆敏：《城市流动人口居留意愿研究》，《人口与发展》2011年第3期。
[8] 申秋红：《流动人口居留意愿影响因素分析》，《经济研究导刊》2012年第2期。
[9] 卢小君：《流动人口的社会融合对其居留意愿的影响分析》，《大连理工大学学报》2012年第4期。

在对外部因素各层面的探讨中，本文认为不应将外部因素割裂，而应视其为有机结合的整体，讨论其综合作用①。这意味着应将各外部因素的相互影响也纳入分析范畴。

从文献梳理中可以发现，在某些问题上，已有研究并未达成一致结论，而对本文旨在探讨的青年人才群体而言，他们又会呈现出怎样的特征呢？

（二）基于文献的青年住房问题思考

1. 青年人才自身特点影响居留意愿

在特大城市的茫茫人海中，有一个群体显得独特、亮眼——青年人才。不论一个城市的发展水平有多高，它都需要人才不断进入，他们是社会发展的动力和保证。城市管理者对该群体的重视也正在逐渐加强，把握其居留意愿便显得至关重要。

现阶段的文献更多关注的是流动人口整体，而少有针对青年人才的剖析。尽管如此，还是有学者通过对高校毕业生的研究而有所发现，相关研究发现了五个影响因素：期望收益，职业意向，籍贯，家庭月收入，曾就读的学校②。但其问题在于变量覆盖面较窄，若要拓宽视野，可从青年人才的特点入手。

毫无疑问，他们的亮点在于其两大特征：年轻、有知识，即青年人才属于年龄较低，同时又是受教育水平较高的群体。

在年龄问题上，各研究得到的结论不尽相同。有一些学者通过数据的计算和推导指出年龄因素会显著地影响居留意愿，且年龄越大的人居留意愿越强③。本文认为，青年人才的居留意愿处于变动阶段，随着年龄的不断增长，其求稳的心态会越发凸显。后期的数据分析将会对此进行再一次论证。

在受教育程度问题上，学者观点较一致，即随着受教育程度的提高，个体积累的人力资本的增加，他适应城市的能力也会随之增加，导致其更倾向于留在城市发展④。这也恰好符合城市青年人才的特点，他们多为高校毕业生，具有

---

① 赵琳华：《流动人口在城市居留意愿的研究综述》，《长春理工大学学报》2013年第10期。
② 周石：《北京市高校本科毕业生留京意向影响因素的调查分析》，《管理世界》2012年第5期。
③ 孟兆敏：《流动人口居留意愿调查分析》，《南京人口管理干部学院学报》2009年第2期；郭建玉：《中山市流动人口居留意愿研究》，《南京人口管理干部学院学报》2010年第2期。
④ 黄匡时：《流动人口留京意愿的影响因素研究》，《陕西行政学院学报》2011年第1期。

较高的学术素养、实践能力，并拥有处在社会中高层的广泛交际圈，其融入城市生活的可能性更大，因此居留意愿可能会更强烈。

2. 住房影响居留意愿

"住有所居"正逐渐成为我国发展的一个新要求，也愈发引人关注。对于特大城市的青年人才而言，住房问题已不容忽视。而所谓"居"留意愿，"居"与"留"无法割裂，故而住房问题对居留意愿的影响也应受到广泛重视。

但纵览已有研究，还没有人将视角锁定在青年群体的住房问题上，多数学者仅仅是在居留意愿研究中涉及住房情况。几乎所有研究结果都得到一致的结论，那就是已经自购房屋的人与未购房的人相比，拥有更强的居留意愿，且这种差别是极其显著的。这不难理解，就课题组前期所组织的面向各类人群的座谈会来看，绝大多数人都认为已经购房的人不论从心理认同还是个人心态方面都与其他居住方式的人有着极大差别。笔者认为，租房或是解决青年住房问题的重要落脚点和可行渠道，应加大对提升青年租房环境与质量的关注力度，与此主题相呼应，本文将重点放在比较不同居住方式的居留意愿上。

在现有文献中，可按居留意愿高低，将除自购房者以外的各类居住条件人群进行排序。可以发现，有条件寄住在亲友家的人居留意愿相对最强。对租房群体内部而言，独租者的居留意愿要高于合租者，但将租房与单位宿舍相比，却呈现不一致性，各研究结论有所差别。某些对农民工群体的研究一致认为居住在工棚中的人居留意愿最低，当然，这与青年人才的现状不符。众多研究的对象是整个流动人口群体，那么对青年人才这一特殊群体而言情况又将如何？本文将通过数据进行深入比较。

表1　部分文献中住房对居留意愿的影响程度排序

第一作者	发表时间	影响居留意愿程度排序
孟兆敏	2011	寄居＞独租＞合租＞宿舍
郭建玉	2010	独租＞寄居＞合租＞宿舍
周元鹏	2010	宿舍＞租房＞工棚
王广州	2000	寄居＞租房＞宿舍＞工棚

3. 青年人才居留意愿的特点：阶段性、内生性

青年人才居留决策从表面上看只存在于一个时点，但实际上该决策受到的影响却是动态的。随着时间的推移,居留意愿也可能有所改变,种种因素也可能随之变化。

一方面,以内部诸要素为例,当时间推移时,个体年龄在上升,受教育水平也有上升的空间,经济状况中收入会发生波动,而收入预期也会不断调整,流动特性中的居留时间也会一直增加,这些都可能导致居留意愿的变化。

另一方面,各因素间的关系也会随时间发生改变。例如,在青年人才面临居留抉择的初期,往往是单人流动状态,故个体内部因素的影响较大,如自身能力、对收入的预期等。但随时间推移、年龄增长,外部因素如家庭、社会对其的影响逐渐加大,他渐渐形成清晰的自我能力认知,更倾向于用长远的眼光看待问题并重视城市因素。因此这种因素间关系的变化同样值得关注。

现有研究常以居留意愿为因变量进行探索。本文的侧重点同样是考察青年人才的住房情况对居留意愿的影响,但这并不意味着住房情况必为因,居留意愿必为果。

就本文主题来讲,核心观点是不同住房条件会导致不同的居留意愿,但反过来说,青年人才如果具有较强的居留意愿,他们更有可能付出努力去争取更好的住房环境,且他们的努力所创造的价值和带来成功的可能性与普通外来人口相比要大得多。因此不能单纯从逻辑上否定这层关系。

但是受课题组受调查条件所限,难以利用合适的工具变量予以替代,因此退而求其次,利用时点上的差别抹去这层联系。具体来讲,本文将假设其他条件不变,以未来时点的居留意愿为果,以现在时点的住房条件为因,从而在一定程度上缓解其内生性。

二 数据分析

在文献研究的基础上,笔者拟通过对实证数据的分析,进一步剖析住房条件与居留意愿之间的关系。

本文所用数据源自"北京市青年住房状况调查",该调查受北京市政协社法委和北京团市委委托,由对外经济贸易大学青年发展研究中心于2013年开展,意在摸清北京市内广大青年的住房状况。调查对象为:生于1980年以后、年龄在16周岁以上、受教育程度在大学专科以上的在京工作青年群体,具体包括青年公务员、事业单位青年职工、国企和集体企业青年职工、外企青年职员以及私民营企业青年职工五类子群体,采用分层不等概率抽样法进行抽样。调研累计召开座谈会8场,发放问卷5000份,回收有效问卷4321份,有效回收率86.42%。

(一)因变量:低预期居留意愿

出于对模型内生性的考虑,课题组利用时间滞后进行设问。且课题组认为,特大城市中住房资源有限,面对庞大的人口基数,没有能力满足所有青年人才的购房需求,因此现阶段解决青年人才住房问题应主要从租房等非购房途径入手,故而在调查中主要询问了非购房者的居留意愿。在问卷中设计的相关题目为"如果仍无法买房,您是否会考虑离开北京?"设问紧扣住房与居留意愿的关系,并着重询问的是:如果当前住房条件不变,青年人才的留京意愿。另外,课题组设计该问题的出发点在于短暂留京并不意味着长久留京,本文更看重对青年人才的长久吸引,以避免人才外流。

由于题目的核心侧重于住房条件不变,这可能与一些青年人才的预期不符,从而造成认知偏差,即可能造成青年人才将"仍无法买房"视为自身发展失败的标志。但实质上,本文认为,对于现阶段青年人才来讲,大部分人并不会盲目自信于自己必然可以购得满意的住房。因此本文将该问题体现的居留意愿视为"低预期居留意愿"。由于本研究核心目的是帮助城市管理者从住房入手,增强青年人才的居留意愿,因此若可以得到增强低预期居留意愿的方法,则同样具有成效,甚至更具实践意义。

(二)对象限定:非本地、未购房的青年人才

本文的研究对象限定为家乡非北京本地的且并未购房的青年人才。这主要基于两点考虑:首先,本文是以留住优质青年人才为主要目的而开展的研究,并且引起管理者更大关注的是来自京外的人才;其次,本文的研究重点放在未购房群体上。因此经筛选后,最终符合条件的共有1558个样本。样本的基本特征如表2所示。

表2　样本基本特征统计描述

单位：%

变量名	统计结果	变量名	统计结果
性别		年收入（万）	
男	48.50	<2.5	16.30
女	51.50	2.5~5	30.60
年龄		5~7.5	22.30
17~22岁	3.63	7.5~10	7.20
23~28岁	56.20	>10	23.60
29~34岁	40.17	婚姻状况	
受教育程度		在婚	33.09
大专	25.32	不在婚	66.91
专升本	6.15	住房类型	
大学本科	50.49	集体宿舍	33.30
硕士	16.97	寄居	10.90
博士	1.07	租房	55.80
户口性质		住房满意度	
北京城市	24.60	非常满意	2.75
北京农村	0.60	满意	21.13
外地城市	44.90	一般	50.39
外地农村	29.90	不满意	17.99
		非常不满意	7.74

（三）住房与青年人才居留意愿

众多研究认为，住房因素可能会影响居留意愿。本文发现，对特大城市青年人才而言，影响更为明显和具体，可从住房类型、房屋情况、租金情况、居住评价等方面入手获得更翔实的信息。

1. 住房类型中寄居者的居留意愿强于租房者

调查数据表明，不同现住房类型下的未来离京意愿有明显不同，与多数研究结论一致，对于青年人才而言，非购房者中留京意愿最强的为寄居者，有44.71%的人选择不会离开北京，这是由于寄居者往往在家人和朋友的房屋中住宿，容易感受到亲近和熟悉，并且生活条件较好，因此会使其留京意愿提高。租房者中有75.78%的人选择在未拥有满意住房时离京，说明租房的居留意愿相对较低。

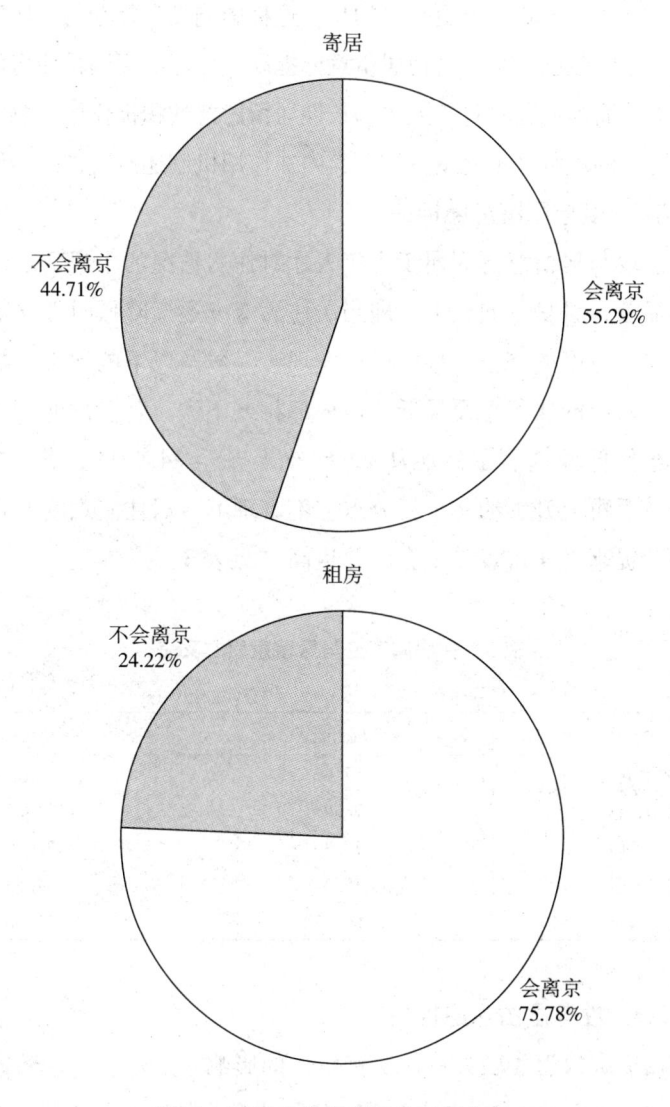

寄居

不会离京 44.71%

会离京 55.29%

租房

不会离京 24.22%

会离京 75.78%

图2　不同住房类型下的居留意愿

2. 住房面积对居留意愿的影响有限

从人均住房面积来讨论留京意愿，可以发现，随着人均住房面积的增加，即使住房是以各类租房形式出现的，"低预期居留意愿"仍然会有所提高。课题组调查数据量的限制，导致该变动趋势不明显，但从整体走势来看，可以发现其内在的正相关性。这是由于住房面积直接影响舒适度和生活满意度，从而对留居意愿也会产生影响。但更重要的是，这种影响又是复杂的，住房面积如果过大，超过一定的限度，将不会使居留意愿提高。可能的原因是住房面积过大导致租金过高，从而削弱其对青年人才的长期居留意愿的积极作用。总之，住房面积的影响与通常的理解并不完全一致，其内在作用机制还有待进一步研究。

3. 住房满意度与居留意愿相关

居住满意度与居留意愿同属于青年人才对住房情况的主观判定，因此二者之间相互性显著，且呈正向相关，即当居住满意度逐渐降低时，居留意愿随之降低。从有关满意度的调查结果中可以发现，一般及以下的评价，如不满意与非常不满意，对应的居留意愿最低，但内部相差不大。若满意度评价从一般上升至满意，会使低预期居留意愿从22.61%上升至24.53%，若为非常满意，则会使居留意愿再上升大约9个百分点。不难理解，居住满意度上升使青年人才的生活评价提高，居留意愿也会因此提高（见表3）。

表3　住房满意度与居留意愿交叉表

单位：%

	会离开北京	不会离开北京
非常不满意	77.06	22.94
不满意	78.98	21.02
一般	77.39	22.61
满意	75.47	24.53
非常满意	66.42	33.58

4. 住房稳定性与居留意愿相关

本文以搬家次数为代表分析住房稳定性的影响。数据显示，搬家次数对居留意愿的影响并无显著规律，"从不搬家"和"搬家频繁"的人居留意愿都明显偏低。"搬家频繁"会带来居住稳定性的降低，从而降低人们对未来稳定生活的预估。但从不搬家对某些人来说也有不利之处，例如无法随工作地点的变更而及时调整住处。在一年及更长时间段内搬家一次是较合适的频率，有助于居留意愿的上升（见表4）。

表4 搬家频率与居留意愿交叉分析

单位：%

	会离开北京	不会离开北京
从不搬家	74.38	25.62
一年多会搬家	58.63	41.37
一年内会搬家	81.62	18.38

5. 二环至三环的居住者居留意愿最高，四环外最低

从房屋位置来看，如表5所示，可发现住于四环及五环以外地段的人才居留意愿最低，仅为两成左右，而住于二环至三环地段的居留意愿最高。这是与北京各环路间的房价水平、人群分布息息相关的，四环以外交通状况较差，而青年人才所在单位往往集中于市中心，通勤时间过长，导致日常工作、生活不便利。相反，二环内多为工作区，物价水平较高，压力也较大，因此可能会使居留意愿降低。其他类似北京的按环形结构发展的特大城市也应意识到其人才居留意愿的分布趋势。但同时，还会有其他因素的干扰性影响，例如居住于北京三环内的青年人才的经济条件可能较好，因此房屋所在位置可能仅仅是个人经济收入的一种体现。即使如此，更应对偏远地区予以特别关注，着力从其他方面提高三环以外地段的住房质量。

表5 房屋所在环路与居留意愿交叉分析

单位：%

	会离开北京	不会离开北京
二环内	70.89	29.11
二环至三环	60.59	39.41
三环至四环	72.11	27.89
四环至五环	80.36	19.64
五环外	79.81	20.19

6. 租房类型中独租者、隔断群租者居留意愿更强

对于不同的租房类型而言，调查数据显示，独租整套的青年人才居留意愿最高，这与生活水平直接相关。但考察生活水平相近的各类出租房后，本文发现地下室和隔断式群租房会使青年人才居留意愿提高，高出合租整套的人的居留意愿近10个百分点（见表6）。合理的推测是住在隔断的群租房以及地下室既可以拥有个人的隐私空间，又相对便宜，因此可能产生更高的居留意愿。另外，租住于廉租房、公共租赁、青年公寓的青年人才居留意愿相近。隔断群租类租房可以导致居留意愿提高，这提示我们对此应保持高度关注。

表6　租房类型与居留意愿交叉分析

单位：%

	会离开北京	不会离开北京
集体宿舍	95.37	4.63
农村平房	82.21	17.79
合租整套	81.76	18.24
廉租房	76.47	23.53
公共租赁	75.91	24.09
青年公寓	74.28	25.72
隔断群租	72.74	27.26
地下室	71.03	28.97
独租整套	69.06	30.94
其他	68.73	31.27

7. 租金金额无显著影响，但租金收取模式与居留意愿相关

针对租房者而言，租金对其居留意愿的影响在很长的时间内都被认为是有意义的。但对于特大城市的青年人才，本文发现其居留意愿的变化受影响不明显。月租金多于3000元的人居留意愿较高（见图3），这一方面可能是因为有能力居住于高租金房屋的群体多为青年人才中的优秀者，尽管现阶段仍租房居住，但这些人对未来的预期普遍较高，因此导致离京意愿低。另一方面，高租金往往意味着高生活水平和舒适度，这对提升居留意愿有明显作用。从总体趋势来说，并无一般人所设想的随租金提高，离京意愿也会上升的现象，这还与青年人才的租房决策是建立在理性衡量的基础上有关，这意味着他们会按照实际能力调整租房档次，从而消除其对居留意愿的影响。

除租金金额外，租金收取模式也与意愿有关。数据显示，租金是按天结算

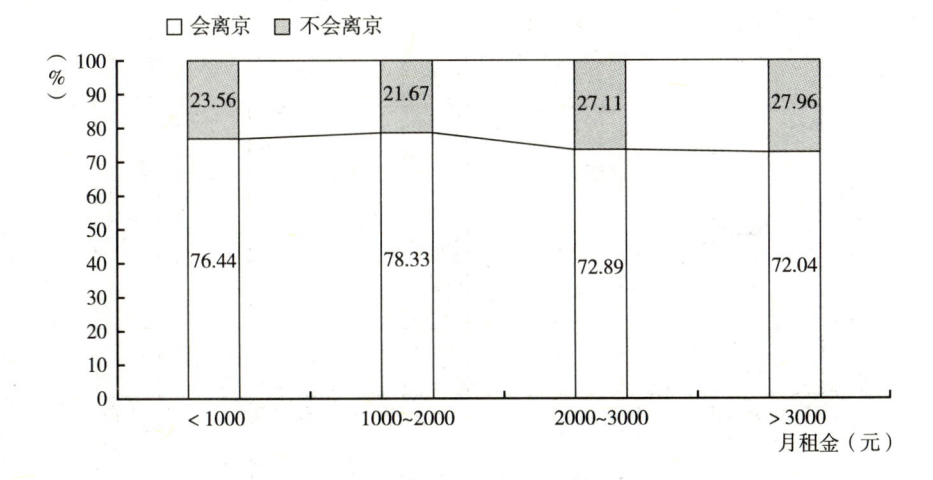

图3 月租金段与居留意愿分布

或按年结算的群体拥有更高的居留意愿，反之，按月度或按季度结算的人居留意愿较低。

综合租金情况发现，由于青年人才做出选择决策时已将租金额调整到与自身收入相符的状态，因此租金高低并不直接影响居留意愿。但出于对住房稳定性的考虑，按天、年结算方式较合适，会提高居住意愿（见表7、图4）。

表7 租金情况与居留意愿交叉分析

单位：%

		会离开北京	不会离开北京
月租金(元)	＜1000	76.44	23.56
	1000～2000	78.33	21.67
	2000～3000	72.89	27.11
	＞3000	72.04	27.96
租金结算方式	按天结算	53.08	46.92
	按月度结	78.26	21.74
	按季度结	80.28	19.72
	按年度结	60.26	39.74
	其他	80.08	19.92

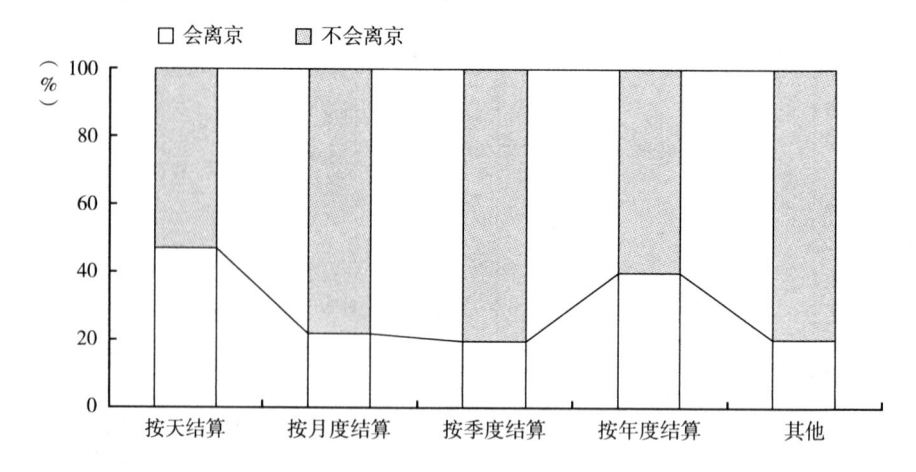

图4　租金结算方式与居留意愿分布

（四）数据分析的不足与反思

上文的数据分析都是以课题组收集的调查数据为基础开展的，而该部分都为描述性分析，并不构建模型。主要原因是：在对数据尝试进行模型分析之后，本文发现课题组所做调查无法支持模型所需的各类变量。因此本文退而求其次，以描述分析为主，对青年人才居留意愿予以讨论。

另外，本文还考虑到在住房对居留意愿的影响过程中，原本应作为控制变量的青年人才基本特征可能会产生干扰。为更全面地对住房与青年人才居留意愿的关系予以研究，本文对几项基本特征因素也进行了简单梳理。主要发现有：第一，从整体来看，低预期居留意愿较低，有离京意愿的人占77%，约7成的人选择回家乡。第二，从性别来看，男性居留意愿较低，比女性低约6个百分点。第三，从年龄来看，年长者居留意愿更强，而且随年龄的升高，居留意愿不断增强。第四，从婚姻来看，在婚者居留意愿比未婚者高约8个百分点。第五，从家庭结构来看，随着生育子女数的增加，居留意愿不断降低。第六，从经济收入来看，青年人才收入对居留意愿并无明显影响。

尽管从数据中可得出以上结论，但由于本文的主题是关于住房因素与居留意愿的关系，因而对基本特征不予深究，仅将其作为本研究的完善和补充。

表8 基本特征下青年人才的居留意愿

单位：%

		会离开北京	不会离开北京
性别	男	80.28	19.72
	女	74.46	25.54
年龄	17~22岁	85.46	14.54
	23~28岁	80.17	19.83
	29~34岁	72.75	27.25
受教育程度	大专	77.64	22.36
	专升本	71.92	28.08
	大学本科	77.20	22.80
	硕士	74.32	25.68
	博士	64.76	35.24
户口性质	北京城市	71.28	28.72
	北京农村	50.00	50.00
	外地城市	78.39	21.61
	外地农村	79.04	20.96
年收入（万）	<2.5	83.87	16.13
	2.5~5	74.75	25.25
	5~7.5	75.05	24.95
	7.5~10	83.44	16.56
	>10	75.30	24.70
婚姻状况	在婚姻中	71.64	28.36
	不在婚姻中	79.82	20.18
生育子女数	1个	68.69	31.31
	2个	79.27	20.73
	3个	100.00	0.00

三 结论

（一）文献研究结论

通过对有关青年人才居留意愿的文献进行研究，本文发现现有文献很少以住房因素为切入点讨论居留意愿。故本文从青年人才、住房类型、居留意愿特点这三个角度入手，立足于已有文献进行了分析，并做出思考。

第一，本文认为青年人才随其年龄的逐渐增长居留意愿逐渐提升，并且，因为青年人才受教育程度高，其居留意愿会高于其他群体。

第二，住房类型将对居留意愿产生影响，自购房者与未购房者相比居留意愿更高，而租房类型对居留意愿也会产生影响。

第三，青年人才居留意愿有阶段性特点。表现为：当外来人才流入特大城市后，出于自信和追求，对自身发展和陌生环境满怀憧憬，导致初期的居留意愿较强。但随时间的推移、现实的洗礼，青年人才逐渐开始重新调整定位，此时居留意愿会出现分化。在分化中，住房条件的影响凸显，有利的住房环境将直接导致青年人才的居留意愿提升。

（二）数据分析结论

本文数据分析部分的核心是论证了青年人才的住房条件确实会对其居留意愿产生影响。研究的视角共有七个，其影响的显著程度与影响机制分别如下。第一，住房类型对居留意愿会产生影响。若将自购房者排除在外，可发现寄居者的居留意愿高于租房者。第二，住房面积对居留意愿的影响有限，当住房面积从较小逐渐增加时，居留意愿也会随之提高，但当住房面积提高到一定程度时，居留意愿的增长便放缓甚至停滞。第三，住房满意度与居留意愿相关。随着满意度的上升，居留意愿也会随之上升。第四，住房稳定性与居留意愿相关，适当的住房稳定性是青年人才所需要的。第五，从房屋位置来看，二环至三环的居住者居留意愿最高，四环外最低。第六，从租房类型来看，独租者、隔断群租者居留意愿更高。第七，租金金额无显著影响，但月度、季度的收取模式会提高居留意愿。

通过数据分析，本文发现青年人才居留意愿有三个独特之处，并有待于进一步研究。第一，住房面积的增加对居留意愿提高的作用是有限的，一旦住房面积过大，超过其经济承受能力时，反而会使居留意愿下降。第二，居住稳定性并不意味着永久不变更居住地，而是一种相对稳定，数据显示每过一年多搬家一次是一个较合适的搬家频率，可以使青年人才有选择的余地，同时又不至于降低满意度。第三，租金对青年人才居留意愿的影响并不显著，原因在于青年人才的经济状况属较高水平，且内部差异性不大，这导致该群体受租金状况的影响较小。

（三）研究前景

首先，本文在论证住房对青年人才居留意愿的影响时，全部分析都是在课题组所收集的截面数据基础上完成的。本文认为青年人才居留意愿具有阶段性特点，即青年人才的居留意愿随着居留时间的增加会发生变化，而这种动态变化本文受数据所限并未加以考虑，有待进一步研究。

其次，本研究还可以在内生性方面进行改进。简单地说，本文无法论证住房条件与居留意愿间的因果关系，本文的研究逻辑建立在住房为因、意愿为果的假设上，但相反的逻辑是否成立，还需进一步研究。

再次，本文仅从住房因素入手对居留意愿予以讨论，而并未把其他可能因素对住房因素的干扰纳入研究范围，尽管本文将基本特征对居留意愿的影响进行了简要概述，但仍不足以排除这类干扰，故而需进一步研究。

最后，本文指出的住房对居留意愿的影响机制大多是建立在描述性数据分析基础之上的，因此如果可以获得更加具体可靠的调查数据的话，可利用模型进行更深入的分析。

四 政策建议

（一）住房政策的重点在租房，对租房应关注隔断群租、合租等形式

从住房类型与租房类型来看，一方面，前人研究一致表明，住房条件在居留意愿影响因素模型中十分显著，且不同住房类型的影响有明显区别。已自购房或自建房的人拥有最强的居留意愿，且比例非常大。若希望留住更多的人才，应着重从非自购房者入手。另一方面，若同是在租房环境中，独租者比合租者拥有更强的居留意愿。因此应关注合租和群租的管理。

在文献研究后，数据分析得出了同样的结论。数据显示青年人才中寄居于

家人朋友家中的非自购房者的居留意愿最强,而不同租房类型中独租者拥有最强的居留意愿。因此,应着力对隔断群租现象进行全面管理,不断完善该类型住房的环境。

(二)关注住房面积,加强适合于青年人才的小户型房屋建设

人均住房面积越大,居住的舒适度越高、满意度越高,会导致居留意愿越强,但课题组的调查结果却表明这种增加并不显著,本文认为这可能是缘于人均住房面积并非自己选择的,而一旦住房面积超出自身经济承受能力时,会使生活压力增大,从而减弱居留意愿。只有适合的住房面积才会增强青年人才的意愿。因此,政府应提供多类型租房,以给青年人才留有选择的余地,大户型房屋可能会超出部分人的接受范围,因此小户型房屋的建设应得到更多关注。

(三)关注房屋位置,加强人才聚居区的交通配套设施建设

当青年人才做出决策时,其考虑的内容比较复杂和全面,除金额等经济因素、房屋设施等居住条件以外,也会将位置因素纳入考虑范围。最高的居留意愿产生于居住在二环至三环地段的青年人才,四环及五环以外的青年人才居留意愿非常低,这反映了交通状况与相对位置对居留意愿的影响。本文认为,应该对四环及五环以外地区予以特别关注,尽可能从其他方面提升其生活质量,优先保证人才聚居区的交通设施完善。

(四)完善租房市场,提供不同价位的房源及合理的租金收取模式

租金及租金收取模式对青年人才居留意愿的影响有特殊之处。一方面,本文并未从数据中发现居留意愿会随月租金的上升而下降。因此,应提供各类价位的房源,以保障各类人群的需要。另一方面,租金收取模式对居留意愿的影响表现为按天结算与按年度结算的居留意愿更高,这启示我们在探讨租金问题时,要针对不同人群进行具体分析。

总之,我国特大城市的蓬勃发展带来的是机遇与挑战并存,把握青年人才的去留对城市发展至关重要。住房作为该群体关注的焦点,确实会对其居留意

愿产生巨大影响，为保证足够的人才资源，应重视其住房条件的整体提升和针对性改善。

参考文献

胡玉萍：《北京市流动人口迁移意愿实证分析》，《北京社会科学》2007 年第 5 期。
李强：《农民工留城与返乡意愿的影响因素分析》，《中国农村经济》2009 年第 2 期。
罗恩立：《就业能力对农民工城市居留意愿的影响》，《城市问题》2012 年第 7 期。
王广州：《北京流动人口滞留时间及影响强度分析》，《人口与经济》2000 年第 2 期。
朱宇：《户籍制度改革与流动人口在流入地的居留意愿及其制约机制》，《南方人口》2004 年第 3 期。

B.9
人力资本与政治优势
——对青年住房不平等现象的分析

康 晨[*]

摘 要: 住房市场化改革后,不同青年群体所拥有的住房资源分化程度加剧,本文使用 CFPS 2010 调查数据,对青年住房不平等现象的产生机制进行了分析。研究发现,市场和再分配两种机制共同导致了青年住房资源的分化:青年的受教育年限越长,所拥有的住房面积越大,说明在市场机制下,人力资本对住房资源的获得有着较高的回报;同时,就职于党政机关和拥有行政级别对住房面积也有着正向的影响,这说明再分配机制对住房水平的影响仍在持续。青年专业精英和青年政治精英都从住房市场化改革中获得了利益的满足,其与普通青年之间的住房资源分化也在不断加剧。

关键词: 住房不平等 市场转型 人力资本 政治资本

一 研究问题的提出

住房是民生之本,在中国的传统观念中,"安居"才能"乐业","安身"才能"立命"。一个工作时间不长、财富积累不多的年轻人能否"居者有其屋",对于他们的职业发展和生活满意度有着深远的影响,对于促进社会公平、维护社会稳定也有着重要的意义。随着"蚁族"群体的生活逐渐被大众所熟知,青年

---

[*] 康晨,中国人民大学社会与人口学院。

人口的住房问题开始成为社会关注的焦点,"青年住房难"已经成为影响国计民生的重要问题。不同青年群体间的住房差别迅速扩大,住房不平等现象日益严重。面对居住在北京优越地段的同龄人,每日花费四个小时在北京中心城区与燕郊住所间往返的群体更容易产生相应的不公平感和被剥夺感。"蚁族""房奴"生活的窘态和屡禁不止的"群租"现象更是给社会治安和社会管理埋下了隐患。

住房商品化改革之前,住房是单位提供的一项福利,进入单位的青年只要达到一定的工作年限和级别就可以获得相应的住房。在普遍平均主义的分配模式下,同级别单位内部的住房分配相对平等。[1] 住房商品化改革实施以来,住房政策的调整改变了城市住房的供应体系和居民的住房获得渠道,并导致居民住房不平等的状况不断加剧。[2][3][4] 住房改革后,居民住房的地位骤然发生变化。作为资产和赢利手段的住房成为衡量经济地位差异的首要指标和体现社会分化的重要载体。同时,住房模式也塑造了生活方式和阶层认同,"住房地位群体"开始形成。[5]

那么,是什么机制造成了青年住房资源的不均等?哪些青年群体能够安居乐业,哪些青年群体却被迫成为"蚁族"呢?本文试图通过分析2010年北京大学组织的中国家庭动态调查(以下简称 CFPS 2010)的调查数据,探讨青年群体的住房资源分化程度以及住房不平等的产生机制。

二 理论视角与研究假设

(一)市场转型论:人力资本的回报上升

市场转型理论认为,由国家再分配体制向市场经济体制的转型导致了社会经济获得基础的改变,其中"再分配者"的利益受损,"直接生产者"的获益

---

[1] Parish. W. Destratification in China. In *Class and Social Stratification in Post-Revolution China*, edited by J. Watson. New York: Cambridge University Press, 1984.
[2] 边燕杰、刘勇利:《社会分层、住房产权与居住质量——对中国"五普"数据的分析》,《社会学研究》2005年第3期。
[3] 刘欣:《中国城市的住房不平等》,载《复旦社会学论坛》(第一辑),上海三联书店,2005。
[4] 刘祖云、胡蓉:《城市住房的阶层分化:基于 CGSS 2006 调查数据的分析》,《社会》2010年第5期。
[5] 李强:《转型时期城市"住房地位群体"》,《江苏社会科学》2009年第4期。

更多。① 市场转型论的一个重要假设是再分配权力的贬值。在市场转型论看来，随着福利分房体制的瓦解，控制住房资源分配的再分配权力将逐步衰落，市场成为住房资源分配的新渠道，拥有市场能力的人可以在市场中直接购得住房。市场中的住房交易以买卖双方的意愿为基础，而不是通过行政命令决定，控制住房资源的权力更多地存在于市场交易中，而不是再分配体制中。与权力贬值相反的是，市场转型论认为从再分配向市场的转型会提高人力资本（特别是教育）的价值。市场配置资源遵循着公平开放的交换规则，年轻人自身的市场竞争能力对于其住房水平有着重要的影响。因此，人力资本对青年住房水平的影响将增强，而政治资本的影响将会逐渐减弱。

许多经验研究证实了市场转型论的观点。例如，宇宙研究了20世纪90年代后半期城镇住房市场的变动，研究发现，住房分配更加取决于人们的受教育程度和职业类型，拥有大专及以上学历的人在居住面积上获得了很大的提升，这也折射出市场分配机制的作用②。马忠东等学者使用人口普查数据对广州的住房改革进行了研究，发现市场化要素如人力资本、个人收入对住房选择有显著的影响，个人受教育程度和收入的提高对住宅的拥有、住宅的价格和质量都有显著的正向作用。③ 刘祖云利用广州2010年千户调查的数据将广州的居民分为无产权房阶层、有产权房阶层和多产权房阶层，研究表明，居民受教育年限越长，其住房阶层地位越高。④

（二）权力维续论：再分配权力的回报仍将持续

在"权力维续论"看来，中国的市场化改革在政治权力的直接干预下进行并嵌入既有的权威结构之中，拥有再分配权力的人可以继续利用其权力地位

---

① Nee, V. "Social Inequalities in Reforming State Socialism: Between Redistribution and Market" *American Sociological Review*, 1991, 56 (3).
② 宇宙：《城镇住房市场的分化和变动——20世纪90年代住房消费提升的主要因素》，《中国人口科学》2006年第5期。
③ 马忠东、周国伟、王海仙：《市场化下城市居民的住房选择：以广州为例》，《人口与发展》2010年第2期。
④ 刘祖云：《中国城市住房分层：基于2010年广州市千户问卷调查》，《中国社会科学》2012年第2期。

从市场改革中获益。中国的市场体制是在再分配体制内部发育和壮大的,拥有再分配权力的人可以制定有利于自身的分配政策,因此,随着市场改革的深化,他们的经济回报能够维持甚至得以提高[1]。"权力转换论"认为,在市场改革过程中,政治权力可以通过多种方式转化成市场经济中的资产,再分配权力的拥有者并没有退出历史舞台,而是在新兴的市场经济中如鱼得水[2]。周雪光的"市场—政治共生模型"指出国家对市场运行规则的设定有重要影响,国家的角色始终处于中心位置,市场活动是在国家所设定的制度框架内运作的,相对于伴随市场而出现的新利益,已有经济制度和政治制度的既得利益者也能够得到相当的回报[3]。Parish 和 Michelson 认为市场化的制度形态会遵循一种政治逻辑,因此必须同时关注经济市场和政治市场。经济市场和政治市场的双重转型给不同的人带来不同的结果,但是地方官员却总是能适应新形势的变化,力求在经济市场和政治市场中谋取最高的回报[4]。刘欣指出,公共权力作为再分配权力对生活机遇发生影响的制度基础并没有消失,享有再分配权力的人更有可能在生活机遇上处于优势地位。而且,公共权力的一部分衍生成了寻租能力,权力精英用这种寻租能力来牟取私利[5]。

在住房市场化改革之前,单位是生活资料的占有者和分配者[6]。住房主要由工作单位分配,不同单位所分配的住房面积和质量存在着很大差异,在绝对平均的分配方式下依然蕴涵着社会不平等[7]。Walder 在分析 1986 年天津市调

---

[1] Bian, Y, and Logan, J. R. "Market Transition and the Persistence of Power", *American Sociological Review*, 1996, 61 (5).
[2] Rona-Tas, A. 1994. "The First shall be Last? Entrepreneurship and Communist Cadres in the Transition from Socialism", *American Journal of Sociology*, 100 (1).
[3] 陈那波:《海外关于中国市场转型论争十五年文献述评》,《社会学研究》2006 年第 5 期。
[4] Parish, W. and Ethan, M. Politics and Markets: Dual Transformations, *American Journal of Sociology*, 1996, 100 (1).
[5] 刘欣:《当前中国社会阶层分化的多元动力基础——一种权力衍生论的解释》,《中国社会科学》2005 年第 4 期。
[6] Walder, A. G. "Organized Dependency and Cultures of Authority in Chinese Industry", *Journal of Asian Studies*, 1983, 43 (1).
[7] Bian Y., Logan J. R., Lu Hanlong, Pan Yunkang, and Guan Ying. "Work Units and the Commodification of Housing: Observations on the Transition to a Market Economy with Chinese Characteristics", *Social Sciences in China*, 1997 (18).

查资料时发现，单位的预算级别与单位提供集体福利的能力（包括单位建设职工住宅的能力）成正比[1]，这说明单位提供住房的能力与单位所有制类型和行政级别密切相关。住房市场化改革后，工作单位对住房资源分配的影响难以在短时期内消除。许多学者的经验研究发现，单位制度和政治权力对住房资源的分配仍有重要影响。刘欣使用武汉的调查数据验证了公共权力持续假设和权力衍生假设，指出寻租能力和再分配权力对住房面积和购房机会的分配都具有显著的正向影响[2]。边燕杰和刘勇利对第五次全国人口普查数据的分析清晰地支持了"权力维续论"观点。研究发现，与管理精英相比，专业精英将在住房产权、房屋面积和居住质量等方面均处优势。党政精英通过购买"现住公房"或"经济适用房"等方式继续享有着再分配权力所赋予的优势。在住房改革中，管理精英比专业精英得到了更多利益的满足[3]。蔡禾等的研究发现，个体所拥有的教育和专业技术等人力资本对第二套房的获得并没有显著的影响，而机关单位负责人拥有第二套房的概率是一般技术员的两倍多，享受单位后房改福利的住户在第二套房的获得上也具有明显的优势[4]。朱迪对"985"高校毕业生住房获得的研究发现，受教育程度越高，"无房"的风险越高，最高学历是本科的毕业生拥有房产的可能性比硕士、博士毕业生更高[5]。随着改革的推进，尽管单位的福利功能逐渐减弱，但党政机关等优势单位仍然有能力调动权力和资源为自己谋求有利的住房资源，并为单位成员提供较高的住房公积金和货币补贴，同时，单位还通过集资建房、自建经济适用房等方式为员工提供福利房，而在体制外工作的人则难以享受到同等的住房福利。总之，权力机关单位将政治资本转化成了优先拥有住宅的机会。因此，工作单位的类型对青年职工的住房获得有着重要影响。而享有国家行政级别即干部身份则更有利

---

[1] Walder, A. G. "Property Rights and Stratification in Socialist Redistributive Economies", *American Sociological Review*, 1992, 57 (4).
[2] 刘欣：《中国城市的住房不平等》，载《复旦社会学论坛》（第一辑），上海三联书店，2005。
[3] 边燕杰、刘勇利：《社会分层、住房产权与居住质量——对中国"五普"数据的分析》，《社会学研究》2005年第3期。
[4] 蔡禾、黄建宏：《谁拥有第二套房——市场转型与城市住房分化》，《吉林大学社会科学学报》2013年第4期。
[5] 朱迪：《"80后"青年的住房拥有状况研究——以985高校毕业生为例》，《江苏社会科学》2012年第3期。

于青年利用再分配权力获取住房资源。在党政机关工作的青年以及单位内部与权力位置关系密切的青年完全有能力在住房资源的分配中占据有利地位。

综上所述,本文得出以下两个基本假设。

假设1:在住房市场化改革过程中,青年所拥有的人力资本对其住房水平有正向影响。

假设2:在住房市场化改革过程中,拥有政治资本的青年仍然保持着住房资源占有上的优势。

三 数据与变量

(一)数据

本研究的数据来CFPS 2010,此次调查覆盖25个省级行政单位,成人问卷调查的最终样本量为33600人,被访者年龄在16~110岁。由于本研究是针对青年群体的住房资源获得情况,因此只选取了年龄在18~35岁的被访者,经过清理,最终符合要求的样本量为2434人。

(二)变量

下列变量如表1所示。

表1 变量描述统计

分类变量	百分比
单位类型	
政府部门、党政机关、军队等	4.68
国有及集体事业单位	9.08
其他单位及个体商户	86.24
行政级别	
无行政级别	88.66
有行政级别	11.34
性别	
女性=0	43.96
男性=1	56.04

续表

分类变量	百分比
户口	
农村户口=0	53.29
城镇户口=1	46.71
婚姻状况	
未婚	33.32
已婚	66.68
是否自建住房	
非自建	38.41
自建	61.59
住房登记	
不在受访人名下	86.11
在受访人名下	13.89
地区	
华北	11.96
东北	15.20
华东	28.27
华中及华南	29.17
西南	7.56
西北	7.85

连续变量	平均值	标准差
住房面积(自然对数)	4.75	0.59
受教育年限	10.80	3.75
家庭人均收入(自然对数)	9.19	0.86
年龄	27.69	4.69

1. 因变量

本研究的因变量为住房建筑面积，在模型中对住房面积取自然对数。

2. 自变量

根据前述的理论视角与假设，本研究的自变量包括如下两组。

(1) 人力资本。测量指标为受教育年限，受教育年限为连续变量，是被调查者所受教育的年数。

(2) 政治资本。测量指标有两个：一是单位类型，本文将政府部门/党政机关/军队等赋值为2，国有及集体事业单位赋值为1，其他单位和个体商户赋值为0；二是行政级别，若具备行政级别则赋值为1，不具备则赋值为0。

3. 控制变量

（1）性别。两性在职业地位和社会地位获得过程中存在着差异，而且两性所拥有的社会资源也有很大的差别[1]。此外，由于传统意识形态的影响，青年女性不需要承担婚后提供住房的义务，因此女性对住房的购买需求没有男性强烈，这些因素都会导致两性住房水平的分化，因此在研究设计中应考虑到两性的固有差异。

（2）婚姻状况。在中国的传统观念中，房子是婚姻的载体，女性常常把男方购买合适的住房作为完婚的首要条件[2]，婚姻这一生命事件的发生是购买住房的催化剂。已婚青年对住房面积和质量的需求更高，调查发现，已婚青年的住房拥有率更高，住房面积更大[3][4]。因此，婚姻状况对住房面积也有着重要的影响。

（3）户口。房改后，以福利价格购买原单位公房或经济适用房等均要求购买者具有城镇户口，住房公积金贷款和银行商业贷款也都只针对拥有本市城镇户口的居民[5][6]。因此，户籍制度在住房分配方面发挥着重要的作用，需要对户口状况进行控制。

（4）家庭人均收入。在中国，买房子不仅是青年个人的问题，而且是整个家庭的责任，父母帮助孩子买房这种"代际互助行为"在中国现代家庭中依然十分普遍[7]。父母收入越高，青年在买房中得到的来自家庭的资金支持就

---

[1] 王昕：《社会性别视角下的布劳—邓肯地位获得模型及后续研究》，《青海师范大学学报》2010年第1期。

[2] 陈晨：《当代青年恋爱与婚姻状况分析》，《中国青年研究》2007年第7期。

[3] 风笑天：《家安何处：当代城市青年的居住理想与居住现实》，《南京大学学报》2011年第1期。

[4] 刘望保、闫小培、曹小曙：《转型期中国城镇居民住房类型分化及其影响因素——基于CGSS 2005的分析》，《地理学报》2010年第8期。

[5] 黄友琴、易成栋：《户口、迁移与居住分异——以武汉为例的实证研究》，《城市发展研究》2009年第6期。

[6] 易成栋：《户口、迁移与我国城镇家庭住房状况——基于2000年人口普查资料的实证研究》，《南京人口管理干部学院学报》2006年第4期。

[7] 陈皆明：《投资与赡养——关于城市居民代际交换的因果分析》，《中国社会科学》1998年第6期。

越多。将所有家庭成员的资源汇聚起来可以更好地展现不平等（包括住房不平等）的形式①。研究发现，家庭的收入水平越高，获得多处住房产权的可能性越大②。因样本中18~35岁青年家庭的收入呈偏态分布，从模型构建的角度出发，笔者对模型中家庭人均收入进行了取自然对数的处理。

（5）年龄。随着年轻人年龄的增长，其所积累的财富也将逐渐增加，而且工龄和技术水平也可能随之增长，因而会对住房水平产生影响。

（6）住房是否登记在受访者名下，即受访人是否为房主。在CFPS调查实施过程中，大多数家庭户中都会有两个或两个以上的受访者，并非每个受访者都直接影响住房获得，因此有必要对此进行控制。

（7）是否自建住房。已有研究指出，自建房的居住面积往往比购买的商品房面积大③，因此须对住房类型所导致的住房面积差异进行控制。

（8）受访者所在地区。由于CFPS调查覆盖了全国25个省份，而中国不同地区间的发展水平极不平衡，不同地区的青年所拥有的住房资源差异较大，因此必须对地区差异所引起的居住水平差异进行控制。

四 统计模型与结果分析

（一）模型选择

本研究采用多元线性回归模型分析人力资本和政治资本对青年所拥有的住房面积的影响。

（二）OLS回归结果及分析

模型显示，在控制了其他变量后，受教育年限对青年所拥有的住房面积有

---

① 毛小平：《市场分割、家庭资本与住房分化》，《兰州学刊》2010年第12期。
② 蔡禾、黄建宏：《谁拥有第二套房——市场转型与城市住房分化》，《吉林大学社会科学学报》2013年第4期。
③ Pan, Z., Housing Quality Differentials in Urban China 1988-1995: Evidence from Two National Surveys, *International Journal of Social Economics*, 2003, 30 (10).

人力资本与政治优势

表 2 　OLS 回归结果

	变量	回归系数
自变量	受教育年限	0.00929 ** (0.00341)
	单位类型 (参照组:其他单位及个体商户)	
	政府部门、党政机关、军队	0.121 * (0.0486)
	事业单位	0.0440 (0.0371)
	行政级别 (参照组:无行政级别)	0.0681 * (0.0325)
控制变量	性别 (参照组:女性)	-0.000739 (0.0209)
	户口 (参照组:农村户口)	-0.0312 (0.0266)
	婚姻状况 (参照组:未婚)	0.176 *** (0.0282)
	自建住房 (参照组:非自建住房)	0.558 *** (0.0271)
	产权是否登记在受访人名下 (参照组:不在受访人名下)	-0.0778 * (0.0316)
	家庭人均收入	0.0468 *** (0.0141)
	年龄	-0.00539 (0.00294)
	地区 (参照组:华北)	
	东北	-0.299 *** (0.0393)
	华东	0.0837 * (0.0354)
	华中及华南	0.0141 (0.0344)
	西南	0.172 *** (0.0466)
	西北	-0.113 * (0.0460)
	常数项	3.925 *** (0.148)
	样本量	2434
	R - squared	0.307

注:括号内为标准误 " *** ",$p<0.001$;" ** ",$p<0.01$;" * ",$p<0.05$。

显著的正向影响,如表2所示。具体来说,受教育年数每增加一年,住房面积将增加0.9%,假设1得到证实。在控制了其他变量后,行政级别对青年拥有的住房面积有正向影响,相对于没有行政级别的青年,拥有行政级别的青年所拥有的住房面积要大7%。但单位类型对住房面积的影响存在着差异:在控制了其他变量后,就职于党政机关等单位对住房面积有显著的正向影响,相对于参照组(就职于其他单位和个体商户的青年),党政机关等单位的青年员工所拥有的住房面积要大12.9%;就职于事业单位对住房面积有正向影响,但统计上不显著。因此,假设2得到部分证实。

1. 人力资本的回报上升

受教育程度对住房面积的显著影响说明,住房市场化改革后人力资本对住房资源的获得有着较高的回报。这也在一定程度上验证了"市场转型论"的观点。伴随着住房市场的形成,住房的分配可以通过市场而不是再分配渠道实现。青年可以依据自己的市场能力从市场中获取相应水平的住房,而不必再依赖于再分配权力。韦伯指出,"阶级地位最终也就是市场地位",个人的市场状况决定了其阶级地位[1]。吉登斯认为,个人所具有的并能在市场上提供的稀缺资源的价值以及个人拥有的技能(包括教育证书)是影响市场能力的重要因素。吉登斯将市场能力分为拥有生产资料、拥有教育与技术文凭、拥有体力三种类型,其中高质量的教育和技术文凭是市场能力较强的象征[2]。拥有不同技术和受教育水平的市场参与者,在市场竞争中具有不同的市场能力。个体的市场能力越强,所拥有的市场机会越多,在市场中获取的物质资料和收入就越多。如果将青年的人力资本视为私有产权,那么青年就可以使用产权进行市场交易,从这些私有产权中获取相应的回报和收益。随着商品市场和要素市场的发展,特别是劳动力市场的完善,基于人力资本的市场能力对生活机遇有着越来越重要的影响,市场能力越强,越有可能在生活机遇上处于优势地位[3]。住房市场化改革后,住房资源分配开始服从市场的规则,而市场规则更强调年轻人自身的市场能

---

[1] 马克思·韦伯:《经济与社会》,林荣远译,商务印书馆,1997。
[2] A. Giddens, *The Class Structure of the Advanced Society*, London: Hutchinson & Co. (Publishers) Ltd., 1973.
[3] 刘欣:《当前中国社会阶层分化的制度基础》,《社会学研究》2005年第5期。

力和支付水平。受教育水平的高低直接影响了青年的职业地位和个人收入，决定了青年的市场能力。在主要通过市场渠道购买住房的情况下，个人的市场能力越强，能够获得的住房资源就越多。随着市场化改革的深入，拥有较高人力资本的青年在市场中的竞争能力更强，因而更容易在市场中获得高质量的住房资源。

2. 政治资本的影响仍在持续

（1）组织层面：单位类型对青年住房水平的影响。单位变迁的滞后性决定了单位类型对青年住房水平的影响依然存在。随着市场化改革"放权让利"的推进，单位组织开始谋求自身发展，从"管理型单位"向"利益型单位"转变[1]，单位组织自身的利益特征开始凸显，单位在内部进行收入分配的自主权也开始扩大。单位的再分配能力决定着成员的收入、住房质量和其他福利获得。所以，市场化改革后，"利益型单位"对成员生活机会的影响并没有减弱，甚至有可能增强。职工所拥有的住房质量取决于单位所拥有的资源和权力，资源、权力越多，职工的住房质量越高，否则越低。体制内的党政机关单位拥有更多的资源和特权，从而更有条件为青年员工提供住房福利。而国有和集体事业单位与特权的"亲缘关系"并不明显，部分事业单位所掌握的土地、资金等住房建设资源相对有限，因此，住房市场化改革后，事业单位对青年住房水平的影响正逐渐减弱。

Ball 和 Harloe 指出，每个社会的"住房供给结构"本身就有巨大的社会排斥性[2]。住房改革主要的政策包括推行住房公积金、建设经济适用房等，这一系列制度安排将就职于"劣势单位"的青年排斥在住房福利分配体系之外。

第一，住房改革后，我国开始实行住房公积金制度，虽然大多数单位的员工都有住房公积金，但依然有一些集体企业和个体私营企业无法为员工缴纳住房公积金，这些单位的成员就被排斥在公积金制度之外。而且，不同类型的单位所提供的公积金数量差异很大。特别是就职于党政机关和军队的青年员工能够享有高额的住房公积金，从而大大缓解了其购买商品房的压力，而就职于效益不好的企业、事业单位的青年员工却无法享有同等待遇。

---

[1] 孙立平等：《改革以来中国社会结构的变迁》，《中国社会科学》1994 年第 2 期。
[2] M. Ball, and M. Harloe, "Rhetorical Barriers to Understanding Housing Provision: What the Provision Thesis is and is not", *Housing Studies*, 1992, 7 (1).

第二，在住房补贴的提供上，单位之间也存在着很大差距。就职于党政机关的公务员往往能享受高额的住房补贴，从而强化了"优势单位"的青年员工在住房资源分配中的有利地位。住房公积金和住房补贴不但没有起到保护弱势青年群体的作用，反而给"优势单位"的青年员工提供了优厚的福利，青年所获得的住房补贴和住房购买能力日渐分化，造成了"强者越强，弱者越弱"的马太效应。

第三，为了向低收入家庭提供住房保障，国家推行了经济适用房政策。但是，国家政策遭到了地方的变通处理，经济适用房政策在实际操作过程中开始向着有利于高收入阶层的方向运转。2004年国家出台《经济适用住房管理办法》，将集资建房和合作建房划归为经济适用房并将其纳入当地经济适用房的建设、用地计划之中。同时，有关集资与合作建房的优惠政策、建设标准、供应对象等均按经济适用房相关规定执行[1]。但是，谋求自身利益的单位为通过提供住房激励吸引人才，依然以集资建房等方式为员工提供福利房。虽然建设部早在2006年就已经制止党政机关集资建房，但是近年来，媒体上依然不断爆出售价极其低廉的高规格"单位自建房"。这些单位自建房的分配明显就是改革前福利分房的形式，这也说明单位在青年职工住房的提供上依然发挥着重要作用。有能力自建住房的往往是党政机关等权力单位，凭借着特权，这些单位能够获得更多的土地、资金等住房建设资源，为其青年员工提供更多高质量的住房。当大多数大学毕业生在为北京四五万一平方米的高房价苦苦挣扎甚至不得不逃离时，就职于"国字头"党政机关的大学毕业生却能以1/5市场价甚至更低的优惠价格购得单位内部房源。近年来报考国家公务员的大学生数量急剧增加，竞争也十分激烈，甚至出现数千人争夺一个职位的场面。国家公务员考试的异常火爆无论如何都不是正常现象，它正说明了利益分配制度（特别是住房分配制度）的扭曲。国家党政机关等权力单位可以利用其优越的土地、资金等资源及其在行政系统中的有利位置为青年员工提供高质量的住房，而普通的事业单位则相对缺乏这种资源和能力，体制外企业在市场化的运作模式下

---

[1] 文林峰：《城镇住房保障》，中国发展出版社，2007。

多不承担其员工的住房责任，而是将其交由市场解决。这种分割的劳动力市场导致了青年住房水平的巨大差别。虽然住房市场化改革已逐渐深入，但人们依然期望单位能为其解决住房问题，这也成为当前公务员热的重要因素。

（2）个体层面：行政级别对青年住房水平的影响。在个体层面上，单位内部员工享有的住房公积金、住房补贴的数量与员工的行政级别挂钩，行政级别越高，也越有可能"分配到"或购得面积更大、质量更好的福利房。中国的住房市场对于政治精英来说仍然具有高度的福利性，拥有行政级别（即干部身份）对高质量住房的获取依然有着积极的影响。青年干部与普通青年之间仍然存在着住房水平的差异，政治精英在住房资源的获得上有着明显的优势。

五　结论与讨论

本研究发现，人力资本对青年住房资源获得的回报增强。在市场经济条件下，受教育程度的提高使青年能够获得更好的职业，从而增强了其在市场中的竞争能力和支付水平。住房的市场化转型使得人力资本拥有者能够在市场竞争中获益。

同样，调查数据显示，单位类型对青年住房水平的影响仍在延续，就职于党政机关和拥有行政级别的青年与普通青年之间的住房水平差异仍然是显著的。这一发现说明再分配权力的影响仍在持续，青年政治精英和普通青年在住房水平上依旧存在着明显的分化。住房市场化改革并没有导致权力的贬值，相反，拥有政治资本的青年在住房市场化的过程中依然能够利用其优势地位在改革后的市场中获得高水平的住房资源。单位内部住房市场与商品房市场间存在着巨大的价格差，单位集资建房、单位自建经济适用房等方式使就职于"优势单位"的青年能够以极低的价格获取住房。这些青年本身就具有较高的市场购买能力，同时又享受着单位提供的高额住房公积金和其他各式住房补贴。青年住房水平的不均衡不仅仅是由人力资本的差异所引发，政治资本也在不均衡的制造中起着重要作用。青年专业精英和青年政治精英同时从住房市场化改

革中获得了利益的满足。

中国的市场化改革是在原有的再分配体制中进行的，市场化改革一直都受到国家再分配权力的控制。在市场权力增强的同时，传统的制度因素在市场化改革中仍旧发挥着重要的作用。在这种情况下，探讨住房市场化改革过程中的不平等问题需要同时考虑市场与再分配两个因素。市场体制和再分配体制并存的经济形态使得中国的住房领域呈现两种分配体系：第一种分配体系按照市场的逻辑进行，随着住房市场化的推进，直接生产者在住房交易市场中获得了更多的权力。获得教育和技术等人力资本的青年拥有更强的市场能力，能够在市场上获得更优质的物质资料和生活机会。在市场化条件下，人力资本为青年提供了更多的住房资源回报。第二种分配体系按照再分配的逻辑进行，在再分配权力部门工作的青年，特别是拥有国家行政级别的青年，能够利用其手中的政治资本在住房市场化改革中获取更好的住房资源。政治资本同样也为青年提供了优质的住房资源回报。总之，在当下市场与再分配并存的经济形态下，单位福利政策和货币购买商品房体制共同导致了青年住房资源的分化。

两种住房分配体系并存的态势既有利于人力资本所有者，又有利于政治资本所有者，这两种体系同时拉大了中国当前青年住房水平的差距。按照市场的逻辑，受教育程度高、拥有人力资本的青年拥有更强的市场竞争能力和货币支付水平，能够在市场上购得高质量的住房；按照再分配的逻辑，拥有政治资本的青年也能通过住房补贴和福利房制度获取住房资源。福利国家的住房福利制度保障的对象是社会中的弱势群体，其目的是缩小社会成员间的住房不平等。但是，当前中国单位内部实行的住房福利政策保障的却是在权力机关担任公职的精英青年。结果，既无人力资本又无政治资本的普通青年就只能"望楼兴叹"。在市场转轨的过程中，这些弱势青年群体的利益受到了严重的损害。他们不但在市场体制中处于弱势地位，缺乏市场购买能力，而且被排除在住房福利政策之外。这样，已经在市场机制中处于不利地位的弱势青年，其本应获得的住房福利又进一步被"优势单位"的青年员工所占有，从而使青年住房水平的不均衡程度越来越严重。住房市场化改革既导致了不同青年货币支付能力的差异，也导致了制度性政策受益的差异，其结果是加剧了青年住房水平的分化。住房分配领域的"马太效应"已十分明显，拥有人力资本和政治资本的青年在住房资源的获取上更有优势，而弱势青年群体的住房利益却越来越难以得到满足。住房市场化改革助长了优势群体的资源获得，却难以使社会中最不幸的青年获益。约翰·罗尔斯提出正义的一个原则是：社会的经济的平等应该这样安排，使它们被合理地期望适合于每一个人的利益，并且依附于地位和职务向所有的人开放①。如果政府再不采取措施进行住房政策调整，保障弱势青年群体的住房利益，那么青年住房水平的分化还将进一步加剧。

参考文献

Ball, M. and Harloe, M. 1992. Rhetorical barriers to understanding housing provision: What the provision thesis is and is not. *Housing Studies*, 7 (1).

Bian, Y and Logan, J. R. 1996. "Market Transition and the Persistence of Power". *American Sociological Review*, 61 (5).

Bian Y, Logan J R., Lu Hanlong, Pan Yunkang, and Guan Ying. 1997. Work Units and the Commodification of Housing: observations on the Transition to a Market Economy with Chinese Characteristics. *Social Sciences in China* (18).

边燕杰、刘勇利：《社会分层、住房产权与居住质量——对中国"五普"数据的分析》，《社会学研究》2005年第3期。

蔡禾、黄建宏：《谁拥有第二套房——市场转型与城市住房分化》，《吉林大学社会科学学报》2013年第4期。

陈晨：《当代青年恋爱与婚姻状况分析》，《中国青年研究》2007年第7期。

陈皆明：《投资与赡养——关于城市居民代际交换的因果分析》，《中国社会科学》1998年第6期。

陈那波：《海外关于中国市场转型论争十五年文献述评》，《社会学研究》2006年第5期。

风笑天：《家安何处：当代城市青年的居住理想与居住现实》，《南京大学学报》2011年第1期。

Giddens, A. *The Class Structure of the Advanced Society*. London: Hutchinson & Co

---

① 约翰·罗尔斯：《正义论》，何怀宏等译，中国社会科学出版社，1988。

（Publishers）Ltd，1973．

黄友琴、易成栋：《户口、迁移与居住分异——以武汉为例的实证研究》，《城市发展研究》2009年第6期。

李强：《转型时期城市"住房地位群体"》，《江苏社会科学》2009年第4期。

刘望保、闫小培、曹小曙：《转型期中国城镇居民住房类型分化及其影响因素——基于CGSS2005的分析》，《地理学报》2010年第8期。

刘祖云：《中国城市住房分层：基于2010年广州市千户问卷调查》，《中国社会科学》2012年第2期。

刘祖云、胡蓉：《城市住房的阶层分化：基于CGSS2006调查数据的分析》，《社会》2010年第5期。

刘欣：《中国城市的住房不平等》载《复旦社会学论坛（第一辑）》，上海三联书店，2005。

刘欣：《当前中国社会阶层分化的多元动力基础———一种权力衍生论的解释》，《中国社会科学》2005年第4期。

刘欣：《当前中国社会阶层分化的制度基础》，《社会学研究》2005年第5期。

马克斯·韦伯：《经济与社会》，林荣远译，商务印书馆，1997。

马忠东、周国伟、王海仙：《市场化下城市居民的住房选择：以广州为例》，《人口与发展》2010年第2期。

毛小平：《市场分割、家庭资本与住房分化》，《兰州学刊》2010年第12期。

Nee，V. 1991. Social Inequalities in Reforming State Socialism：Between Redistribution and Market，*American Sociological Review*，56（3）.

Pan，Z . 2003. Housing Quality Differentials in Urban China 1988 – 1995：Evidence from Two National Surveys. *International Journal of Social Economics*，30（10）.

Parish. W. 1984. Destratification inChina. In *Class and Social Stratification in Post-Revolution China*，edited by J. Watson. New York：Cambridge University Press.

Parish，W. and Ethan，M. 1996. Politics and Markets：Dual Transformations. *American Journal of Sociology*，100（1）.

Rona-Tas，A. 1994. The First shall be Last? Entrepreneurship and Communist Cadres in the Transition from Socialism. *American Journal of Sociology*，100（1）.

孙立平等：《改革以来中国社会结构的变迁》，《中国社会科学》1994年第2期。

Walder，A G. 1983. Organized Dependency and Cultures of Authority in Chinese Industry. *Journal of Asian Studies*，43（1）.

Walder，A G. 1992. Property Rights and Stratification in Socialist Redistributive Economies. *American Sociological Review*，57（4）.

王昕：《社会性别视角下的布劳—邓肯地位获得模型及后续研究》，《青海师范大学学报》2010年第1期。

文林峰：《城镇住房保障》，中国发展出版社，2007。

易成栋：《户口、迁移与我国城镇家庭住房状况——基于2000年人口普查资料的实证研究》，《南京人口管理干部学院学报》2006年第4期。

宇宙：《城镇住房市场的分化和变动——20世纪90年代住房消费提升的主要因素》，《中国人口科学》2006年第5期。

朱迪：《"80后"青年的住房拥有状况研究——以985高校毕业生为例》，《江苏社会科学》2012年第3期。

座谈篇

Qualitative Materials

B.10
特大城市中青年住房问题的感性维度
——一个质性分析

张 倩[*]

摘 要: 本文通过访谈调研在党政机关、国有企业、事业单位、外资及合资企业、私民营企业工作的青年人才,从感性维度真实地梳理了城市青年群体当前的住房观念、住房现状以及住房诉求,总结了城市青年群体的六大主要住房矛盾,以期能从感性维度了解城市青年的住房情况,从而对解决青年住房问题起到促进作用。

关键词: 特大城市 青年 住房问题 质性分析

---

[*] 张倩,中国人民大学信息资源管理学院。

青年是社会发展的中坚力量，是国家和民族的未来。住房作为安家立命之本，是青年生存和发展的基础，自然成为青年的基本诉求和关注焦点。研究青年住房问题不仅需要理性的数据分析，更需要感性的质性分析，真实而直观地了解城市青年的所思所念。本文试图从感性维度剖析青年的心理特征，与本书课题组的理性实证研究形成互证关系，使青年住房问题研究视角更为全面。

明确各类群体的住房观念、住房现状和住房诉求，对于分级分类解决好青年群体的住房问题有重要意义。为有针对性地了解不同单位性质的城市青年的住房情况，课题组细分了五类青年群体：党政机关、国有企业、事业单位、外资及合资企业、私民营企业的青年工作者，并分别进行了访谈调研。总体来看，不同单位性质的城市青年在住房观念和住房诉求上有趋同化现象，但其住房状况和矛盾焦点却与其工作单位性质有一定联系。

一 住房观念

课题组的访谈调研发现，大部分城市青年能够清晰定位自身所处阶段，理性分析社会现实，明确实际需求，规划发展目标，但对于一些现实问题仍然存在矛盾心理和负面情绪。分群体来看，公务员和国企青年相较其他群体来说有积极的立场和乐观的态度。

（一）住房心态与预期

1. "有房住"还是"有住房"

城市青年的工作时间大多在10年以下，处于事业起步阶段，在房价高位运行的现状下，其"有房住"的需求远大于"有住房"的需求。因此，从当下来看，城市青年的整体住房需求并非对商品房的需求，而是对租房和保障性住房的需求。在目前状态下，城市青年本身愿意也希望将租房、保障性住房等方式作为过渡性住房策略，若能长期、稳定、合理地拥有优质房源的使用权，部分城市青年甚至表示不会过于在意住房所有权。然而，在中国传统住房文化，以及婚姻、家庭、事业、个人规划、社会地位、生活品质等各方面的综合因素影响下，加上租房市场不规范的现状，长远来看，青年群体心中都有一个

"有住房"的预期。正是这种矛盾心理造成了当代城市青年群体的住房焦虑。但青年群体并未将解决自身住房问题的期望过多地寄托于政府或社会,"父母出首付,自己还贷"在他们看来是最有可能的购房途径,"能不能买得起房关键看父母",很多青年把父辈的钱甚至祖辈的钱投入北京的一套房里,但仍然不一定够首付。

2. "绝对高"还是"相对高"

客观来说,对房价问题要分绝对价格和相对价格来看待。特大城市中的青年群体很清楚,"对于一线城市,优质资源的集中必定导致资本的高度集中",也就导致包括房价在内的生活成本的提高,纵观世界各国,纽约、东京、莫斯科等大型城市房价绝对值都达到了很高的水平,北京、上海、广州、深圳等一线城市的绝对房价高是不可逆转的趋势,青年群体"面对经济客观规律,基本能够接受住房价格的合理性上涨"。然而,就住房的相对价格来说,一方面,近年来住房价格的非理性增长幅度超过了城市青年的可接受范围,"相对价格的上涨使得早一年买房和晚一年买房的人群分化成为两个层次",这种压力迫使青年群体买房的意愿更加急迫,从而陷入更深的住房焦虑或作出恐慌性购买决策;另一方面,房价收入比的持续上升意味着青年群体已经越来越难以依靠自身收入承担住房支出,而收入差距过大的现状又进一步加剧了不平衡心态。因此,事实上是住房的相对价格过高激化了青年住房矛盾,而青年群体期望控制的并不是住房的绝对价格而是相对价格。

(二)住房与人生规划

1. 住房与婚育规划

访谈中,大部分青年表示其婚育规划会因无房而推迟,主观方面,不可否认的是,中国独特的住房观念和家文化传统仍然深入人心,住房在青年生活中的角色不完全是生活必需品,还是一种重要的文化符号,直接与青年群体的婚姻和生育计划相关,"结婚必须有房""生子必须有房"成为残酷的社会现实;客观方面,在一线城市,住房与户籍、教育等问题直接在制度上挂钩,大多数情况下,不买房就没有户口,也就无法解决子女教育问题,从而影响其结婚、生育等决策。课题组数据调查也表明,无自有住房青年的未婚比例在各个年龄段均高于有自有住房者,有位京籍青年甚至表示,"父母说,他们对我最大的贡献可能就是去死,这样我就可以继承房子结婚了。这让我很难受,也很惭愧"。

2. 住房与职业规划

访谈中,部分青年群体表示,迫于住房带来的经济压力,他们不得不放弃对理想的追求,舍弃与其兴趣爱好相关的工作机会,而去从事不喜欢或不合适的职业和岗位,"喜欢美术的不能去画画,喜欢文学的不能当作家""从事的工作不喜欢,喜欢的工作不能从事",这在一定程度上泯灭了青年群体乃至整个民族的创新力,导致社会活力下降。此外,工作地点和住房的距离在很大程度上也会影响城市青年工作的选择,有个别青年表示,因为不愿意频繁更换居住地点,通常只在离家半小时路程的范围内找工作。此外,购房资格与五年连续社保和纳税证明的关联也在一定程度上限制了青年群体的职业选择。

3. 住房与居留意愿

住房是青年群体的根,是其在大城市中拥有空间存在感的来源,而长期看不到有效解决住房问题的希望,使得去留选择成为一个现实问题。青年群体在此问题上意见趋于分化,一种典型观点是,"如果真的不能在大城市立足,不能拥有一个长久的居住场所和安稳的生活,不如早点离开,去适应新城市的生活"。不少青年回二、三线城市发展后,生活品质有明显提高,访谈中有青年提到一个典型案例,其同事卖掉了北京通州的一套房回西安买了四套房。另一种代表性观点是,大城市集中了优质的社会资源和丰富的发展机会,拥有相对公平的竞争环境和实现自身价值的平台,只要努力就有希望,这种不确定性给青年带来期待和努力的目标,在大城市拼搏,既是为了实现自己的梦想,也是为了给下一代更好的基础。总体来看,城市青年往往"给自己5~8年的时间来拼搏以赚取一套大城市住房的首付""如果到40岁仍然看不到希望",半数以上的青年会选择离开大城市。

分群体来看,国企、公务员和事业单位青年群体单位性质稳定,且多数能解决户籍问题,其居留意愿较外企、私企来说稍高,几乎有近一半的青年倾向于选择留在大城市,而外企、私企单位青年由于户籍、住房等相应政策的限

制,居留意愿则极低,大部分青年在无法解决住房问题的现状下倾向于离开,这意味着住房问题将导致大量青年人才流向二、三线城市。

(三)住房与社会分层

青年群体表示,住房已然成为中国最重要的社会分层指标之一,"中国现在阶层是以有房没房来划分的,而不是以对社会贡献大小来分的"。他们在实际生活中明显感受到,住房与社会地位直接相关,其心理认同和满足感也已经不能源自工资,而更多地源于住房占有。有青年认为,"拥有自有住房的人收入只要维持在三四千元就能过得非常好,而没有自有住房的人月收入一两万也仍然没有幸福感"。课题组调查数据显示,61.6%的青年认为"有房与幸福有关,但不是决定因素",33.0%的青年认为"有房是幸福的决定性因素",仅有5.4%的青年认为"有房与幸福无关"。

而在这种背景下买房的青年群体,又会因为巨大的经济压力,而极大地降低生活品质。西班牙《世界报》上登了这么一句话,真实地道出了中国城市青年的现状:"中国的高房价,毁灭了年轻人的爱情,也毁灭了年轻人的想象力。他们本可以结伴旅行,吟咏诗歌,开读书会。但现在他们一毕业就成了中年人了,像中年人一样为柴米油盐酱醋茶精打细算。他们的生活从一开始就是物质的世故的,而不能体验一段浪漫的人生,一段面向心灵的生活方式。"[①]青年背负着巨大的房贷、房租压力,不敢消费、不敢投资、不敢追求理想、不敢有长远发展打算,并且影响对于父母的赡养和对于家庭的供养,物质生活品质和精神生活品质急剧下降,拿着体面的工资,却感受着很低的社会地位,访谈中,有青年直接表示,"一旦买房,五到十年,甚至十五年内你的社会地位都不会上升"。

二 住房现状

总体来说,青年对其当前的住房现状表现出中性偏积极的评价,课题组数

---

① 《西班牙〈世界报〉:中国房价毁了年轻人爱情》,中国企业家网,2011年6月13日,http://www.iceo.com.cn/shangye/37/2011/0613/220342.shtml。

据调研也显示对于住房现状有30.0%的人持满意态度，有23.0%的人持不满意态度，有45%的人持中立态度，未表现出明显的满意度偏好。

（一）住房状态

访谈中，我们发现，租房比例在各类单位的青年中都较高，而买房对于刚步入社会的青年来说并不多。从课题组调查数据（图1）中也可以明显看到，仅有23.5%的青年拥有自有住房，而76.5%的青年没有自有住房，并且其中大部分青年目前以租房居住作为过渡性住房策略。

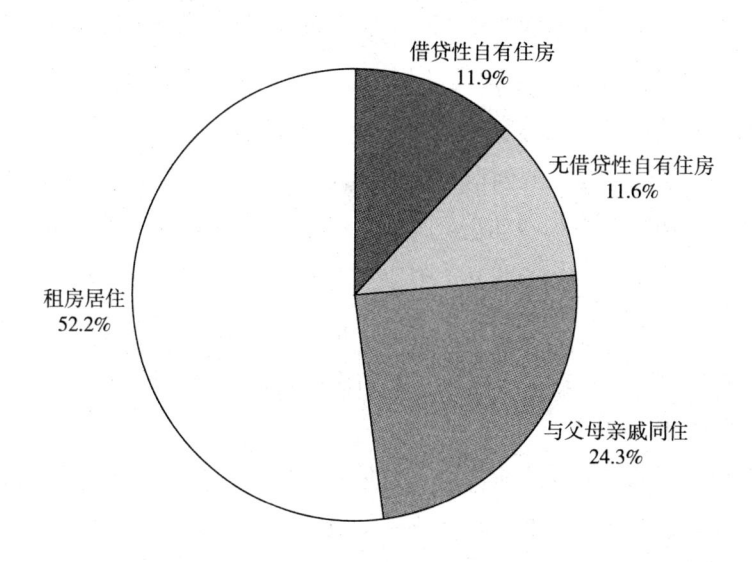

图1　北京青年人才住房现状

分群体来看，公务员与国企、外资合资企业青年的住房状况相对较佳，其中有一半左右的青年能较为满意地解决住房问题；而事业单位及私民营企业青年的住房状况相对较差，多为租房居住，且住房质量得不到保障。需要特别提到的是青年公务员群体，部分有分房政策且符合分房资格的国家公务员基本解决了住房问题，"2006年以前参加工作的公务员，基本能分到自己的房子"，且整体上看，公务员申请到保障房的比例较其他群体略多。但对基层公务员和取消分房政策的公务员，住房问题的解决就比较困难。还有部分公务员（如城管等），由于有时需要"白加黑""5+2"工作，这部分青年工作日常住在单位，周末才回家，基本上过着双城生活，而单位宿舍条件又相对简陋，这又衍生出一系列家庭问题和社会问题。

1. 无自有性住房群体

课题组界定的无自有性住房群体主要是指租房群体及与父母亲戚同住群体。租房青年表示，"父辈家庭若为一般工薪阶层的青年，孩子只能租房"。从数据调查中我们也能看出，半数以上青年都属于租房群体。对于租房群体来说，购房在短期来看不可能，而租金的不断上涨也使租房压力增大，"买房子肯定买不起，租房子现在也快租不起了"，加之青年租房者话语权缺失，"房屋租赁市场不规范，房租完全是由房主说了算，可能今年租一个价，第二年涨很多"。部分租房者还面临着恶劣的住房条件和较差的配套设施，这些因素使得青年租房者的住房状态不容乐观；与父母亲戚同住的青年，以北京本地青年为主，他们主要出于经济原因而与父母亲戚同住，而这部分青年面临的主要问题是生活自立和独立空间的问题，"都快三十岁的人了，生活上还不能自立，还得让父母担心着，就觉得非常不舒服""我不想住我父母那儿，想自己租房子，因为这么大岁数了，想独立了，但是很明显经济实力还是不够"。他们中的多数人都渴望早日脱离父辈家庭，独自生活，拥有自己的独立住房。

2. 自有性住房群体

课题组界定的自有性住房群体主要是指借贷性自有住房群体及无借贷性自有住房群体。访谈发现，双方都为北京本地的青年大多能在工作四五年左右买房，而"非京籍的只有一半能买房，其中多数还需依靠父母力量"。这两类群体买房大多是依靠父辈家庭的经济支持加上自己的积蓄，并且多在 2009 年以前购买。也有个别进京青年选择卖掉家里的房子交北京的首付，"我做的最英明的决定就是把外地的房子卖了，挪到了北京，但是实际上在外地买的房子和在这儿买的房子大小是一样的，结果把整个房子的全款拿到这在 2010 年的时候才够付一个首付，剩下的还在还"。但青年自有性住房通常离市区和工作单位较远，上下班不方便且子女教育问题难解决。对于无借贷性自有住房青年来说，各方面生活品质在逐渐提升，其考虑得更多的是改善性住房策略，即卖掉偏远地区住房不断向市区靠近或将自有住房出租而自己则在市区租房，但是对于借贷性自有住房青年来说，较大的还贷压力仍然使其感到些许力不从心，进而导致各种生活品质的降低。总体上，自有性住房群体在各方面住房状态上均优于无自有性住房群体。

（二）住房压力

1. 经济压力

租房和购房成本的不断攀升，工资与房价水平的不对等，"所谓的住房补贴也是象征意义大于实际意义"，使得住房支出占收入比例过高，各类青年均表示已经无法承受，并且从经济和政策角度看，这种趋势仍有进一步加剧的空间。因此，租房青年只能牺牲住房质量以缓解经济压力，"能租得起好房子的人都买房子去了，买房就得攒钱，攒钱就得省钱，所以我不租三千块钱的就租一千块钱的"，而住房质量又进一步影响了其生活品质，还有部分青年，"由于价格高而选择合租，但合租又缺乏独立空间"，这又形成了合租与独立空间之间的矛盾。购房青年则表示，"现在，将近收入的2/3或者是全部，还不够还房贷。""2005年刚参加工作工资2000元/月，那时候怀柔房价2000元/平方米，基本差不多，但是现在工资4000元，房价每平方米15000元左右，这是比较恐怖的事情""终生还房贷压力太大了，还得结婚生孩子，还得养父母，这样一想，那钱太紧了""因为要买房还要供房，要按揭，每个月都要还这些钱，一旦还不上一系列问题就可能会出现"。真正的住房支出其实远远大于实际房款，诸多税收、装修费、家具、家电等费用加起来也是一笔不小的数目。住房因此成为性价比非常低却又不可或缺的商品，这使得城市青年在住房问题上显得非常被动，背负着巨大的经济压力。

2. 精神压力

青年群体在巨大的经济压力下还面临着潜在的精神压力，来自父母、家庭、社会等各方面的压力使其不堪重负，"父母说必须买房子，哪怕还贷款，也一定要买房子""对于任何一个到了结婚年龄的'80后'来说，没有房、车肯定不行"。青年处于人生非常重要的转折阶段，先不说工作压力大小，至少工作非常繁重，还得承载家庭负担，没有结婚的面临结婚，已结婚的面临生孩子的问题，生了孩子的面临孩子教育问题，还有一部分在北京扎根了则面临赡养父母的问题。在这个框架下，住房承载了家庭的重要希望和责任，这就是青年所处的宏观环境，也是其存在的困惑状态。"为什么都说中国人活得累呢，像我们年龄段的人，就是努力买房供房以解决结婚问题，供房没供完孩子有了，养孩子养父母，结果现在一块地你都买不起。所以说中国人一直在挣钱干什么，没有幸福感"。未解决住房问题的青年承受着住房与婚育、职业、去留、社会地位和自我满足感的连带压力，暂时解决了住房问题的青年又面临着由经济压力带来的赡养父母、教育子女、自身发展等其他衍生问题。加之青年人才自身的素质和住房问题的不平衡给其带来的巨大的心理落差，这种个人贡献和享受待遇不对等的矛盾又加剧了城市青年的精神压力。

三 住房诉求

整体来看，青年群体受教育程度和个人素质普遍较高，在访谈中能够理性分析住房现状，合理提出住房诉求。总体来说，青年们认为，住房不仅是商品和投资品，还是生活必需品和文化符号，要真正解决整个社会的住房问题，还应该依靠政府行政干预而非绝对市场竞争。他们针对不同方面，从宏观住房政策到微观具体需求，都提出了自己的期待。

（一）宏观诉求

1. 城市规划

对于北、上、广、深等特大城市来说，合理的城市空间再规划和城市产业再规划能够有效解决青年群体住房问题，青年群体的住房问题很大程度上落在距离、交通、配套等要素上，若能合理规划城市区域经济，分散城市中心区位因素，构造卫星城，并将青年非常关注的教育资源等配套与产业区域结合，加上市场的引导，可以在很大程度上缓解青年住房问题，同时还可以缓解交通、环境、规划等城市负担问题，进一步实现区域主导经济和特色经济的形成与优化。有青年表示可以将大学城作为区域主导因素，比如"把北京的电影学院、音乐学院、戏剧学院、美术学院集中放在怀柔，使怀柔成为中国的影视产业发展中心，通过教育资源、市场资源的相互促进发展，形成人力资源基地，此类区域经济的发展能疏解城市中心的压力，相应地降低青年的住房压力"。青年在相应区域内工作和生活，既解决了距离和交通问题，也解决了教育和配套问题，同时整体房价也将趋于相对平均并处于可接受的范围。

2. 供需关系

目前，特大城市住房供需失衡的局面推高了房价，催生了一系列住房问题。因此，一方面，城市青年希望增加住房供给，包括保障性住房和满足青年需求的商品性住房，并且，这种供给不仅需要在数量上达到一定要求，在质量上也应当有较高的保障，在一定程度上将以产定销转为以销定产的模式；另一方面，城市青年希望政府能出台有效措施控制非理性需求，通过政府公寓、单位宿舍等方式，延缓青年购房需求，部分在京青年，尤其是原京籍青年还表示，"进京必须得设坎儿"，虽然这是较为偏激的诉求，但对于青年自身来说，在进京之前确实需要对自己的可负担能力做综合评估后再做决定。同时对于住房利用率问题，青年们希望政府能够统计调查住房存量和利用率，并通过"提高房产税，加大空置房税收，增加持有环节成本，降低流通税，使房子多的人释放出房源"，解决供需错位的矛盾。

3. 住房价格

对于近年来房价不断上涨的现状，青年群体表示希望政府能通过行政手段抑制住房价格无规律疯狂上涨，规范住房价格，使青年有合理期待，他们"不一定毕业就要买房，但希望在可控房价环境下能够有一个可实现的住房规划"。前文也提到，住房价格的控制主要包括绝对价格和相对价格的控制，房价绝对价格的控制主要在于增加限价房的提供，限价房可根据青年需求层次的不同提供对应地段、房型、配套的住房；对于房价相对价格，也就是房价涨幅和房价收入比，青年希望房价能在一定时间内维持相对稳定的上涨幅度，而非"暴力性上涨"。同时，青年希望提高收入水平，能够将住房支出控制在收入水平的1/3左右，课题组调研数据显示，城市青年理想的房贷支出为收入的40.6%，房租支出为收入的35.2%。

4. 住房政策

访谈中青年普遍表示，青年作为"刚需夹心层"，应该成为今后政府出台政策的关注重点。提的较多的是房产税乃至国家税收体制改革问题，如"规范好房产物业税，定好纳税起征面积"等。总结起来，青年对政策的诉求主要是有效性和稳定性两个方面：在政策有效性方面，青年诉求焦点在于政府出台住房政策需要全面考虑实际的复杂情况和各种可能出现的衍生问题，目前的住房政策普遍都存在一些问题，"国家政策每次都只在短期有一点效果，长期来看没有一次真正打压过房价，反过来还促成了房价的再次上涨或为投机者提供了便利"。如"取消公务员福利分房，无疑又增加市场需求，推高价格"，再如"国五条政策，婚前双方各自有房，婚后要卖掉一套房其实不应该征所得税"。在政策稳定性方面，近年来国家出台了一系列政策控制住房市场，青年群体希望，住房政策具有一定的稳定性和延续性，政策标准不要频繁变化而打乱其购房计划和住房策略。

5. 投资渠道

目前，中国市场可选择的投资品少，投资渠道窄，导致大量炒房、住房投机现象产生。青年群体希望政策能够引导开放资金投资渠道，"关键能够把其他的一些资源给放开，让钱有地方流出"。一方面，这可让青年群体获得更多财产性收入，从而摆脱既无力购买住房又不愿把钱存银行的局面；另一方面，削弱住房的投资属性，使得投资渠道多元化，转向实体经济、创新产业等。此外，部分青年还建议，"适度开放高端市场，如别墅市场等，将高端市场与中低端市场区分开来"，可将高端住房建于距市中心较远地区，实现住房消费分流，减少高端人群对中低端市场的占有，在一定程度上缓解青年住房压力。

（二）微观诉求

1. 住房要素

总体来看，城市青年群体选择住房的主要考虑因素集中在价格、稳定性、交通及区位方面，其次是对配套、环境、面积和独立空间的更高需求。价格方面，也就是前文提到的"价格调节"诉求；稳定性，是租房群体主要的诉求焦点，租房青年并不希望频繁变动居住场所，他们期待能够以稳定的价格获得和保持住房的长久居住权，如遇合适房源，其平均理想签约时长为14.7个月；交通及区位方面，绝大部分青年的可接受范围是能在一个半小时以内到达工作地点，并且将通勤过程的舒适度也纳入考虑范围；配套方面，青年群体普遍希望能居住在规范的配套性小区中，教育、医疗、生活、娱乐等需求能得到基本满足，尤其对于已经育有小孩的青年来说，教育资源成为其最重要的考虑因素之一；而对环境、面积、独立空间的需求，则是随着基本需求的满足和婚姻家庭的需要逐渐提高的。青年建议，"可以在距离适中的地段建造一些面积不大、价格不高的青年式公寓"。

2. 市场规范

目前，住房市场和中介市场不规范，机制不透明，导致青年住房权益受到侵害，因此，青年希望政府能够进一步宏观调控住房市场。首先，规范租房市场，主要通过整顿中介机构、强化租房合同制、稳定住房租金价格、规范租房形式等，保障青年租房群体利益；其次，调控买房市场，限制开发商在利益驱使下的"捂盘惜售"、不顾需求错位性住房开发等行为，通过政策奖惩引导开发商合理定价；除此之外，青年还希望开发商开发相应的保障性住房时，政府能够采取措施，对其质量和配套设施标准进行相应的监督。

3. 保障性住房

保障性住房对于青年群体来说是一个尴尬的政策，青年群体的收入水平通常都高于现行保障性住房的标准，而非京籍青年还存在户口限制问题，他们无力承担市场高房价也无法享受政府保障房。作为住房分层中的中端群体，在保障性住房的准入标准上，青年希望能获得更多的政府支持，现行保障房标准是多年前制定的，青年普遍反映该标准应当根据当前物价水平和收入水平进行动态调整，并且对于非京籍青年，满8年应当可以公平享受保障房；在保障性住房的政策上，青年希望通过分级分类保障、动态保障，对不同条件的青年群体配备相应的保障策略，类似目前多样的阶梯式保障性住房[①]，"针对青年公务员、青年白领、青年北漂，有不同的方式"，设置收入、年龄、社会贡献等指标综合评级评分，并且动态地对保障资格和等级进行复核检查及调整；在保障性住房的流通方面，要去除保障房的投资属性，避免保障房的二次买卖和租赁，若是出让则只能出让给政府，政府再重新分配给有资格的人；在保障房数量上，青年希望政府能规划出更多的保障性住房用地，扩大保障房房源。此

---

① 此处为座谈中青年代表用语，它主要是指当前保障性住房中有经济适用房、廉租房、公共租赁房、两限房等多种类型，可以满足不同经济水平群体的购房或租房需求。

外,青年群体还希望单位宿舍、集资建房等政策能够继续执行,"国家给企业一点土地或者其他支持",政府出台政策并给予相应补贴,动员企事业单位,为青年员工提供住房解决方案,"盖哪怕一室一厅带卫生间的房子,让每个人都能有地方住",由政府、企事业单位和青年个人共同承担住房费用,解决住房问题。

此外,不同群体对保障性住房政策的诉求还存在各自的特殊性,私企、外企青年群体并不了解保障性住房的具体政策,包括保障性住房的程序、名额、资格等,且工资高于申请标准,户籍问题又得不到解决,加上许多有关内部操作的负面消息,使他们普遍觉得希望不大,因此这部分青年希望能在基层普及保障性住房政策。青年公务员则表示,政府工作人员队伍的奖惩机制需对等,贪污腐败要严惩,廉洁奉公则需奖励,这种奖励要包括住房问题的解决,而这种政策性支持也许还能在一定程度上加强廉政建设。

四 六大住房矛盾

从课题组访谈调研中,可以总结出,当前城市青年群体面临的主要困境在于六大住房矛盾。

住房观念与购房能力之间的矛盾。传统的住房观强调"以房为根""房子是青年自立的标志",现实的住房观将个人的社会层次与住房相联系,婚姻、生育、家庭对于住房的依附性,使得青年面临不得不买房的困境,否则其许多人生规划无法实现。然而,青年群体所处的人生阶段确实还不具备买房的能力,他们的生活需求其实只是需要"安居之处",这样的住房观念和实际需求之间的差异、理想压力和现实能力之间的矛盾,是青年住房问题难以解决的内在原因。

住房价格与支付能力之间的矛盾。住房的绝对价格随着客观经济规律不断上涨,相对价格不受控制地非理性加速上涨,而青年收入水平的提高则相对缓慢,其支付能力在这种形势下处于负增长状态,这种巨大鸿沟给青年群体带来了巨大的经济压力和精神压力,其住房问题的解决往往要伴随着生活消费的紧缩、赡养父母能力的下降、追求理想勇气的缺失等一系列生活质量方面的下降，这使得城市青年住房理想的实现成为极其困难的事情，而他们要依靠自身力量购买住房更是几乎不可能，这也是造成青年住房问题的关键因素。

住房供给与住房需求之间的矛盾。这种供需矛盾主要是由住房供给与青年需求不匹配造成的，不管是在买房市场还是在租房市场，开发商供给的住房都存在一定程度的单一化和趋同化，在价格、区位、结构、配套等方面均与青年群体的需求不匹配，在这种市场趋同化的状态下，所有社会成员都争夺同一个市场的资源，从而不断推动房价的上涨，而房价上涨一方面使得开发商无意专门针对青年群体满足其需求，另一方面，青年的需求愈发得不到满足，进一步深化了住房供给与青年住房需求间的差异，从而使这种矛盾成为一个恶性循环。

住房压力与去留意愿之间的矛盾。大城市的政治、经济、文化资源高度集中，竞争环境公平、开放，具备各种不确定性的机遇与挑战，吸引着各地青年群体的涌入，而这种资源优势必然导致极高的住房压力以及随之而来的生活品质的降低。回到二、三线城市能够直接减少这种压力，获得相对安逸的生活，而这也意味着对大城市优势资源的放弃，这种矛盾成为许多青年纠结和困惑的焦点。部分青年已在二、三线城市购买住房却不愿离开大城市，而留在大城市却无法安家的困境成为一个很现实的问题。

住房空置与无房困境之间的矛盾。一方面，存量市场和增量市场都存在大量商品房、保障房、单位宿舍处于闲置状态，住房空置率高，且这种住房空置并不是销售不出去，而是囤积居奇的反市场现象；另一方面，广大青年群体连最基本的生活住房需求都得不到满足，这种心理落差和不公平的社会现象，成为解决青年住房问题的极大阻力，而住房市场的资源配置不合理也反映出当前住房市场的投资需求过旺，这种矛盾最后形成的马太效应将导致青年住房问题愈发难以得到解决。

住房现状与社会贡献之间的矛盾。青年人才是社会阶层中高学历、高素质的群体，其社会贡献程度也相应较高，然而其住房现状却不能与之相匹配，这种矛盾造成了许多青年群体的失衡感。这一矛盾尤其体现在公务员和事业单位青年群体中，公务员行使国家行政权力、教师育人、医生治病救人，他们承担着社会责任，享有较高的社会地位，且这类群体通常都是青年群体中的优秀人才，其心理预期往往高于其他群体，而其待遇和住房现状却相对外企、国企员工来说更差，他们虽能理性接受现状，但其心理不平衡感仍然存在。

中国的住房问题主要在城市，城市的住房困难群体主要是青年。对于青年群体来说，住房的社会属性、价值远大于其商品属性、价值，"安居何处"是其面临的主要困境。通过访谈我们不难发现，青年群体具有相对理性的住房观念，基本能够接受现阶段的住房现状，面对现实的住房困境能够合理地提出住房诉求。破解当前城市青年住房问题的关键就在于了解其住房观念及现状，并采取针对性的措施以满足其合理诉求。

B.11 青年住房问题座谈会之一

——私民营企业青年职工专场

主持人：大家好！今天的座谈会主要是希望了解不同领域的青年的生活状况，对住房有什么样的需求和期待，在生活中到底面临什么问题？希望大家能够把青年反复提到的住房问题具体化，从而为政策建议的提出提供一些基本依据。

就你们关心的问题，相互之间可以有沟通和讨论，任何与住房有关的话题都可以谈。比如需要什么样的房子，最关心住房哪方面的要素，对房价上涨原因的看法，现在的住房问题是怎么解决的，等等。我们认为发言没有是非对错之分，而且我们采用无记名的方式，所以大家不要有所顾忌。讨论的时候尽量多听别人的发言，有不同的观点可以辩论、讨论，但应该对对方的观点表示尊重。单次发言时间最好控制在五分钟以内。我们的开场白就介绍这些，现在就听一下青年朋友们的看法，讲故事、谈想法都行，都没问题，希望大家畅所欲言。

课题组成员 A：大家在介绍之前，可以说一下是哪里毕业的，家是哪里的，在北京多长时间了等基本情况。

青年代表 KYR：我家是河北的，离这里挺近的。就说一下我在这边住的房子吧，环境挺差劲的，我们住的是简易房，挺不安全的。有一次下雨时大风把我们的房顶都掀了。我觉得住这样的房子特别不安全，最好把这些房子都修缮一下。别的房子我们也租不起，买房子肯定也买不起，现在连租房子都快租不起了。

主持人：一个月房租多少钱？

青年代表 KYR：一个月四五百元左右。

主持人：青年公寓月租一般就几百元。

青年代表 KYR：是啊。但是房租一个月四五百元，交通花费大概三四百

元，再加上吃饭1000元，有时候多花一点，一个月工资差不多就没有了。

主持人：现在就是租房，没有买房的打算？

青年代表KYR：没钱。

主持人：这两年租房价格有什么变化吗？两年前是多少？

青年代表KYR：三四百元吧！

主持人：一直在涨是吧？

青年代表KYR：对，一直在涨。

（青年代表SXY接过话题）

青年代表SXY：我也来说两句，我是2010年毕业于陕西某211工程大学，是陕西人，2010年毕业后来到北京。我对房租和住宿环境都很不满意。以前在学校里住四人间，有卫生间，有厨房。但是现在来到北京我觉得住宿环境还不如学校的住宿环境。我刚来时住6平米的房子，当时是300元（月租）。现在换了稍微大点的，十几平米的房子月租已经涨到1200元了。作为租房者完全没有发言权，如果对租住的地方不满意我们只能走，但是又没有其他合适的地方。我们作为来北京的淘金者、北漂族，在住房方面没有发言权。现在我们的工资水平，别说在五环之内，就是靠近河北的地方也买不起房子。买不起房的主要原因我觉得是政策变化太大了。作为一个外地人，在北京就三年，但要交五年的社保才可以贷款买房，我们还要考虑结婚生子，我们要稳定下来。在北京这么长时间了，想到为了有一个家，居住在这么恶劣的环境下，我们就觉得心里很委屈，却没有地方说。感觉在北京能买得起房的都是家底很厚的，我们也不是"官二代""富二代"。我觉得在租房子这方面应该做些调整，多建一些适合我们这种刚来北京的青年人租住的房子，将住房环境改善一下。对于租的房子，就希望能改善一下住宿环境。

课题组成员A：不知你们有了解过一些政府的保障房或经济适用房政策吗？

青年代表SXY：我了解得不是很全面。但是，感觉无论是廉租房还是经济适用房，对于我们这些人来说，门槛并不比商品房低多少。譬如我们现在工资是4000元/月，也可能又比申请廉租房的最高年收入标准高一点。

（青年代表 LP 插话）

青年代表 LP：公租房的优势不在于价格低，而在于它稳定。因为从政府那里租来的房子可以一下子租二十年、三十年，就一直这么住下去。为什么人们不租房，要买房子呢？如果房子租到手可以一直租二十年、三十年，像以前事业单位的职工租单位的房子一样，一直拥有使用权，每个月交点使用费，一直可以使用下去，这种情况下没有人会追求房子一定要写在自己名下。住房稳定了，就可以改善居住条件，装修一下都可以。但我现在租的是别人的房子，租了三年，保不齐不到三年出什么事房子就被收回去了。我连把墙刷个白都不愿意，一点投入都不想增加，这就是租跟买的最大区别。

青年代表 SXY：我觉得现在房租的上涨已经成为一种压力，对大多数人来说房价的上涨是压力，对我们来说房租的上涨就是很大的压力。

主持人：你们现在的房租是多少？

青年代表 SXY：像我们两个人房租是 980 元/月。因为我们觉得在北京承受不了房贷的压力，所以想在外地买房，这样一个月下来的房贷还款在 4000 元以内，我一个人就可以支付了。像我现在的年龄又要考虑结婚生孩子的问题，我觉得生孩子以后再想攒笔钱太难，在北京买小的房子根本不够，租好一点的也得每月两三千元左右，一般租主卧就得 2000 多元/月。因此我老公让我在外地买房子，一个月房贷还款也是 2800～3000 元。

主持人：那你们两个人都还在北京工作？

青年代表 SXY：对啊，都在北京工作。

主持人：有没有想过要离开北京？

青年代表 SXY：可能我先离开吧。因为考虑到未来如果真的不能在北京立足，不能在北京有一个长久的居住场所，没有安稳的生活，我还不如早点离开，去适应新城市的生活。

主持人：那你现在有想过未来选择哪个城市吗？

青年代表 SXY：西安。

主持人：西安，好，还是个省会城市。

青年代表 SXY：对，但是可能在房子这方面比北京要好很多。

青年代表 ZP：我也来谈谈我的情况吧。第一个问题，也是我们比较关心的问题，就是租房。租房就要考虑房租问题。我是 2010 年来北京的，刚开始想在北京开店，积累经验。后来考虑到自身工作方面的问题，还有以后的发展，觉得北京适合我和爱人工作，适合我们以后的发展，就考虑在北京居住。七八月份，看了一下房子的价格，16000～17000 元/平米的样子，几个月后已经到了 22000 元/平米了。刚开始，我们在经济方面和未来还房贷上都定了个目标，现在突然涨到这么高，才几个月的时间就涨成这样了，感觉压力太大了，承受不起。来北京虽然是为了工作，为了自己未来的发展，但是一下子就当房奴，感觉身心比较疲惫。我去年结婚了，目前还不想要小孩。

课题组成员 A：目前有想过离开北京吗？

青年代表 ZP：没有。

课题组成员 A：目前房贷占工资多少？

青年代表 ZP：可以不说吗？

青年代表 ZP：之前有公租房，42 平米，月租 1700 元，还行，但就是太远，离我们工作的地方太远，不太适合。现在挺好。

我觉得政府在住房方面可以考虑一下，给年轻人建一些单位宿舍或者廉租房，但廉租房目前对工资要求是有上限的，经济适用房对户籍和其他方面有一些要求，所以我们想申请也申请不上。之前也了解过，在住房这方面，我认识的一些人说北京的房价应该还是会继续上涨，所以在买房方面我没有太多的想法。

（青年代表 YLZ 接过话题）

青年代表 YLZ：很理解这位朋友！我们家是通州的，我在北京（市区）有四年了，一直在一家事业单位上班。来北京之后一直在这里住，租房子开始是 500 元/月，现在涨到 1000 多元/月了。北京房价一直在涨，我们也还不会考虑在北京买房子。我想找对象要找个本地的，通州或者北京（五环内的）。因为找外地的要考虑房子问题，但是外地人自身买房子就是个大问题，所以我觉得我快嫁不出去了，因为房子的事。（笑）

我在公司的时间久了，从去年开始，公司就打算给我租一个房子，大概 30 平米左右，属于长期租赁的那种，租期大概有三年，但是现在房子也没下来。我们公司的同事也经常说到房价的问题，我在北京属于比较稳定的那种，他们则随时面临租房价格的变动。房东总是说涨价就涨价，贴个条子就涨价了。而且这种简易的房子不隔音，冬天冷夏天热，房顶都属于泡沫材料的那种，我觉得住得没有安全感。

买房子我们是考虑不了的，房价涨得太多，而且现在在自己老家买一套房子都感觉费劲。通州离北京中心城区近，北京中心城区涨了房价以后好多人都去通州买房子，这样通州的房价也会上调。我觉得买房很困难。

主持人：通州也算北京啊，没有想过要试着离开北京主城区，回通州发展吗？

青年代表YLZ：没有。因为离家乡挺近的，在这边工作比较方便，而且工作也比较稳定，所以我还是打算在这边工作，那就得考虑买房子的事。可是租房子还考虑不过来，别说买房子了。

青年代表WYH：你其实就算北京人了，我的情况和你不太一样。我来北京比较早，2002年来的，在北京十一年了。一开始我是在北京良乡那里找工作，后来去了亦庄，当时和爸爸租了一个两居室，在那里住了四年。从2002年到2006年房租一直涨到了2600元/月。公司搬了以后我就在公司住。2008年我换了公司，到了这边，刚来的时候租的是十几平米的房子，那时候是每月500元的房租，到现在已经涨到了950元一个月，大概每年月租涨100块钱。

我通常三年到四年换一次工作，因此中间社保就断了。我的社保现在已经缴了六年零九个月，但就是中间断了。刚到北京的时候手里没钱，家里供我上大学也花了不少钱。开始上班的时候根本就不考虑买房，现在考虑买房可是房价已经高不可攀了。等政府一些项目出来，我又过了规定年限。我现在又换了一份工作，在公司工作了一年多，社保缴纳相当于分成了三个时段。

青年代表PD：我来北京稍微晚一些，是2010年2月份来北京的，我的居住地点主要以公司所在地为准，最开始在魏公村，我就换到那附近住。公司之后又搬到了望京、国贸。我是以离工作单位近不近、交通是否便利来考虑住房的。关于买房没有什么特别要求，环境不是太嘈杂就可以。对于房子我有一个计划，对于任何一个到了结婚年龄的"80后"来说，没有房、车肯定不行。对于我来说，毕业时我相信真爱，认为只要两个人一起努力奋斗是可以得到幸福的。去年我发现不对，我2009年毕业，现在已经三年了，最开始是以工作为主，觉得找到稳定的工作比什么都强。我在外面工作，要给家里安全感，所

以目标是找大一点的企业。现在我发现不对了，大一点的企业可能更加看重个人的稳定了。家里有孩子，长期稳定、平平淡淡可能是最好的。以前我觉得可以凭着自己的努力达到这种水平，工作一两年以后就可以衣锦还乡了，但是现在看来显然不是这样了。

我现在打算在沈阳买房子，在沈阳工作一年之后买。对于我，这种方式可能更加稳妥一些。无论是对职业或者对婚姻我都喜欢规划一下，两到三年内我可能会买房子，也可能结婚。占个人收入和家庭收入30%以下的月供我是可以接受的。但是如果在北京，30%的月供可能会让我很累。我的工作和生活是在一起的，不能因为买房子而生活不好，沦为房奴。三年之内如果我在北京发展得好，我可以将沈阳的房子卖掉，到时候再看。

主持人：你的这个想法倒很有前瞻性，估计对其他青年会有启发意义。咱们其他朋友有没有想再谈谈的？

青年代表 LP：我说两句吧。我是2004年到北京的，到了北京之后一直在租房子，租的是那种用村里承包的土地修的简易住房。房租从2004年200多元/月涨到现在的1600元/月。刚工作的时候不经常回家，对房子没什么要求，现在则需要考虑一下家人的需要。最关心的问题是面积和交通，房贷还款和支出如果占到我每月收入的60%以下就可以接受，超过这个数我就宁可不买了。

对于房价上涨，我认为这是供需关系造成的。前一段时间大家都在买房子，这样会抬高房价。虽然现在买房有限制了，但是价钱已经在高位运行了。

关于住房问题的解决，最早的时候是单位分配宿舍，现在则是租房。关于房子在生活中的角色，我觉得相当于一条船的锚，职业、婚姻和其他所有东西都在围着它转。

自己住房的状态对生活的影响很大，它影响职业规划和婚姻规划。如果我在北京买不到房子就不打算在北京待了，对象回去再找。

我有亲戚在北京有房子，他们的收入只要维持在每月三四千元就过得非常好，比我一万多元的收入过得还好。

课题组成员 B：你如何看待自己所处的社会经济地位？

青年代表 LP：我认为我的经济地位属于比较低的，属于底层中比较好的那种。未来五到十年，自己的经济地位应该没有什么可以再上升的空间，现在已经到了一个瓶颈状态。

课题组成员 B：对政府目前的住房政策是否满意，有何建议？

青年代表 LP：应避免廉租房和公租房被当做市场性房屋二次转租出去。

课题组成员 B：是否享受到了政府住房补贴？

青年代表 LP：目前为止没有享受任何住房补贴。

课题组成员 B：是否建议取消公务员福利分房？

青年代表 LP：这个没有关系。

课题组成员 B：对年轻人饱受住房压力怎么看？

青年代表 LP：说一个我身边的事。2004 年我二十多个同学都在北京，刚开始的时候留在北京的同事也是二三十个。这么多年下来我认识的人，留北京的只有两个同学和三个早期的同事，其他人早就因为住房的压力离开了。

课题组成员 B：如果回去发展的话会怎样？

青年代表 LP：都比在北京的好。在北京有那么一两个是发展得好的，因为有一个本事大，娶了一个北京媳妇，丈母娘给了房子，还有车。还有一个同事做生意有了起色，他们俩算是比较好的。但后面那个前两年因为买房子导致公司资金不足，生意都快黄了。别的都还在北京漂着，虽然月收入一万多元，但生活依然挺苦涩的，赚的钱都要围绕房子转。

青年代表 ZJM：很多相似的感触啊，这位朋友，我是觉得纠结！我现在是一个人住，也没有考虑长期在北京待下去，所以在房子方面，现在来说，住房选择还是跟工作关系比较大，觉得买房压力有点大。

主持人：你来北京多久了？

青年代表 ZJM：2010 年来的，三年了。

青年代表 LP：你公司的总部在什么地方？

青年代表 ZJM：在韩国。

青年代表 LP：这是分公司是吧？

青年代表 ZJM：对。

青年代表 LP：那就是以后还是会考虑回老家发展？

青年代表 ZJM：对。

青年代表 WXJ：我是 2008 年来北京的，其实我很想在北京买房，但是北京的房价太高了。现在这边的每平米就两三万元。之前还想着在五环边上买房，现在房子都抢到六环去了，六环均价都每平米两万多元，一个月工资一万块钱的话根本就不够。我觉得现在这个房子的首付太贵了，要 20%～30%，是不是能降一点？我是安徽的，像我们这种外地人，父母说把家里的房子卖了，在北京付个首付，那样就可以买套房。但是我个人又不想用家里的钱，不想用父母的钱来付首付。想通过个人的力量来付首付的话，支付 20%～30% 的首付比例又比较困难。北京的廉租房和经济适用房我们这些人都不符合要求。它一是要户口，要北京当地人才能享受经济适用房，像我们就不达标。还有工资问题，它要求的年收入比较低，像我们可能也不符合。还有二套房，首付是 70%，这个也太高了，如果家里有一套房的话，在北京买房就很困难，根本就想都不用想了。其他就没有什么说的了。

青年代表 LP：你现在是租房子住吗？

青年代表 WXJ：对，租房。我现在就算是节约的话在单位对面公寓租个房，也要 800 元/月，租那种两层的房子，条件很一般，不想花太多的钱去租很好的房，因为想要省钱买房嘛，但是又买不起。家里的房相对来说比这边便宜很多，我们那边才五六千元钱一平米，有一个很大的差距吧。

课题组成员 A：你的月收入是多少？

青年代表 WXJ：收入差不多 10000 元吧。

青年代表 LP：现在还是攒着钱想在北京买房子？

青年代表 WXJ：对，用父母的钱在北京付首付可以，但我不想用他们的钱，我想用自己的钱付首付。

青年代表 LP：一个月花 3000～4000 元够吗？

青年代表 WXJ：够了。

青年代表 LP：也就是说你一个月能攒下 5000 元？一个月 5000 元，一年能攒起来六七万元。但是你要买房的话应该是为了两个人结婚，对吗？你一个人有个六七万元了，再加上你那一半有个十万元这不就够了吗？我这样算起来觉得还是挺乐观的。

青年代表 WXJ：不是，你想的是在六环买房，像我们上班的地方在二环。从六环坐车的话得两个多小时。多远！五环边上的房价又太贵，尤其是北边的房子比南边的房子贵很多。不要说找个工资比我高的对象，其实我是想靠个人的能力和努力，不要靠别人，不想找个对象两个人共同负担。

青年代表 LP：其实二套房是说在北京有两套房，你是说你在家乡有一套房，其实还是可以算北京首套房，还是可以享受低首付、低利率。

青年代表 WXJ：利息太高了，就算我的要求很低，20000 元一平米的话，50 平米就要 100 万元，贷上十年的话，利息就要好几十万元。我现在都三十岁了，再还个二十年就五十岁了，都退休了。压力太大了，还得养孩子呢，还得结婚生孩子，还得养父母，这样一想，那钱也太紧了！

青年代表 ZXH：你说的确实是件困扰我们的事情。我也是挺想在北京买房，100 平米左右就可以，20000 多元一平米的话怎么也得 200 多万了。我现在工资也不是很高，你看我去年刚来北京，刚在北京找到工作，也是去年刚在老家结婚，跟老公在老家买了房子，当时还是打算回家，因为北京房价太高了。从来没想过在这里发展。

主持人：现在是在这里租房子？

青年代表 ZXH：对，就住在公寓，跟朋友一起的。

主持人：去年才来的北京？

青年代表 ZXH：对。

主持人：以后打算在这里长期发展吗？

青年代表 ZXH：不打算。结婚了想回家呗！在北京也没希望找到太好的出路，我也就是一个大学生，工资也不高。

主持人：你来北京主要是为了什么呢？

青年代表 ZXH：之前我不在北京上班，在青岛上班，因为我老公在这里，我就跟着过来了。

主持人：你老公现在在老家还是在北京？

青年代表 ZXH：也在这边，他的收入也不是很高，反正也从来没想过要在北京买房子，两百多万元的话我觉得一辈子也挣不了。

主持人：主要就是为了在北京积累点经验？

青年代表ZXH：算是吧。

主持人：还有没有要补充的？

青年代表LRJ：我简单说一下，因为我关于住房问题也考虑了很长时间。我2009年来北京，之前是在天津上班，但是我的房子是在老家我媳妇她那里买的，就是河北秦皇岛。我想等满了五年社保之后再看，如果说有那个能力的话就把老家的房子卖了，在北京付一个首付，如果不行的话，那只能就再过一段时间吧，走一步看一步。我还有一个想法，因为我跟我媳妇是去年刚结婚，我想等我们要孩子的时候，把北京租的房子退了，住进公司宿舍，然后就准备回老家了。

主持人：有在北京买房的打算吗？

青年代表LRJ：有。但是我还有一个五年社保的限制，没法贷款。

主持人：就是说也有可能回老家发展？

青年代表LRJ：我想的是我媳妇回老家，我在北京，因为她家也比较近。

主持人：你对保障房有什么建议吗？比如说廉租房什么的？

青年代表LRJ：廉租房的话我觉得需要建得近一点，别太远了。你像我们公司租的房子就是太远了，公司没有人去租，按说也挺便宜的，一居室四十多平米，月租七百多块钱。就是太远了，公交车还特别少。

主持人：如果说公租房或者提供的住房，租金非常便宜，条件也不错，距离还是会影响大家去不去住？

青年代表LRJ：嗯，我们单位是这么一个情况，现在有一个解决这个问题的方案。公司如果有班车的话，就会方便一些。但是那样的话公司会增加一部分不必要的成本，最后也没有实行。

主持人：现在就是靠自己。

青年代表LRJ：对，公司的方案你不同意就只能靠自己了。

青年代表WXJ：我也想说一下，经济适用房还有限价房对外地人好像都没有优惠，就是说我们外地人都够不到边，必须得有北京本地户口才行，如果对外地人同样开放就好了。

青年代表LP：廉租房、公租房只在石景山区开放，属于试点型，但是针对外地人也有一个五年社保的限制。

青年代表 WXJ：我还有一个问题，就算房子问题解决了，户口问题也解决不了呀。有房子没户口的话小孩上学怎么办啊？

主持人：这也是个问题，不过北京最近也出台了些相关的政策，大家可以关注下。现在有几个问题大家都比较关注，第一是租房子的财产安全、交通等问题，还有就是对于保障房大家都有很多话想说，还有刚才有几个人都谈到了买房子的策略。

青年代表 PD：其实我觉得买房子也不是特别好，有房子了肯定要以自己住的房子为基准嘛，如果说我工作在海淀，我房子在燕郊，我每天上下班就得跨越整个北京市区，你说我是不是考虑得配个车？所以我在外地买房。这也是给自己增加收入，因为买的房子也在增值，也是给自己增加了一部分额外的收入，缓冲一下。

课题组成员 C：我有几个问题也特别想跟大家沟通一下，一个就是刚才大家说的交通问题。刚才几个朋友都提到，大家认为公司租的房子远，所以不去，那大家认为交通在多长时间范围内是能容忍的。

众青年：一个小时以内吧。

青年代表 PD：一个半小时以内。因为近处房价太贵肯定租不起，就只能租比较远的。我现在每天去木樨地要一个半到两个小时。

青年代表 LP：这个问题就因人而异了，我在北京快十年了，严格把上班时间控制在半个小时以内。

课题组成员 C：所以你都找住得近的地方？

青年代表 LP：对，所以每次找工作，我宁愿花两三个月找不到工作，也要找住得近的地方。

青年代表 PD：要是上班路上两个小时的话，你来回就是三四个小时，特别累，比如说你六点下班，坐一个多小时车，到家都快八点了，八点再吃晚饭，什么都干不了就直接睡觉了。

课题组成员 C：也就是说一个小时可以，一个半小时凑合？

众青年：差不多。

课题组成员 C：我还有一个问题要跟大家讨论，都是开放性的问题，现

在大家应该都在北京租房子。假如说，在未来很长时间以内，买房买不起，租房租金又在不断地上涨，在这种情况下，大家如果要在北京工作就只能保持现在租房的这种方式和环境来生活。那么，咱们有多少人愿意选择留在北京？

青年代表 WXJ：我想问一下工资是上涨的吗？

课题组成员 C：是，跟物价上涨是一样的。这里问的是不管你结婚也好，生孩子也好，都一定会走吗？

青年代表 WXJ：对，应该是会离开。

课题组成员 C：那这边的人呢？大家会选择到时候再看，还是再贵我也不走？

青年代表 KYR：我觉得我家离这里近，一般周末就直接回家了。回家也比较方便，公交就能回，我还是觉得在这边工作比较好。

青年代表 PD：我的想法是，我现在之所以在这边是因为我是一个人，如果说在北京没有特别好的机会能买房子的话，我可以租好点的房子。我不喜欢为了房子给自己很大压力，不喜欢让房子给我的生活带来太大的烦恼，我可以租个房子住。现在一个人我认为可以吃点苦，男孩子，可以的。

青年代表 SXY：应该会想别的办法，反正自己做点牺牲什么的，努力吧。

课题组成员 C：现在大家能不能结合咱们讨论的，以及周围朋友的实际情况，讨论一下在这种情况下，大家周围的朋友选择留京或者是离京的可能性能各占一半吗？

青年代表 WXJ：我们一起来北京的二十多个人现在还剩五个人。我买的房子位置比较远，坐地铁的话是在昌平线起始站，还要再往昌平那边坐十多站，买的房子是一万八一平米的，贷款三十年，一个月还款 3000 多元。

课题组成员 C：其实刚才 LP 还说了一个问题挺值得大家讨论的，他说假设我们能够租房，能租二十年、三十年甚至租一辈子，是不是就可以不买房？

青年代表 LP：可以，当然可以。

青年代表 WXJ：但是现在北京租房没有说租多少年需要多少钱，那个我感觉没有保障。

课题组成员 C：假设这事是靠谱的。

青年代表 WXJ：如果租房的价格比我月供要低一点，或者跟我月供差不多，租个三年长期的，我认为是可以不买房的。

课题组成员 C：像在新加坡等很多国家，很多人都没有自己的住房，一辈子就租房子，大家觉得这对现在的年轻人有可行性的吗？

青年代表 WXJ：可以接受。

青年代表 YLZ：我觉得你以后有了小孩，这是对孩子不负责任，我们总要为我们的下一代着想，不能说你租了一辈子，也让孩子租房子。

青年代表 LP：说句不好听的话，你的父母没有给你留下房子，你为什么要给你的孩子留房子呢？

青年代表 YLZ：那是我父母的问题。谁都有自己的想法，我现在的想法就是这样的。

课题组成员 C：我还有最后一个问题。刚才大家讲了廉租房、公租房，我们来做个梦，假设廉租房或公租房，关于外地人和我们的工资底线的这些问题都解决了，假设房子的量也足够，并不是说谁申请就有，但是可以排号或者摇号，你等着就有公平的机会。

青年代表 YLZ：摇号的概率太小。

课题组成员 C：等个一年多就有了，但还是限你要缴纳社保或者上税连续五年，那这样也就决定了我们刚工作的时候还是要通过现在这些方式来对付、来过渡，但是五年以后，只要你满五年，就可以享受廉租房、公租房，如果有这样的安排，大家觉得满意吗？

部分青年：应该还行吧。

青年代表 WXJ：那位置太远了，现在的廉租房、公租房都挺远的。我之前就上网看过。

课题组成员 C：假设现在那些问题都解决了，这些政策都完善了，大家是觉得可以接受呢，很满意呢，还是其他的？

青年代表 LRJ：以单位的形式还是以个人的形式？

青年代表 LP：应该是政府吧。我觉得有工作能力的话那就会在北京，要不可能还得回老家，因为没有这里的户口，以后孩子上学也上不好。我觉得，五年社保或纳税这个限制比较尴尬，要是五年都没什么大的发展，我肯定不在

北京了。

青年代表 PD：对啊，刚毕业的大学生到北京来找工作，前五年的时间基本上是最困难的时候，是最需要帮扶的时候。他初到北京，下火车那一刻，先要找一个住的地方，找一个落脚点。在这一段时间内，他应该享受到政府的帮助。

青年代表 LP：我和你观点不太一样，初到一个地方，相当于去旅行。

青年代表 PD：就是你过来求职、找工作。

青年代表 LP：即使你来求职、找工作，也不是说来定居啊。

青年代表 PD：我觉得，政府不妨提供一些租房的服务以及就业信息方面的服务。

课题组成员 C：大家对自己平时租房的问题还有什么意见吗？

青年代表 LP：我觉得租房子得考虑一个成本问题，房租会不会上涨。就算涨价，这个可以是周期性的，让我们提前有一个准备也可以。

课题组成员 C：涨价的问题在租房合同里有规定么？

众青年：大多数都没有合同啊！

课题组成员 C：房租是每个月缴？

青年代表 LP：押一付三什么的，都不太一样。

课题组成员 C：有没有可能一开始你跟房东提年租，这一年里，你提前走了，他罚你一个月房租，他如果涨价了你罚他一个月房租？

青年代表 LP：万一你住大半年就走了呢？

课题组成员 C：也就是说是有这样的合同，你自己也有这样的想法，并且愿意签。

青年代表 LP：其实有的时候我也不愿意签，嘿嘿。但现在有时房东打电话来说涨价了，如果你觉得不合适那就别租了。我就觉得这是想让我搬走。

青年代表 WXJ：我想说一个我们现实生活中的问题，我们公寓里有一个人出差了半个月没回来，没给房东打电话，他的电话也打不通，结果房东就把他的东西全给扔了，等他回来的时候那房子就给别人住了，这也是一个问题。

主持人：这就是因为没有签订合同？

青年代表 PD：虽然这是因为没有合同，可有的时候有了合同，房东说涨房租就涨，你跟他讲理，房东就说不满意你就走。

主持人：如果说有临时纠纷了，可以去告他。但这样做的基础是要有合同。

青年代表 PD：我们当时说要签合同，但房东说只要你签合同我们这房子就不租你。还有的说可以按合同办事，等合同到期我再给你涨，却间接把水电暖那些东西的价格都给涨了，还有卫生费，可是你说环境这么差我们这里有什么卫生费啊。

主持人：我能不能这样去理解，大家不愿意去租房，大多是因为这个房子长期来讲不是你想租就能租。

部分青年：那个房子再怎么租也不是自己的。

青年代表 LP：我觉得不一定。其实是不是自己的无所谓，只要能使用二三十年这就行了。将来一死，房子还不一定是谁的。想那么长远干吗呢？能看到的这几年是最重要的。

主持人：时间过得真快，转眼已经到时间了。非常感谢大家跟我们分享了这么多关于住房话题的观点，我们都收获了很多，今天的座谈会暂告一段落，祝大家工作生活顺利！在住房问题上心想事成！

B.12
青年住房问题座谈会之二

——国有企业青年职工专场

主持人：各位青年朋友，我们近期开展了关于青年住房的调研。这次把大家召集过来，主要是想请大家讲讲跟房子有关的一些问题，尤其是想听大家谈一谈什么样的住房最适合自己、自己最能接受。包括租房子，大家有什么样的想法，都可以谈。

青年代表GF：我先来说说吧。首先是买房的问题，假如月工资超过4000元，那么我和妻子两个人的工资算在一起的话，基本上就买不了两限房。但是四千多块钱的工资，在北京想买个商品房是什么样一个难度，相信大家也能体会到。一个月7000元，扣完税拿到手6000元，单凭这6000元你怎么能在北京买房？就我个人而言，不够两限房标准，但我也买不起商品房，这是很尴尬的处境。我有一位同学是跟我一起毕业的，她在事业单位工作，工资大概3000多元，她的丈夫好像也在一个事业单位，也是3000多元。他们俩就申请到了两限房，我感觉过得还是挺好的。在我成长经历中，我可能算好学生，原来我也是北京市三好学生，在大学里面是学生会主席，也是北京市的优秀学生干部。现在是我工作的第一年，我感觉我找的工作跟同学比起来还算可以，但是一提到买房，他们有政策补助，可以买得起房。但是我呢，我感觉我本来是有优越性的，现在反而买不起房，也买不了两限房。所以我感觉和他们相比，心里一下子就会有落差。我自己都感觉到，作为北京人，买车我摇不到号，买房买不起，这是非常尴尬的境地。前一阵，我母亲睡不着觉，我说您怎么了，她说她也在愁我房子的问题。她说：像我们这种没能耐的父母，可能对孩子最大的贡献就是自己去死。当然母亲也是一句玩笑话，但是我听着非常不舒服。你说我们都快三十岁的人了，生活上还不能自立，还得让父母担心着，心里觉得非常不舒服。现在有句话说，现在的中国阶层是以有房没房来划分的，不是以对社会贡献大小来分的。我还听过这个话，"对于老百姓来说，中国阶层是以 2009 年以前买房和 2009 年以后买房来划分的"。2009 年以前买房你可能是一个阶层，2009 年以后买房又是另一个阶层。但是没办法，2009 年我还在上学，并没有经济实力，所以我正好赶上了一个时代转折点。对于我来说，房价确实是很难承受的。另外，我之前也跟有关部门沟通过，他们说如果我有好的建议可以提一提。我仔细想了想，国外买房的年龄一般都是 40 岁，中国却是 27 岁，这可能跟我们中国家庭观念植入比较深有关系，而且可能跟丈母娘的想法也有很大关系。在北京，你去相亲，人家一个劲儿问你有房吗。我说我没有房，我有未来，我年轻，人家就会说有很多年轻人也有房的呀，感觉到自己确实是心有余而力不足。而且上周末我一个非常好的朋友跟女朋友分手了，也是因为没有房子的问题。他们俩谈了有三四年了，最后到了房子的问题上，女方父母不同意，就分手了。我想有时候也不能全怪姑娘，可能是社会现实造成的这么一种结果。中国处于社会转型期，价值观有点扭曲，本质问题是大家有寻求保障的心理。另外呢，我想说的是，为什么国外的 40 岁也能买房，就是因为有公租房的政策。据我了解，香港的公租房就非常多。香港本来是一个寸土寸金的地方，但是香港的公租房基本上能满足三到四成人的居住需求，有 50% 的香港人是在公租房里住的，我觉得这样就解决了年轻人住宿的问题。因为你如果租私人的房子，首先它贵，另外就是他不租你了你就得搬地方。我觉得，既然我买不起房的话，那么我能不能去租房子。很无奈的是，在我们国家公租房的标准也是跟两限房一致，结果我也租不到公租房。这样我只能跟父母住在一起，假如想自己出去住，就要承担很高的租房成本。而且即使租了房子，最后也未必能找到一段完美的婚姻，这当然是后话。

其次，我之前看"房产税"炒得如火如荼，个人觉得"房产税"应该会起到一定作用。可以考虑把流通环节上的税减下去，"房产税"提高，这样房子多的人考虑经济上承担不了房子，就可能会释放出房源，这对我们来说可能是一个好消息。另外，从社会层面来讲，为什么北京房价下不去呢，确实是有钱人真的太多，贫富差距还是太大。北京房价再高，有钱人照样能买得起，说到本质还是一个收入差距的问题。之前说释放改革红利，我觉得这种提法是很

人性的。中国也处于产业升级、改革的一个节点上，所以我个人还是对政府有信心的，并且愿意相信政府能把房价抑制住。谈到幸福感的问题时，当时我们几个人跟老同志们聊，说新中国成立之初那时候，没钱但是感觉很幸福，现在反而感觉不幸福。经济条件变好了，为什么幸福感没有那时候强了呢？后来我发现，最主要的问题是公平公正问题。因为那时候大家都穷，都没有钱，可能我也很满足，我没有过多需求，就跟花钱似的我不花钱也没什么事。现在大家会问，为什么你给他一千，给我二百？矛盾也就出来了。可能咱们不幸福的根源就是社会公平公正上还存在一定问题，这也从一定层面上导致房价居高不下。

社会层面还有一点问题是，房价跟投资有关系。现在很多热钱涌入，因为钱都在手里呢。我要是开发商，或者是一个有钱人的话，我也考虑到钱在手里会贬值。那要是投资的话我投什么？没有地方可投，资金留不下，很多地方没有开放起来，所以只能投向房地产，房地产是暴利啊。巴菲特也说，他一生中资产回报率是20%，中国房地产回报率是50%，所以说肯定要流向最挣钱的地方，这是必然的。所以在这一方面，我觉得堵是堵不上的，关键是能够把其他的一些资源给放开，让钱有地方流出。另外我觉得在资源上，贷款方面，政策可以改变一下。比如说你贷20%就先付20%的，另外分批支付给你，这样是不是能好一点。我暂时谈这么多。

主持人：GF谈得挺好，从个人的体会到经济的走势都有深入理解。GF刚刚也说了高不成低不就，上不靠下不靠，位置就比较尴尬。所以他就这个谈了自己的认识。其他人有什么想法？

青年代表SLM：我觉得当前电视剧在"结婚必须买房"观念的形成过程中，扮演了很不好的角色。你说现在不管是拍哪种类型的家庭生活，里面都会涉及丈母娘和女婿，或者是老丈人和女婿。你有房没房，没房我闺女凭什么嫁给你啊，这其实就是舆论导向的问题，电视剧家长里短都是说这些问题，《媳妇的美好时代》《蜗居》之类，都是这样的。你说电视剧上都这样演，但有多少事儿是真的？我觉得这些跟电视导向，尤其是舆论导向太有关系了。另外我觉得我们就属于"刚需夹心层"，高不成低不就，高我们没有办法，低了我们不满足，你说我们怎么办？谁来解决这个问题，说是低端有保障，中端有支持，高端有市场。低端不说了，两限房、经济适用房、公租房都有；中端政策上的支持目前还没看到；高端有市场就更不用说了，你只要有钱，哪儿买不来？10万、20万一平米你照样买到。关键我们这部分是刚需，又马上面临要小孩的情况，小孩在哪里住？真要是所有人都挤到一块，一是时间久了大家都烦，再说将来小孩也不方便，这种状态下，下一代怎么培育？我觉得"刚需夹心层"，真是特别需要政策支持。有些政策可以适当放宽，比如廉租房、公租房。北京市最近也在关注公租房，要求开发商在建商品房的时候，必须配建公租房或者是廉租房，我觉得这个政策挺好的。但是，现在盖出来的房子质量参差不齐，有好有坏。很多报道都说过保障房质量不过关的问题。如果质量保证不了，限价就完全没意义了。还有一个衍生出来的问题就是配套，我们属于"刚需夹心层"这部分人一个月七八千块钱，扣完以后也就那么点，肯定不够低端标准，这部分人中的大部分都在三十岁左右，面临成家、要小孩，有些人要赡养老人。我觉得政府在开发地产，尤其是商品房地产的时候，一定要配套教育设施，这是很关键的。政府在郊区建的房子肯定比城里要便宜多了，虽然便宜但是周围的设施得建起来，尤其是教育问题要解决，这是必须的。不能配建完以后教育跟不上，我觉得这很关键。最近一直跟人家聊，现在对于商品房，预售特别难，其实有利有弊。限制预售价格其实是对老百姓买房有利的，但是这样限制后，一些急需住房的老百姓也没机会了，现在房地产新项目一开盘就是几百套，所有人一排号排几千人，开发商一看排这么多，就又提高点房价。其实这是开发商自己的一种炒作，但是给老百姓造成了一种负担。很多人都放弃了，觉得北京还让不让买房了，再不买以后我更买不起了，这种心态太普遍了。我觉得青年，尤其是"刚需夹心层"一旦买房，五到十年，甚至十五年你的社会地位都不会上升，能上升到哪儿去呀，所以我说房子确实是很大的一个问题。刚才也说到了集体分房或者福利分房，我觉得现在走回头路也不是不可以，凭什么企业原来集资建房就完全取消了，但是对于我们这些30岁左右的还是不行，人家四五十岁还没有房子，能轮到你吗？刚才也说了，2009年和2010年的差别，2009年是一个节点，确实是一个节点。2009年以后，二环边上，6万块钱一平米，2009年以前二环两万块都不到，这才几年，涨了三倍，房价差出这么大。刚才建议说取消公务员福利分房，我觉得别取消，很多人去抢占同样的资源肯定是会推动价格上涨的。解决公务员住房问题了，剩下这部分人，基数就小了，同样的政策出台后效果就会好一些，所以我觉得政策有时候可以变通。前几天看到有人讨论房价到底应不应该上涨，我觉得现在都市场经济了，谁也控制不了房价。房价到底应不应该上涨？应该上涨，因为你收入在增加。原来石景山区一平米四千块钱，那时候你可能挣两千块钱，现在你挣两万块钱，石景山区房价也两万了，房价肯定是会涨的，CPI在增长，房价可能不涨吗？经济增长房价肯定涨。但是涨是有限度的，比如说2012年较2011年上涨1%，那么2012年你就不应该超过1%，合理地上涨是允许的，但是2009～2013年这种猛涨我觉得有点太过了，也不知道这是什么原因造成。还有关于土地供应，今年北京市四十多块土地，是近五年来一个平均水平，大家也能看出来肯定就是在外环，很多人买外环的房以后，工作上有点困难。我记得曾经看过一个报告，在很早之前，还有一个换房的政策，不知道大家知不知道这个。怎么叫换房呢，就是大家都有这种需求，你在这个地方是因为孩子要上学，孩子上完学，我想去你的地方，咱俩就可以换房。换房子最高的记录是在1949年以后，46户都换房成功，我觉得这种政策北京是不是也可以补一补。总之，我觉得换房政策可以借鉴。现在说刚需、夹心，应该是再出台政策关注的一个重点，新闻说近期要出台关于"刚需夹心层"的支持政策。但是目前还没看到，也不知道会怎么解决，我们这些高不成低不就的反正是挺困难。基本上就想到这么多，可能有些说的不太对，请大家指正。

主持人： SLM说得挺好。之前我们也没想到，今天我们邀请的国企职工在很多年轻人看来，尤其在上一场私民营企业的职工看来，大家的经济条件还都不错，但大家的想法也和私民营企业的青年差不多，有很多相同的问题，而且我觉得大家不仅谈了个人的认识，还对整个宏观政策有思考、有建议，也让我们收获很多。

课题组成员A： 方不方便介绍一下，像你们俩这个年纪，在各自的企业里收入大概是多少？

青年代表SLM： 应该说，基本上稍微高点，一个月平均10000元左右。

课题组成员A： 你比如说10000元左右，每个月除去自己的其他开支，能够攒下来大概多少钱？

青年代表 SLM：我现在还要养孩子。

课题组成员 A：所以你已经成家了？你买房了吗？

青年代表 SLM：父母的房子。

课题组成员 A：父母的钱买的房子，所以你是不需要再去花租金的？

青年代表 SLM：对，我现在差不多每月能攒 6000 元左右。

会议主持人：那你有月供吗？父母全给你支付了？

青年代表 SLM：我是在 2009 年之前买的。

会议主持人：那你父母很"英明"啊。

青年代表 SLM：我就住在二环边上，我们单位就在那附近，2009 年我买的时候是 17000 元/平米，现在 60000 元/平米，这涨的幅度太大，但我肯定不会卖，卖了往哪住呀？

课题组成员 A：那你每个月大概能攒 6000 元，是你们两口子的共同收入吗？

青年代表 SLM：两人共同收入比这高，应该在 10000 元。

课题组成员 A：那 GF 呢？

青年代表 GF：我开销很大，因为生活费要刨除很多，包括交际费，还有随份子。一个同学结婚我至少得随千把块钱，我这个月随四千块钱份子钱了，基本上我以前的存款就都拿出来随份子了，这是很大一笔开支。还有包括社交，跟人家吃饭，不可能是 AA 吧，这回你请，下回他请，大家得轮着来。假如说，还有租房子的问题，跟人合租的话一个月也得一千七八块钱，刨去就剩不了多少钱了。

课题组成员 B：你现在是住在父母那里？

青年代表 GF：是，但是说实话我不想住我父母那里，想自己租房子，但是成本也很高。这么大岁数了，也想独立了，不想跟父母住在一起了，但是很明显经济实力还是不够。另外就是感觉压力还是很大，包括在跟其他人接触的时候，人家有房子、结婚了怎么样的，你就会感觉到无形中有一种自卑感，因为你毕竟没有房子。所以还是高不成低不就。"两限房"标准需要修改了，人均 7000 元，扣完税 6000 元一个月，根本买不起房子。所以我觉得标准能不能适当放宽一点，因为买房对于我们来说，现在只是做梦。我40岁的时候可能能攒够钱买房，但那时候不是我最需要的。其实香港有特别好的一点就是，公租房有行为规范，不能随地吐痰，不能抽烟什么的，这要扣分的，扣完你就不能租了。我觉得这特别好，能规范居民行为，能加强监管，这个政策也能推动精神文明建设之类的行为。

主持人：好，下面哪位青年朋友想说。（多人示意要发言）那女士优先吧。

青年代表 HSS：各位老师好，我想说一个问题，刚才那位男士说好像现在是丈母娘导致的住房问题，我不太同意，因为我是一个女孩子，我父母就是丈母娘、老丈人。你说哪个父母不希望自己的女儿嫁过去以后有个好的生活条件呢？如果连房子都没有，父母怎么能放心呢。在座可能有很多也身为父母吧，可能也会有这个想法。

我同事知道我要来这里，让我帮着说一个现实情况。我单位在东四环附近，我们普通小职员的年收入，不算扣除的费用和上税，一年大概七八万元，买我们单位对面的小区买不起，我一年不吃不喝、不上税、不交"五险一金"，我才能够买一平米四环边儿上、也不算特别好地段的房子吧，这就是现在的一个现实情况。还有，我可能跟上两位同事情况不太一样，我也是北京孩子，但我买了房，有房贷。买房的时候大概是2010年吧，房价刚刚开始上涨，当时想结婚，但是我父母说必须要买房子，哪怕还贷款，也一定要买房子。就是说起码第一要有地方住，第二我父母说这也是让我变相地去存钱嘛，也是变相地投资，因为房子会升值的。买了房子以后，我们俩因为都是国企的，所以走的是公积金贷款，当时好在收入正好在那个限度，在八十万。八十万元我是分30年还，所以每个月还4000元，走的是公积金贷款。好在现在我们两个公积金可以和贷款持平了，所以我现在挣的这部分钱就不用去还贷款了。我觉得公积金这个政策还是挺好的，要不然我每个月要负担4000元贷款确实有点高了。

课题组成员 B：公积金贷款？还是？

青年代表 HSS：就是因为我们两个都是国企职工，每个人的单位都给我们交公积金，自己交一部分，单位返一部分，我们两个人共同买这个房子，共同贷款。我们每个月的公积金就够还这个贷款了，就不用挣的工资还，所以现在这个情况我还是挺满意的，而且我也挺感谢我的父母，当时虽然觉得很紧张，但是现在我们才买了三年，一下就涨了，就已经不用自己挣的钱去还了，不过紧了三年而已，那三年每个月还2000多元，还好吧，没有感觉特别大的一个社会地位的下降。所以我觉得公积金这个政策是非常好的。当然也非常感谢男方家里，因为他们家掏的首付，就说有时候男方买不起房吧，掏一个首付，作为丈母娘也是可以接受的，总的说来也挺纠结的吧。

课题组成员 B：他们家是北京的吗？还是外地的？

青年代表 HSS：他们家不是北京的，但在外地有两套房子，卖了一套，在北京给我们交首付，这样才够。

主持人：公公婆婆对你都很好啊。

青年代表 HSS：对呀，他们现在总爱说的一句话就是，我做的最英明的决定就是把外地的房屋资产挪到了北京，他们一直引以为自豪，觉得很正确。因为外地人看北京的房价已经高得不行了，实际上他们在外地买的房子的大小和我们在北京买的房子是一样的，他们把整个房子的全款拿到这里，在2010年的时候才够付一个首付，剩下的我们自己在还，不知道我这种情况在同龄人里面算不算多数，但是在我的单位同事里面我属于少数的情况。

主持人：就是父母能给一个首付的不多？

青年代表 HSS：对，不是很多，大部分人还是没有。极小一部分人家里条件好，父母早就置办房子了，基本上就这三种情况。

课题组成员 B：比如说你周围的同事，除了家里条件特别好的，置办好了以外，完全靠个人力量在北京买房的有吗？

青年代表 HSS：没有，个人力量连首付都付不了。

青年代表 DZK：我分享一下自己的经历，我是1982年出生的，其实在在座的各位里我可能是年龄比较大的。我呢，自我定性，用我们现在的话说应该叫无根的北京人。为什么呢，我的房子，我的车，我的户口都在北京。但是除了这些之外，我只有朋友在北京，别的关系都不在北京，我的父母不在北京，我的亲戚都不在北京。我是2005年大学毕业到的北京，七八年了，今年已经31岁了。我买房完全靠自己，当然父母也是帮你想想办法呀，提提建议呀，但是现金来源还是我自己,这个阶段当然是一个非常非常艰苦的阶段。我买的也不早,也是在北京第一轮房价大幅上涨的时候,也就是在一万八九千元/平米左右的时候我买的,也是做的公积金贷款,因为都是国有企业嘛。现在一个月还4000多元,今年降了一点,去年4300元/月,今年就不到4000元/月吧。

另外,我想谈一个青年人发展的问题,提升生活品质的问题。难道青年人这一辈子就围绕着一套五六十、七八十平米的房子把几十年折进去了,到老为止吗?如果说中国的"80后""90后"一代,他们的生活这么过完的话,那么再过二十年,中国社会的中坚力量,搞科研的、搞管理的,推动社会进步的这些核心人物,是这些人来支撑中国社会发展,大家都在干什么,还房贷啊!而且像我们这种无根的北京人,还有一个很难受的问题就是我还要赡养父母,我还要养将来我爱的人,这是我义不容辞的责任。那么我现在仅有一套几十平方米的小房子,即使说我有个一百平方米的房子,我可以供养三个家庭吗?不够。但是谁又能不供养父母呢?所以现在谈的这个发展问题,就是我比较羡慕"原生北京人",因为我可以照顾父母,医疗、生活方面也行,但是我不需要再为父母解决住的问题。我现在身上最大的担子就是父母住的问题,因为咱们都是青年人,每天都要上班工作,我想问一下SLM,您每天上班,您的孩子是自己照顾呢,还是父母帮你照顾?

青年代表SLM:那肯定是父母照顾呗。

青年代表DZK:对,这就是一个问题,往哪里住的问题,而且我分享一个我的感受,不说买房,不说买别的,不说钱的问题。有一个广告:一对小夫妻,男士是一位摄影师,女士可能是居家主妇。很温馨的一个场景,晚上,黄色的灯光,拿着一个单反相机,然后他拿气球吹镜头里的灰的时候说公司要升职,但我拒绝了,我想做一些自己想做的事,可是以后的生活……然后爱人非常体贴地说:没关系,我来养你。这个广告我觉得拍得非常好,但是看完了我心里很酸,每次看完我都会和我女朋友说,如果我现在放弃现在的工作,去做一些自己想做的事情的时候,你会养我吗?我女朋友说,我会。我常常在想,年轻人到底应该干什么?这个问题我自己也考虑过,我买房那天我很兴奋,我从房东手里拿到了一个房本,全是我自己一个人在办。当时我就有一个深入思考,产权这两个字,我几乎有半生的收入吧,都搭进去了。但是产是什么,权是什么，起码在北京，产和权加起来就等于房子，这是咱们大家的一个概念。北京房价高吗？是高。但是它合理吗？其实我觉得它是合理的，为什么呢？从世界的经济角度看，只要是大型城市，世界性的一流城市，都是这样的，东京、莫斯科，法国、美国的一些城市都是一样的，因为优质资源必定导致资本的集中，导致社会成本的提高，这是肯定的。话说回来，我看到莫斯科的纪录片的时候，俄罗斯大部分家庭生活得很幸福，为什么呢？它有大客厅、大厨房、小卧室，满足老百姓的所有生活所需。莫斯科现在的房价我做过一个比较，和北京房价差不多，但是年轻人有很长时间的基础制度保障。在莫斯科，我喜欢艺术可以搞涂鸦，喜欢文学可以写小说，喜欢音乐可以搞搞作曲，喜欢美术可以搞搞摄影、搞搞绘画。我想问一下在座的青年朋友，如果你们家里不是大款的话，你们谁敢？我在单位也是小领导，我给青年们开会的时候大家也会问我这些问题，我也和大家聊。后来就是这样一个思路，理想是有钱人的追求，穷人还是过着生活。这个话可能说得灰暗一点，尖锐一点，但是现实中在我们身上就是这样。可能我说这个话时各位会问我为什么你不去做你想做的事情呢？那我再来分享一下，"70后"不存在这个问题，"70后"传统思维非常非常强，我非常非常佩服"70后"的人，因为他们可以用领袖、用道德、用伦理观去约束自己所有的行为爱好，把自己放在社会想要的框架里生存。"70后"是好样的，"80后"做不到，做到的起码在社会中位置都不错，但是我觉得大部分"80后"做不到。"80后"希望追求自己想要的东西，但是我想问问在座所有的"80后"，你们上学的时候，你们选专业的时候，是你们想干什么就学什么吗？还是说你考上什么你就上什么，父母建议你学什么你就学什么，亲戚朋友推荐就跟着走呢？直言不讳地跟大家说，我高考的时候考得很不理想，算是落榜吧。后来也只有一个普通院校把我捡过去，有几个专业可以挑，问我想去哪个专业，当时我母亲毅然决然地告诉我，去学化学吧，因为我们那学校化学的学科实力非常强。没有考虑过我的爱好，我也无从辩驳，因为父母的确是为了我好，为了生存。那么我喜欢的东西我能去做吗？我觉得很多"80后"都是这样，"90后"也是这样。甚至"00后""10后"还会受这种观念的影响，但可能会好一些，会有自己的爱好。一句话，因爱而做，我喜欢我就去做它，但是"80后"做不到。那么"80后"，或者"90

后""70"后，他们肯定是社会发展的中坚力量，能够推动社会的进步，但是现在被房子压着，他们怎么去做想做的事情？现在我觉得最重要的问题是，怎么把大家解放出来，而不是探讨房价高与低的问题。第一条建议就是政府调控的时候，尽量用行政杠杆来衡量，而不要用经济杠杆来衡量。经济杠杆刚才已经有朋友提及，效果已经显示在新闻头条上了，今天涨多少，明天涨多少。我买房子的时候我那小区才一万七八千元一平米，现在涨到30000元一平米。而且因为我买的户型比较好，供不应求，每天骚扰电话不停："哥您卖吗？"我说卖多少呀，他说30000元/平米，你想卖就能出手。我这房子还没满五年，就这么一个情况。这种情况不仅中国有，西方也有。在西方一些国家，甚至是亚洲的一些国家，他们采取什么形式，比如，我想打击炒作、打击热钱的情况下，不是对高额收益的部分去收税，而是根本不允许你交易。我不允许你交易，从根儿上给你卡死了，那么你还怎么交易呢？这是非常严厉的禁止手段，但是这种手段比较有用。又回到权利的问题上，我买或者不买，这是居民的消费权利，现在给这个权利加了一道税，这确实是一个经济杠杆，对于市场经济用经济杠杆去实现政治杠杆所应该实现的目标我觉得还有待商榷，这是第一个大方面。

第二个大方面就是政府宿舍的问题。其实政府宿舍很简单，是政府通过行政调节手段把低收入阶层、中间阶层、夹心层区分开，利用行之有效的地块，或者购买模式、租赁模式把这种东西固化下来。而且这种东西一定要有连续性，不能朝令夕改，就像中国高速公路节假日免费似的，五一、十一可以免，清明就不行了。所以我们提出来要政府建立青年公寓这么一个制度，并且这个制度一定要延续下去。不能说三年内是10万元标准，三年后可能降成8万元，过两年又提成15万元，这是不合理的，我觉得有些东西一定要有延续性。

最后，我跟各位再交流一下交通问题，其实大家不是说不能去远的地方住，而是我去了怎么来呀，我来了怎么回去呢？延庆的房子价格低，延庆也算北京，没问题，但是怎么去？我天天走八达岭，堵得要命，连昌平都过不来。别说延庆了，就朝阳呢，还得交过路费。我个人认为不是配套跟不上，而是交通跟不上。比较西方发达国家，大家都住在离市区很远的地方，他们怎么来呀？可能他把车开到四环，四环有大量集中的停车场，然后坐地铁到三环上班，很方便，市区不拥堵，然后我又能方便地从地铁口开车回家。我们在美剧里都能看见这样的场景，就是从哪出来，有位很绅士的男人说你们在这里稍等，我去取车。跟咱们不一样，他的停车场很远，但是，这样有效地解决了市区的交通问题和远处居住的问题。大家很羡慕美国人的小别墅、日本人的小阳台，但是这种东西是通过最合理的交通调整才能实现的，要么就堵着，要么就不开。就像我一样，我们家庭收入现在还可以，现在的目标是怎么解决父母在京的住房问题，还有怎么解决我的工作和爱好或者理想统一的问题。就这么一个条件，我和我女朋友每天上班都不愿意开车，因为我开车要比正常坐地铁早起一个小时，这样意义不大，我还是愿意去挤地铁，所以说我今天把交通的问题也提出来，这都是和青年人相关的。大家都会有爱人，都会有孕育下一代的一天，那么当你挺着大肚子挤地铁的时候就会很难受，当你挺个大肚子开着车堵在三环上也很难受，一个笑话，谢谢大家。

主持人：好，谢谢，讲得不错。

青年代表SJH：我插几句，因为我也是1982年出生的，2005年来北京，刚才前几位说的可能跟我的情况不太一样。我来自遥远的大西北，虽然解决了户口的问题，但还是有很多问题。我就简要跟大家分享一下我的实际经历吧。我刚来的时候，我所在的企业就处于北二环、北三环之间。那时刚好赶上我们最后一批分房结束，跟我们这些大学生说以后政策要求，"北京二、三环以内的企业是不能盖职工住房的"，所以从我们这批开始不再分房。但是我们是有集体宿舍的，有集体宿舍提供的时候大家心里还是比较平衡，因为刚来实习的大学生在我们企业第一年每个月平均工资也就八九百元，那时候大家实习第一年也没有在乎钱高不高，而且还有集体宿舍，大家心里很放心。但是随着北京市各个政策的逐步出台，现在集体宿舍要撤掉了，我们便考虑利用国企的环境和低收入情况去申请限价房。当然我个人比较幸运，我是在2010年已经申请了限价房。后面我就谈谈限价房这块的问题。2011年我申请通过了，通过后直到现在，我几乎平均每半个月就去当地街道问，他们给我的答复只有一个，信息都在区政府网站上，你自己去看吧。我们也是看网站信息，我看了一年，

看了两年到现在我没有看到任何相关可以去参加限价房摇号的信息。直到去年年底，我们所在的区终于盖房了，我们就去看了，很高兴，终于有机会了。结果一看上面限制2010年6月30号以前去申请的才有资格，我一看我是9月份，又得等。再等到什么时候，没有任何消息。就是像刚才前面的人说，政府应该解决这些问题，包括给我们一个及时的信息传递。有多少个人要这样等下去？这是我个人的现实问题。去年年底，集体宿舍正式取消了，取消后当时一批年轻人都很郁闷。我们想的很简单的一个问题是，我们住哪里？有些人就去看南四五环之外的房子，看了后开始考虑第二个问题，我借钱付了首付，付了后我们怎么办，怎么买车？摇号，摇号什么时候摇上不知道，然后还得养车。为什么都说中国人活得累呢，努力买房，买房了供房，供房没供完就有了孩子，养孩子养父母，孩子、父母养完了考虑自己买块地。你说现在就连你走了，一块地你都买不起。有人说中国人一直在挣钱干什么，没有幸福感。这是我从刚来北京到现在的一个实际情况，我们的收入是普通职工水平，我作为我们单位普通员工来反映的情况。我现在住的是单位附近的一个房子，月租一人800元，两人1600元，12平米。房子里什么都没有，只有洗手间，这是唯一我觉得方便的，洗衣服只能手洗，做饭都没有足够的地方。我们租的这个楼房里社会各个类型的人都有，一楼就设置了一个公用的洗衣服的地方，同时做饭也是没有地方，所以很紧张。我也不像各位已经买房了，要考虑还钱的问题，我现在考虑的只是一个住，这是最基本的。这是我简单的一个介绍，谢谢。

主持人：我觉得SJH她谈的是普通员工的想法。其他人有没有想法？

青年代表GF：我其实想补充两句，有人建议以行政手段去干预房价，我还是不建议这么去做。因为我个人感觉房价涨那么高也是市场的选择，保障的机制如果做好，公租房足够多的话，就不一定有那么多人去买，租房也能生活的话，我干嘛去买呢？而且中国的经济可能的确是被房地产绑架了，政府也是在摸着石头过河，也不是说政策一下就能那么好那么完善，也在边走边看。所以，我觉得可能更多是需要把保障做好。我相信也没有那么多人着急去买房子，这点是特别重要的。

课题组成员B：SJH，我想问你一个问题，就是你们单位原来有宿舍的时候，住宿舍年头最长的人能达到多长时间？

青年代表 SJH：是这样的，因为我们单位鼓励大家往外走，往外走有一定补贴，住最长的有十五年以上。

课题组成员 B：有住十五年以上的？成家了吗？

青年代表 SJH：最近刚成家，但他排限价房没排上，现在住公租房。

课题组成员 B：你们住宿舍时候，一间宿舍多少人？

青年代表 SJH：之前一间宿舍是4~6人。

青年代表 DZK：补充一句，关于青年的生活状态的问题，我比较熟悉，我们单位有的职工半辈子甚至一辈子都住在宿舍。他们家在远郊，甚至河北周边，就是因为没有房子，拖家带口住在宿舍。宿舍的条件是三人一个房间，一个房间大概有十一二平米左右，一个宿舍有一个桌子、三个铁柜子、三张床，仅此而已。那个宿舍已经满了，而现在这个宿舍还供不应求，因为价格比较低，解决了大家临时过渡的问题。

课题组成员 B：它的价格低到什么程度？

青年代表 DZK：价格是二百块钱一张床位一个月，水电费单位来承担，是有企业补贴的。

青年代表 SLM：我再插一句。你可能说的是以前，近几年，宿舍面临一个问题，单位年年都招大学生，招大学生以后肯定都安排宿舍。现在据我了解，我部门的很少去住宿舍，为什么呢？因为现在招的大学生基本上都是"85后"，甚至"90后"，这些人思想上可能更加活跃，他们不愿意在这里。我们宿舍现在就面临一个问题，价格确实便宜，但是现在都用于解决刚入职的大学生的问题，但他们不愿意住这个。宁愿自己每月花800元，也不要这个床位，我租个小的，三室一厅我租一室，多花几百块钱钱住得舒服一点。可能不同人要求不一样，他们宁可让父母贴着钱租房，也不住宿舍，但是这个床位他还是占着，能用上我还得用着呢，所以宿舍的利用率确实是个问题。

青年代表 LX：我接着他这个说，我觉得对于"90后"来说，这是一个好现象。"90后"可以出去租房，不像我们"80后"非要给自己买套房。对于年轻人来说，观念在变化，"70后"跟"80后"观念还不一样呢。我先系统地说一下我的观点，我是北京一家房地产开发公司的，一直从事销售工作，是个工作了六年的一个老员工。就说一下我现在对房地产市场的看法。刚刚有三位提到自己都已经买房了吧？三位都是"80后"，可能工作也就四五年。我觉得工作四五年，不管是不是靠父母，能买一套房，这就能说明一些问题。我们一直在说青年住房问题，如果青年工作四五年能买一套房，就住房问题来说，我觉得社会给青年人的优惠政策是很不错的。我所说的是社会是一个综合作用的结果，比如说，DZK，你买房了，是吧？是在2007、2008年？

青年代表DZK：我是2010年，涨得比较高。

青年代表LX：你买房的时候一万七八元/平米？

青年代表DZK：一万八九元/平米。

青年代表LX：总房款是多少？

青年代表DZK：125万吧。

青年代表LX：贷了多少？

青年代表DZK：80万。

青年代表LX：贷了30年？

青年代表DZK：对。

青年代表LX：按你现在的收入水平，80万元你觉得多少年能还上？

青年代表DZK：你是说怎么还呢？比如说啊，我有多少钱我都还给银行呢，我攒一段时间还给银行呢，还是我每个月按时还给银行？

青年代表LX：就是你生活必需的开销刨掉，把你交友的开销也刨掉，剩下的钱如果你想提前还的话？

青年代表DZK：这样的话，等于上个月吧，我和我女朋友两个人，我们也马上要结婚了，我们俩的结余不到3000元。

主持人：还完房款？

青年代表DZK：对。这个月我还欠我女朋友一个生日礼物，没给她买。万一要是买点什么，有点什么事要怎么做呢。买束花这个事情就过去了，但是我这个状态呢，因为我毕业时间比较长，毕业8年了，在社会上待了将近十年的时间，我还是感觉很累。我们单位今年的毕业生，在跟他们交流起来时，其实很多东西我很难用正能量去激励他们，当然我也要正面引导他们，但是很难有说服力地去跟他们说，我只能鼓励他们说会越来越好，但是实例不好举。

青年代表 LX：我说一下北京曾经有一个统计数字，就是年轻人贷款平均还贷年限是七八年，当然数据可能有夸张的成分。就是随着你收入的增长，你80万元的贷款可能七八年就还上了。

青年代表 HSS：我能插一话下吗？我也贷了30年，但是我不打算提前还完，就是想按30年还，因为我觉得现在挣的钱的价值跟30年以后的钱的价值是不一样的。我现在还4000块钱，这就觉得占生活的一部分，但也许30年后4000块钱就是一顿饭钱，我为什么要提前还呢，我现在挣钱很不容易，用钱的地方很多，我为什么要把以后生孩子、养家、养父母的钱还给银行呢？

青年代表 LX：可以。你可以提前还嘛，因为你的住房问题已经解决了，而且你每个月生活花销也没有影响生活质量。所以我说实际上对于青年人来说，包括我的同学和刚才这两位还房贷的情况，2007年毕业之后，我的同学都是到全国各地去，留在北京的除了极少数人外，基本上都买房了。当然可能因为当时我们本身是土木工程这个专业，对房地产有一些关注，观念有比较超前的地方。但是我就说一个情况，就是基本上都买房了。现在很多人说年轻人住房问题，实际上这个问题，是不是真正有问题？这要打一个问号了。当然可能我的一些观点跟这些同事不太一样，因为我本身是从事房地产销售的。

青年代表 DZK：LX，打断一下，我想问一个问题，你身边这些年轻人买房是自己买呢，是父母帮着买呢？还是父母提供首付呢？还是父母卖一套房帮助你们在北京有栖息之地的？

青年代表 LX：那肯定要父母帮助的。年轻人如果不靠父母帮着买房的话，靠自己，你希望刚一毕业就买房，我觉得这是不现实的，因为我们是社会主义市场经济，不是共产主义社会，不可能刚一毕业每个人都有房，都是要有个人奋斗的过程。

青年代表 GF：所以还是存在一个问题，我是本科毕业之后支教了一年，读研三年，工作一年，现在27岁，也面临着找房子的问题。这么多年我一直在消耗家里的积蓄，你说的这种情况是父母还能帮着，那父母没有这个条件怎么办？还是存在着很大的问题。

青年代表 LX：因为你现在是单身状况，你只工作一年，如果说单身只工作一年的人都能买到房了，那我觉得就是社会有问题了。下面我说的，就是我们本身的中国式观念的问题。扯远一点，我们是农耕文明，这跟人家游牧民族是不一样的。我们从历史上就是一个喜欢盖房的民族，中国人有住房的概念，其他民族是有房住的概念。国外的人40多岁才买房，年轻的时候都租房，但我们不一样，我们刚刚提到可能有丈母娘的原因，但更多的我觉得是综合观念的问题。

青年代表 GF：是观念的问题，而且刚刚我提到租房是可以，但是房租也不便宜，公租房轮不到你去租，你没有资格去租便宜的房子，这是现在迫切需要解决的问题。

青年代表 LX：这个是我谈到的一个制度的问题，实际上房的本质是一个有房住的问题，不是一个有住房的问题。你说每个人都有住房，那搞房地产开发的盖多少房可能都不能满足社会需求。当时1997年、1998年的时候应该是朱镕基总理率先提出的房改问题。原来一直是福利分房，后来是把住房问题推向市场，然后才开始了大规模的房地产开发。因为这是中国经济发展到了特定阶段，是经济发展的需要。房地产是一个支柱产业，它能带动砖瓦砂石、钢筋水泥、家电、家装、建材等这些行业。它是中国经济发展所需要的，我们可能处在一个特殊的历史阶段，就是国家的发展需要房地产。房地产房价越高，房越卖得动，可能政府税收越多，财政越宽裕，处在这么一个历史阶段。再者房地产本身就是供需的问题，刚才提到盖多少房，也不能满足咱们的需求，我们也是发现这么一个问题。无论做商品房也好，保障性住房也好，实际上更多的人买商品房。在最新的调控之前，包括再远一点，在2010年"限购令"之前更多人买房子是为了投资。这牵扯的另一个问题就是我们国家老百姓的投资渠道比较少。原来有股市，这几年股市不行，但是他要保证自己的固定资产升值。谁也不想钱自己存着，还跑不过CPI，肯定要投资，股市不行了，就要投资房地产。这么多有钱人，要知道北京不是北京人的北京，是全国人的北京，甚至是全世界的北京，当然就会有很多人来投资，这就无形中带动房价的上涨。刚才说到商品房，买房的有相当一部分是投资。再一个就是保障房制度设计的问题，我们在审核把关上，实际上把得不严，相当一部分人实际上不具备资格，最后也被纳入保障房这个圈子里。为什么不符合申请资格的人也来申请呢，就是因为保障房同样具有投资属性。我想说当房子有投资属性的时候，政府无论盖多少保障房，都是供不应求的。比如说我知道的一个保障房项目单价只有 9900 元/平米，而周围的商品房 30000 多元/平米，那很明显，大家都要争着去申请。

主持人：你说的这个问题很重要。

青年代表 SLM：我插一句，我其实一直在想，为什么国家不能给国有企业几块地方，让国有企业盖哪怕一室一厅带卫生间的房子。因为北京市的土地是稀有的，土地是很值钱的。国家和北京市想通过土地获益，不会无缘无故为了解决十个人的住宿问题，就把这块地拨给你，你去给我盖个房子。每年那么多的土地收益从哪来？就是靠卖地得来，尽管现在有限制地价这种政策，但实际上土地收益还是占北京市政府财政收入的很大一部分，为什么以前有楼市地王啊，地价就好几十万一平米，房子卖出来价格肯定高。政府怎么去控制土地销售，怎么提供一些保障性的土地，这很关键。

主持人：嗯，好，LX 你继续。

青年代表 LX：我继续说，我主要想说房价为什么这么高。刚才说的一个是经济发展所处的阶段所致，房地产是我们的支柱产业。再一个就是房地产具有投资属性，很多人都进来投资，不管是保障房也好还是商品房也好。第三点就是观念问题，中国人的观念问题。第四点就是房地产本身就有供需矛盾的问题。举一个简单的例子，像我们在通州的商品房项目，原来大概卖 18000 元一平米，但周边最近出了一块地，楼面价值是每平米 19000 元，什么概念呢，就是到开盘的时候，至少得加 10000 元。这是成本嘛，包括建筑成本、税收成本、财务成本，那它就要到 29000 元/平米。我们的房子现在卖 18000 元/平米贵吗？不贵，我们马上就调价了，调到 23000 元/平米了。调到 23000 元/平米之后最近这一段时间卖得非常火，因为大家有一个比较。就说实际上它是支柱产业，政府发展经济需要，也是地方政府需要这笔钱，土地财政嘛，把地就炒到了楼面价 19000 元/平米。另一方面的供需矛盾是，19000 元/平米的价格还是有很多人去买，需求实际上还是很旺盛，还是比供应要大得多。实际上北京每年供的地相对于需求来说是不多的，因为北京人口在不断膨胀。听说今年毕

业生有将近 700 万人，这么多人每年都加入北京来，那盖多少房可能都是不够的，因为我们每年拿出盖房子的地就那么多，这就是供需矛盾的问题。

针对我刚说的问题，有哪些解决措施呢？包括前面有人提到房产税的概念，当然房产税有很多复杂的问题，可能涉及国家税收体制改革的问题，但总体上是值得肯定的。刚才也提到了发达国家，发达国家当然我们只是泛泛一说，比如德国，房产税分房产购置税和房屋买卖税，再就是说如果你自己有一套房，自己住一套房是不收税的，但你要把第二套房用于出租的话就要收你高税了。把房产税这个概念分成两个，一个是购置的，一个是房屋持有的税。回到我们国家，现在也慢慢开始推广房产登记制度，实际上就是为以后的房产税做一些基础工作。现在可能有的人持有的房子很多，几套甚至可能更多。不管是他也好还是他周边的人也好，如果这种税收真的能付诸实施的话，肯定对房价会起到一个立竿见影的效果。因为把房子的投资属性去除了，大家很自然的就会少存房，把房子拿到市场上来出租。还有就是房屋租赁市场管理的问题，可能我们年轻人买不起房，我们可以去租房，但是现在房屋租赁市场管理实际上是失控的。可能有其他原因吧，因为管理有成本，管不了那么细。所以现在租赁市场的房租，完全是由卖方说了算，房屋租赁市场不规范，可能今年租一个价，第二年涨很多。因为这些问题，大家对于租房没有安全感，所以需要买一套房来解决。再一个就是刚才提到的去除投资属性。别看很多人喊着保障房不够，但实际上真正具有申请资格的有多少？很多人叫着需要，实际上真正需要保障的这部分人绝对没有现在这么多。所以这就说到为什么要买房，因为它有投资属性，但是收益指的是卖的时候的指导价减去那时候的房价。实际上我们今天的指导价比房屋实际价要便宜很多，有很大的利益空间，所以说现在在去除保障房投资属性这一方面政府也在做一些工作。像北京市去年二月份出台一个规定，经济适用房新签订合同的是不允许买卖的，你卖了只能卖给区住建委。原价收购后再配售给具有资格的人。这就非常好，不像原来一样后期管理处于失控的状态。这个我可以举个例子，我们曾经关注过一个小区，经济适用房，2008 年卖的时候 4322 元每平米，2010 年入住的时候，7 个楼 2985 户入住了，但是我们这两年还没有系统地走访，只是在周边的二手房中介那看了看，有相当一部分人当时申请了却都没有住在那里，就是把房子租出去了。就说去除投资属性，经济适用房这么做了，限价房是不是在这方面也能做一些小的变通。还有廉租房、公共租赁住房，实际上公共租赁住房才是我们未来发展的方向。咱们北京住房管理处也注意到这个问题，新发布了一个住房管理办法，公租房应该扩大范围，不应该和限价房一样。最近有消息说要把公租房扩大范围，比如原来是家庭年收入低于8.8万元，现在要扩大到15万元，让它覆盖的人群更多，通过公共租赁住房解决年轻人刚毕业这个阶段买不起房的问题，这实际上是一个非常好的解决问题的办法。刚刚有同人提到香港，香港公共租赁住房确实很发达，但是实际上它的公租房面积很小，只满足基本的生活需求，而且它也不是申请了就马上给你，香港也是要轮好几年才能轮到你头上，也不是我们想象的比我们好那么多。公共租赁住房我们现在开始做了，这就是一个好的方向。而且我们现在的公共租赁住房比香港的条件还要好，既然找对了方向就要坚持做下去，这是我说的公共租赁住房这方面。当然廉租房可能针对的是低收入家庭、低保家庭，这部分人是真正需要社会保障的一部分人。刚刚说到的保障房，肯定咱们要去除它的投资属性，把经济适用房退出来，只给经济贫困的家庭。包括限价房以后也是不是可以做一些变通，做一些改变。就是说去除投资属性就能真正解决"有房住"的问题，而不是"有住房"的问题。

主持人：嗯，好，"有房住"而不是"有住房"，我们记下了，还有没有朋友与我们分享一下观点？

青年代表WJ：刚才听大家讲了好多东西，我觉得自己收获挺大的，我也是在学习，然后一边学习我一边说说自己的思路。我想从"居者有其屋"这个词来谈一谈咱们青年人的住房问题。因为时间短，我大概讲一下，不可能讲那么透彻，因为这也是很大的社会综合性问题。"居者有其屋"要怎么去理解，居者本身就需要分层次，就说青年的问题，特别是刚刚工作的，父母又不是很有钱的青年，他就属于低端人群。这么说没有歧视的意思，但这就是低端人群。第二个就是中端人群，中产阶级，就是三四十岁这个阶段，有一定经济基础了，同时想改善一下自己的生活条件。第三个就是高端人群，就是非常有钱的这些人。居者分为三个层次，那么有房住的问题也应该分为三个层次，根据三种不同的人群去设定不同的住房政策。第一个可能我们青年人，我们属于

低端人群，刚才我特别赞成 LX 的观点，就是公租房，我觉得这是一个特别好的方法。我们公司也和房地产开发商有一定关系。当时卖房的时候，一种就真的是非常穷的人，首付都付不起；还有一种情况就是开着宝马去的，他自己可能是富二代。实际上，这种人可能本身工作并不好，但他父母很有钱，这种人需要买房吗？实际上不需要，但是资格审核的时候可以通过，因为他本人的收入很低，就是这么一种情况。公租房是一个很好的办法。因为假设是公租房的话，富二代不会选择这种住房，他们还是希望选择可以自己拥有产权的房子。这是我说的公租房，低端人群的问题。第二个就是中端人群，中端我觉得是一个很大的概念，一个范围。像我是1983年出生的，我结婚比较早，孩子3岁半了，我可能很快要考虑孩子的上学问题，所以我可能是属于低端人群，因为房子我已经有了，是2009年买的。大家有没有印象2009年年底一个低谷，我恰好在那个时候买的房子，然后当时那个房子实际上是置换了一套，拿老人的房子置换了一个稍微大一点面积的。紧接着在2011年，也是处于低谷拐点，我又买了一套房子，但是这个房子是父母资助了一部分钱，剩下的部分是公积金贷款的。买那个房子就是为了孩子上学，买了一套离学校近的。所以我们可能是接近低端的中端人群，对我们来讲孩子的教育是一个很大的问题。再往上走就是几世同堂的，更高一级的那种。像我住的小区就有很多是二代居，分别有两个带有客厅、卧室、洗手间的房子。这种就属于二代居，可以两代人或者三代人共同生活的，他们应该就是接近于高端人群的中端人群。所以说中端人群才是房地产消费的主要人群，房地产更多的利润来源可能是中端人群。对于开发商来说，他选择买地的时候，可能就要考虑学校、医疗环境，还有户型的设计，我觉得这对开发商来说是一个课题。

青年代表 LX：这可能就是我刚才说的，在这个阶段，我们国家还是需要房地产来带动经济发展。当然本身税收改革也是一个很复杂的体系改革，涉及很多问题。你提到的房产税的问题，我想到最近出的"国五条"，因为我们也在关注二手房市场，"国五条"是不满五年收20%的税，现在实际上在二手房市场满五年的房最抢手，但是这部分房相比较而言是少数，所以实际上二手房房价没有下降，反而更高了。因为拿出来卖的房，基本上都是满五年的，所以价格标得很高，但是交易量很少，为什么呢？因为房价很高，不满五年的税收又很多，所以交易量很少。但是什么人在买这些房，实际上买二手房的人是有改善性需求的人，就是说我本身住在朝阳区，可孩子在西城区上学，我就要到西城区买一套住房，这实际上就是改善性需求，不是我们青年人住房的问题了，这个房价很高，我觉得是很合理的，他是具备购买力，要换到一个学区房，为了孩子上学的。这跟我们说的青年人购房是两个问题，这也就是为什么说现在城区的豪宅特别抢手，因为很多人需要改善，可能原来他住在城外面，随着年龄的增长、资本的积累，他需要换房了，需要改善住房条件了，那他就要在市区买一套更好的房。但是市区的土地越来越少，所以这一部分真正是被炒高了。

课题组成员 B：WJ，我问一下，你家是北京的吧？

青年代表 WJ：我不是，我是 2006 年毕业之后留在北京的，但我爱人是北京人。

课题组成员 B：哦，你爱人是北京的。那你刚才说你买的第一套房是置换房，是卖掉他们家的房子？还有你身边大部分同事在你这个年纪都买房了，不知你身边这些同事大多是北京户口的还是外地来京的？

青年代表 WJ：北京户口，很多是外地人解决了北京户口的。

课题组成员 B：他们的父母是北京的还是其他地方的？

青年代表 WJ：父母有在北京的，也有在外地的，基本上是外地人到北京解决户口的，父母都还在外地。

课题组成员 B：即便这样，双方父母是在外地的，他们也都买房了？你们单位的工资是多少？

青年代表 WJ：10000 元左右。

课题组成员 B：那你们同事一般买房子是在工作多少年的时候可以买？

青年代表 WJ：工作三四年、四五年。其实很多时候，青年人买不到房不光是政府的原因，可能还有他自己的原因。我们同事中有一个没有买房的，他的要求特别高，又要面积大，又要离单位近，价格还不能特别高，还要学区房，这种房子不可能有的。

课题组成员 B：你能告诉我一下，你们单位的同事，比如说他的父母在北京，或者像你一样的，另一半的父母是北京本地的，这样的占百分之多少？

青年代表 WJ： 我们单位应该大部分都是双方都在北京的，只有少部分像我这种，也就 5%~10% 吧。

课题组成员 B： 所以绝大多数都是双方都在北京。刚刚 DZK 也跟我说你们单位的同事在你这个年纪也是大部分都买房了是吧？

青年代表 DZK： 我中间换了几次工作，第一个工作也是在国有企业。当年我毕业的时候 17 个人一同进单位的，17 个人都是男的，家里都不是北京的，全是外地大学毕业以后应聘到北京的。这 17 个人现在有接近一半没买房。买房的一种是事业发展的还可以，自己咬咬牙买了。另一种是家里条件比较好，双方家里资助了。没买那几个人呢，首先可能是事业发展得不太如意，其次就是家里是农村的，就是所谓的凤凰男，出来了，但是家里没有提供足够的支持，这种情况我们可以理解。他刚进入社会这几年，家庭又很困难，他不会想买房，根本没有积蓄。等他想买的时候，北京的房价已经很高了。没积蓄，家里又没有办法支持，更买不起了，我觉得这种夹层的人是比较难受的。

主持人： 父母起码给点首付，我们还月供也能接受是吧？

青年代表 DZK： 但是父母连首付可能都给不了，你要买房可能首付是 100 万元，父母可能只能提供五六万元，这在北京是杯水车薪啊。现在这部分人是比较难受的，另外一部分就是刚刚走出校园，在社会上还没有一定积累，这样是比较难的。我觉得真正难的是外地农村出来留到北京工作的人，他们买一套房，可能是把两个人的职业生涯都押在上面了，而且这还是一套五六十平米的，年龄甚至比我还要大的老房子上，其实他们心里是挺不平衡的。

青年代表 WJ： 说到这我提一下公租房的问题，刚刚有好多人都提到公租房由单位来解决，其实我不是很赞同这个观点，我感觉还是该由社会、由政府来提供。虽然一些单位是具备这些条件的，有自己的使用地，但是很多单位是不具备这种条件的。以前可能还有企业盖房子给自己的职工居住，但是现在不具备这个条件，所有的土地都市场化了。这样的话，对企业还是一个非常大的负担，所以还是应该由政府去做。

青年代表 LX： 顺着他们说的，我想起一个问题，咱们实际上说买不起房的那部分人，给他细分，买不起房的人是哪些人，农村出来，在北京读的大学，家里富裕的还好，给些首付。但是连首付都给不起的这部分就没办法。

主持人：对，改变命运比较难。

青年代表 LX：但是这一部分人，他就应该买房吗？这要打一个问号。

青年代表 GF：而且还有一点，房地产公司可能也有一定责任，他们鼓吹房价一定会涨成什么样子。可能就是说，头几年大概要买没有买，到现在要买的时候房价又翻好几番了。我现在一定要买，如果我不买，我再等，那这一年攒的工资还不如房价涨的呢。

青年代表 WJ：我和 LX 是从事地产相关工作的，我们职工就可能会有这种眼光，我是 2009 年拐点的时候买的房子，这是很好的一个时机嘛，接着就是 2011 年也是一个拐点。

主持人：好，咱们稍等一下，因为还有几位朋友没发言，咱们等他们说完以后有些共同的问题再一起讨论。

青年代表 WJ：这样，我再说一句，现在说到低端、高端，这个政策是非常令人恼火的。高端这部分，别墅完全被卡死了，别墅是完全没有审批的。实际上把很有钱的人的消费控制住了，但是这一部分人怎么办，投资怎么办？只能跟低端人群去抢市场。

青年代表 SZX：我就是你们刚才说的那种凤凰男，我去年毕业，今年刚买房，目前借款 40 万元，每天睡不着觉，就是路边招服务员、招临时工我都想去。我情况是这样的，为什么要买房，第一没房落不了户口，我孩子马上出生了，没房子总不能让孩子一辈子成黑户吧。我爱人户口在外地，我是博士后，博士后也不可能落户口，我属于一种特殊人群，没办法，只有买房一条路。所以咬咬牙，近的买不起，往远了买，大的买不起，往小了买，我买的房在东南六环外，房子很便宜。但是交通非常不方便，每天上下班三个多小时。这个房子买完之后，对我的生活有很大影响。幸好我遇到一些比较合适的机遇，有点积蓄再加上后来上班，我爱人工资不高，两个人凑着，又借了 40 万。我买的是二手房，二手房有一个问题，都说首付少，真买下来，我的房子是全价 145 万元，贷款 75 万元，花了 70 万元，其实首付不是两成。青年人买房，首付是不是要适当降低一点？这对青年人是一个照顾，比如 25 岁以下首付低一成，23～25 岁之间首付两成，这是一个建议。另外我想谈我买的那个小区的房子，我通过和中介聊天和观察发现，有 1/3 房子买来是自住，像我这种；

有1/3是出租的；另外的1/3是黑灯的。我就想呢，是不是通过收房产税让有房不住的人把房子卖了，能不能把这个事给落实了。还有一个问题，这个房子我是今年买的，原来房东是2010年拿的房本，但是我买来只有58年产权，就说明这个地是2001年拿到的，2010年才开始出售的，整整屯了十年。这是个问题，能不能加快新房的上市进度，别再等那么久。这是我问的几个问题。我有可能是情况比较特殊，属于特殊人群，希望你们考虑考虑。好，谢谢。

青年代表CYJ：我发现一个规律，越往后说的越苦。前面说的更多还是有北京户口的，我目前还没有北京户口，我要说两个方面，一个是个人情况，我目前是租房，收入应该不算太低，但是受买房资格的限制、买车资格的限制等。买房的话便宜一点就远一点。另一个是户口问题，应届毕业生可以办理北京户口，但是我们这属于夹在中间的，不是应届毕业生，在其他城市工作了几年，有工作经验，来北京应聘，这种人永远都解决不了户口，这是非常痛苦的一个问题。我觉得年轻人买不起房是很正常的事情，因为不可能刚走入社会，工作了三五年，马上就能买到好房，过得很安逸，这个不符合社会发展、收入递增的规律。我原来在媒体行业工作过，也对房地产比较关注、比较感兴趣，会每天跟人私底下聊天。后来呢，我在房地产开发公司工作，越是进入房产开发行业，我到对中国的，或者说北京的房价问题越看越不明白。前面听了很多发言，我觉得大家发表自己观点的时候都非常自信，都觉得自己的观点是正确的，但是我现在是越往后越怀疑，我早年的观点自己都否定了。包括中央也好，相关的政府部门也好，他们在电视上、报纸上发表的观点，我总有质疑，为什么这些年的调控，谁也不敢说绝对成功，但是没有人敢承认失败。我们每个人不管是外行人也好，内行人也好，或多或少都能对房价问题说出一点想法，但到底有没有人能说到点上？这也是主持人他们搞这个座谈会的意义。非常重要的一个方面，正因为这个问题是一个热点问题，关系到国计民生，我觉得咱们任何部门、任何人在做一个决策之前，只有真的能踏踏实实地把房价的问题研究透了，找到核心的关键点，那才有可能拿出真正能改变现状、改善情况的一整套方案。我觉得不可能说一个政策出来马上能改变房价。房地产这个问题真的是太复杂了。

课题组成员B：我想问一下，你是哪年生的？哪年到的北京？

青年代表 CYJ：1983 年出生，2008 年到的北京。

课题组成员 B：你现在租的房子是什么情况呢？

青年代表 CYJ：我租的房子就是一个普通的三居室，因为有孩子、有老人。

课题组成员 B：你现在的收入应该是在 10000～15000 元/月？

青年代表 CYJ：差不多吧，年收入在 15 万～20 万元之间。

课题组成员 B：那么你租房一个月大概多少钱呢？

青年代表 CYJ：大概 4000 多元/月。

课题组成员 B：这价格好像对三居室来讲比较便宜了。

青年代表 CYJ：四环外。

课题组成员 B：那我问一下，对你来讲，你现在有购房的计划吗，或者说就一辈子租房了？

青年代表 CYJ：肯定得购房。一个是我没有户口，2008 年来北京，参加社保以后，到今年才 5 年，依靠我家庭和我爱人家庭的力量，还得买一个相对离单位近一点的，因为车现在买不了。

课题组成员 B：所以你是有购房的考虑？

青年代表 CYJ：那肯定，肯定得买。我觉得大多数人只要有可能性，都会去买。因为房价非常明显，没有大幅度地下落过，前面有人提租房子的问题，在我看来租房子这个问题不难理解。买了房的话，房子不要还可以卖，到时候房价比现在高得多。

课题组成员 B：SZX，你现在是博士后，还在博士后流动站吗？

青年代表 SZX：对，去年一月份进站，现在刚满一年，要两年时间。

课题组成员 B：那你现在户口在哪呢？

青年代表 SZX：不是北京户口，也不是外地户口，在学校。

课题组成员 B：你是去年进站的，进站之前一直在学校。你具体买房时间是什么时候？

青年代表 SZX：网签是在 2 月。

课题组成员 B：等于是今年 2 月买的房。你去年进站，今年 2 月就买房，动手还挺快。

青年代表 SZX：没办法，我就是等公积金满一年。

青年代表 QH：我是和前面这位大哥一样，也是在租房，也有孩子，租的两居。因为2005年毕业就来北京了，当初也考虑买房，但是出于种种原因没买。现在可能像我们这样的年轻人，需要有一个过渡，现在这个过渡没有了。一般是父母帮忙，或者是通过自己的一些关系，有的都是明知道不可为而为之的事情，很没有实力，或者有很大的负担，但是我也必须这样干，我去借钱买房，我要去买一个房子稳定下来。以前很多的集体宿舍也好，或者是政府的廉租房也好，对我们大学刚毕业的年轻人来讲，是没有这种机会的，有可能是不符合政策，或者是本身公租房就很少，需要排队，排四五年，那过程我承担不了，负担不了。我觉得今天来可能是讨论这样一个群体，刚走出校门的，没有父母帮助的，农村来的"凤凰男"，后面没有什么支持的人。这群年轻人的数量，没有明确的数字，但是占一大部分。对社会来讲，为社会创造财富也好，实现自己的价值也好，这是不可或缺的部分。我觉得对青年人来说，能有一个过渡，把以前丢失的过渡环节弥补回来是最好的。当然具体让我谈怎么做，我也说不来，我就是想说，希望能把我们年轻人的诉求考虑进来。改革开放30多年了，感觉现在的年轻人很浮躁，没有一个真的价值观，导向也不是正面的，现在老讲正能量，可能就是负面的东西比较多。其实我觉得很有必要关注刚毕业的大学生，他们没有基础，要把这个考虑进来，这是我的一个观点。

课题组成员 B：QH你刚才说，希望能解决过渡性诉求？你觉得过渡性的解决方案是什么样的呢？是他们说的集体宿舍呢？还是必须得是单独的住房？

青年代表 QH：我觉得还是单独的住房，可以小点。现在"80后""90后"需要自己的私密空间，刚才讲大学毕业生不愿意住集体宿舍，就是因为没有私密空间。"80后""90后"可能和以前的"70后"不太一样，不能说不团结，他们需要自己独立的一些空间。可能这个房小点，十几平米，也没有问题。要是集体宿舍三到五个人，住一个六七十平米的空间，倒不如自己有一个八平米、十平米的小屋。

课题组成员 B：你在京几年？

青年代表 QH：八年。

课题组成员 B：哪年出生呢？

青年代表 QH：1984 年。

课题组成员 B：你家不是北京的吗？

青年代表 QH：不是，我家是外地的。

课题组成员 B：那你有购房的考虑了吗？

青年代表 QH：有购房考虑，因为有孩子了嘛，去年也是想买房，一直在犹豫，今年刚排了号，五环以外了。想买一百平米多一点那种房子，但是当时排完号最小的就是 135 平米了。我认为自己可能买不起这种房，太大了。

主持人：特别感谢大家，我们今天聊了这么久，感觉大家也没谈够，我们也没问够。我自己记了十个问题，想跟大家再聊，但是我觉得这十个问题再聊两个半小时也不够。所以我打算下面我们就一个一个问题再深度地去了解。最近这一两年，我们了解到的、接触到的青年朋友跟我们谈的最多的一个问题就是住房。现在，虽然有很多政策性的住房安排，包括有很多青年人也买了房子，但是大家还是在反复提住房问题，所以今年我们就把青年的住房问题作为我们调研的重点方向，通过这个方向的调研我们想看看到底不同类型的青年面对的住房问题到底是什么问题，已经买房的是什么问题，没有买房的是什么问题，有北京户口的是什么问题，没北京户口的是什么问题，公务员是什么问题，企业青年是什么问题，想把这些问题搞清楚一些，接下来我们会和大家具体去联系。就先说这么多，再次感谢大家！

B.13
青年住房问题座谈会之三

——事业单位青年职工专场

主持人：首先感谢大家应我们的邀请参加今天的座谈会，今年研究的主题是住房问题，想了解一下各个不同领域的青年在住房上有什么困难，今天请来咱们事业单位的青年，想请大家把自己和自己周围青年的情况给我们做个简单介绍，有助于我们更好地研究。

开始前，有几点注意事项想提醒大家。第一，座谈会纯粹以调查研究为目的，希望大家尽可能表达自己的观点。第二，我们将根据统计法的要求，把个人隐私都去掉。第三，如果有不同意见，欢迎彼此之间进行讨论和辩论，首先是每个人自由发言，之后相互讨论。

青年代表MZP：大家上午好！我原单位是某市属单位，很高兴今天上午参加研讨活动。首先介绍我自身的情况，我就是北京人，所以在住房问题上还没有涉及过多的困难，没有房贷的负担，基本自筹自支，满足自己的生活，每月工资大概四五千，平常生活可以过得去，因此我想着重说一下我周围的群体。当我的同事、周围的朋友涉及无房问题时，他们会有什么样的感受。

首先我想说一点，可能现在作为我们青年人来说，有一种想法就是买房才能结婚，买房是刚需，以前任志强也说过，他在四五十岁时才买第一套房，作为青年人不要着急买房子，房子不是我们刚走上社会就能够得到的东西，就像刚一工作很难买得起房一样。在他们那个年代，他们有单位分房或者有房允许他们租住，在那种情况下，他们可以离单位稍微近一点，这样交通难题得以大大缓解。

其次，作为我们年轻人，不但买房困难，租住也是很大的问题，周围朋友租房这笔钱占他们工资的很大比重，如果失业了他们可能居无定所，因为现在二环以内的房租大概每月4000~5000元，三环、四环、五环大概2000~3000元，而我们的月工资大概4000元，房租基本占我们每月开销的绝大部分，开销之后没有多余的钱去娱乐，加上交通、生活基本的消费，也就会成为月光族，有可能还需要信用卡。

所以我觉得对年轻人来说，不管是课题组做研究还是政府出台政策，在打压房价的同时，要给我们创造租住平台，在解决买房问题之前，先让我们能租得起房，调低房租占月收入的比例，这样的话，青年人生活幸福指数可能会相对高一点。

主持人：现在跟爸妈一起住吗，还是自己租房子？

青年代表MZP：自己租，没有成家，我租的房子是40平米，父母再给我补贴一点。

主持人：一个月租金多少？

青年代表MZP：2800元。

主持人：像你周围北京本地的同学，他们住房条件怎么样？

青年代表MZP：北京同学的条件基本会好一点，差一点的可以跟爸妈合住，有条件租房的爸妈会补贴一点，或者自己买房。

主持人：如果你成家，打算继续租房还是买房？

青年代表MZP：我打算自己租房住，成家的话毕竟可以有自己的生活，可以更加锻炼一下自己，两个人互相携手走下去。

主持人：有女朋友了吗？

青年代表MZP：有。

主持人：考虑自己买房吗？

青年代表MZP：当然考虑过，但可能近五年之内条件达不到。

主持人：租金2800元/月的房在什么位置？

青年代表MZP：二三环附近吧。

青年代表ZH：我在某医院上班，收入头两年非常少，一个月大概三四千元，这一年收入逐步好转起来，偶尔会有10000元/月。我来北京三年，家庭情况一般，我周围当住院医师的同学无论做内科也好、外科也好，总体来讲只要是北京的同学条件一般都可以，可以跟父母一起住，有些家里有两套房的可

以卖一套，再买一套。因为我们参加工作的时间相对长一些，基本一个月的休假时间只有两天，每天工作时间相当长，早的时候六点起，晚的时候有时候忙到十点，所以对住房主要的要求就是临近工作的地方。

对外地同学来讲，目前敢买房子的只有一两个，也都是家庭条件比较优越的人，像我们这种来自小地方的都不可能买得起房。好的医院五年之内能解决宿舍问题，我们医院只解决一年的宿舍问题，住房很重要，二环周边大概五公里的租房价格之前是3200元/月，现在更高，我希望比较好的医院能妥善解决青年医生的宿舍问题。

另外，买房的问题肯定考虑过，既然在北京定居并且有自己的工作，肯定也有自己的考虑，对于目前这个状况可能以后再考虑吧。就我父辈而言，他们买第一套住房是34岁，当时我爸的积蓄只有2000元，一个现价15000元/平米的房是他之前单位分的宿舍。此外青年买房有自己观念的问题，不可能外地人来这里工作就可以马上买房，因为如果考虑以后的开支问题，这就显得不太现实。

主持人：好的医院的宿舍，他们是几人住的？

青年代表ZH：有的是两人间，有的是四人间。他们住院医师可能要求更严格，几乎每周上六天半的班。

主持人：带卫生间吗？

青年代表ZH：如果是比较大的楼，一层有两三个卫生间。

主持人：你们宿舍的人是真的一年都住在这里，还是有人有床位却在外边住？

青年代表ZH：很少有人在外边住，第一年收入很少，在那里只是休息，对其他的要求不是特别高。

主持人：一会可以听听大家对宿舍的意见，很多人反映宿舍多人一间，并且很多人空占着床位。

青年代表YMY：我在某事业单位工作，是2010年来的北京，工作三年，现在月薪4000元。我的租房经历比较丰富，之前在积水潭和三个人合租过，当时我们住的是大房，2010年月租金是1200元，大概不到20平米。后来我又在紫竹桥东南角住，当时月租金是3000元，房型是一室一厅。后来又在清河住，因为当时家里人比较多，房间是 87 平米，月租金是 3600 元，但是等我 2011 年搬走时，租金已经涨到了 4000 多元/月。我现在在北四环附近租一个两居室，月租金是 5000 元。我自己的工资根本承担不了，选择两居室也是考虑到家里人口较多的问题。

我认为房价上涨的主要原因是供少于求。因为我一直关注房价而且一直研究房价，去年就想筹备买房，但是凑不够首付，所以我就仔细研究了北京的发展规划，感觉南六环首都新机场那里有 2900 亿元的南城计划，性价比比较高。当时看好一套房，是在瓜乡桥，113 万元 130 平米，但是去年年前因为我首付凑不够 30 万，所以就拖了一段时间，之后再询问的时候总价就涨到了 130 万。北京房价就是这么高。

我为什么说房价上涨的原因是供少于求呢？因为北京市人口越来越多，地又少，人均住房面积越来越少，房价一定越来越高，而且现在市场主供商品房，保障性住房的建设速度跟不上人口增长以及住房需求增长的速度。尤其对于青年人来讲，他们并不一定特别想买一套自己的房子，基本上只要有住的地方就行，买房不一定是刚需，但住房一定是刚需。对于很多人来讲，不管是大房还是小房，只要有地方住就可以。在北京发展规划中，从二环到三环，人口越集中的地区越繁华，单位越多的地区越繁华。我们的很多同事都是住在通州、昌平、大兴、门头沟，早上坐公交或者开车来市中心，花的时间很长，大多在一个多小时。因此我觉得最好的解决办法是给青年人，尤其是给刚毕业的人提供一间宿舍，哪怕一个人十平米也好，或者一个屋子合住四个人。现在的情况是，有些空床的现象是存在的，但是可以通过管理解决，如果你空床的时间在一个月里超过了五天，那么这个床位就不给你了。青年人刚毕业的时候，工资绝大部分甚至全部都会放在租房上，我认为这对我们的生活是有影响的。所以我觉得，如果北京想从根本上解决房价一直上涨的问题，光靠政策的调控是不够的，肯定还要加大保障房的供给，只要量提升，哪怕是小面积的住房也可以。北京的住房需求方主要是青年人，上了年纪的人已经买了房，因此青年人买房最迫切，而且大多数来北京的人，如果家庭条件好，一定毕业后就买房，因为买房之后房子会升值，这样的恶性循环会使北京房价越来越高。

要说房子在日常生活中扮演什么角色？我觉得，实际上很多中国人都有

"买了房才是自己的"这样一种观点,但在北京尤其北京青年人群体中,这种观点并不普遍。北京的青年人都有对自己的定位,买不起房很正常,买得起才不正常,我们家有一个亲戚,他跟他妻子一年挣35万元,都是高智商、高学历,但他在北京买房的首付都是借的,要还好几年,而且结婚计划、生育计划都要往后推。房子在生活中扮演的角色不是房子本身,房子把青年人工资占去了大部分,使青年人没有能力完成其他正常的消费行为。解决住房问题还是很重要的。

我觉得部分年轻人离开北京,很大程度上不是因为房价也不是因为工作,而是因为户口。我认为如果你不是北京户口,那么小孩上学就有问题。在北京高考的话,外地人年底就可以考职高,但是异地高考上本科还是问题,相当于孩子每一步都受限。房价再高其实都可以租,中心城区租不起可以到远一点的地方,最多一天跑两个小时,工作压力大但机会也多,尤其年轻人一般不怎么害怕工作压力,年轻人是早上八九点的太阳,肯定希望通过努力奋斗实现自己的人生梦想,北京就业的机会肯定比二三线城市多,所以年轻时候一定要在北京发展。如果在北京待了几年,没有特别大的原因促使他离开,他也不会离开。

我觉得房价问题,以及相应的福利保障措施、户籍制度都会对我们有影响。尤其2013年是最难就业年,来北京的首要任务是解决本地户口,哪怕工资再低也没有关系,因为户口会限制他将来的发展,钱可以赚,但是户口只有一个。

主持人:冒昧地问,您爱人是从事什么行业的?

青年代表YMY:老师。

主持人:去掉租房的话,每月工资还能剩多少?

青年代表YMY:还剩点,她是大学老师,我们又没有孩子,只有一个妹妹在北京读大学,周末回来一下而已。

主持人:为什么你们俩要花这么多钱来租一个两居室?

青年代表YMY:我家情况比较特殊,母亲去年刚去世,希望给妹妹一个家的感觉,也希望父亲有机会可以来转一转。

主持人:我有一个疑问,刚才您讲您的租房经历很丰富,现在农村可能还有房,假设大城市的房价控制得比较好,政府建设了足够的保障性用房,比如北京南六环建了保障房，而且有地铁，您能接受吗？

青年代表 YMY：我觉得刚毕业的学生都能接受，我有很多同学都住在通州。如果组建了家庭的话，可能租房就不能满足他的需求了，至少要买个两居室才可以。

主持人：如果位置特别偏呢？

青年代表 YMY：如果工资特别低，实在承担不起会接受，情况稍微好一点的还是越靠近市中心越好。我觉得最好在中心城区，哪怕是单身公寓，有个厨房、一间房40平米都可以。

主持人：我之所以问这样的问题，是因为我们想给政府一些建议，当然这个建议肯定要反映大家的真实需求。

青年代表 CL：我想插一句，我们家是有住房的，我也已经结婚。我们家在东五环外，住房面积有120平米，现在觉得不满意，关键是因为周边的配套设施不足。其实我认为偏远点没有问题，即使到六环也行，有车或者有地铁就好，但是有孩子之后要我们自己带基本不可能，都是老人来带，但当孩子稍微大一点，周边有没有幼儿园、有没有小学、有没有中学，这些都是我们住在偏远的地方所必须考虑的问题，比如我现在很困惑，如果周边没有教育资源，即使房子条件我满意，但是孩子上学怎么办？有了小孩之后，我会考虑是不是在市区租一个房子，然后再把我现在住的房子租出去。就像刚才那位老师说的，可能会在较远的位置买一套房，先占一个地方，然后再把它租出去，自己到市区去选择。

保障房建设要加大力度、加大数量，但还应该考虑到周边的医疗、社区配套设施，最主要的是北京家长会更多地考虑孩子的教育问题。考虑到这一方面，即使我每天往返几公里也愿意租一个房子。现在住的这个房子可能会闲置，或者做其他处理也有可能。希望偏远地方的配套设施逐渐建立起来，这样我们才能扎根在那里。作为父母的我们跑远一点、辛苦一点都没有问题，我们所做的一切就是为了下一代考虑。

我家就在北京，住房问题基本可以解决，我的困惑和问题是刚才提到的。我还想提提身边同事的情况，我2009年入职，前两年就只有3000元/月的基本工资，但是有宿舍。我的宿舍搬过两次，第一次在西北五环马连洼，两人一

间，配备班车，大家还比较满意。甚至有的人因为这个条件放弃了外边薪酬高一点的工作，因为有青年住房保障、有班车、有宿舍会更吸引人。但是结婚之后会有孩子，而孩子由父母来带，所以还是得考虑买房。因为刚开始的基本工资只有3000元/月，所以住宿费只会稍微扣一点，现在已经住六七年，可能会扣五六百，但是还是比外边租房子省得多。就我个人工资水平而言，买房不现实，现在工资4200元/月，扣完税只有3000元/月，只能够租一套房。我们也没有那么多课题、没有项目，收入非常寒酸。女生相对好一点，男生压力会非常大。再比如经济适用房、两限房这类优惠性住房，我们的收入不高不低，会产生夹心层问题，高的能力我们没有，虽然能力其实也不是最低，但保障房的标准线我们又超过了一点，所以夹心层的生活非常难受。现在的青年教师最低硕士毕业，还有很多是博士毕业，长年的求学生涯使自己个人基本没有积蓄。刚开始工作的六七年是最难融入社会的阶段，承担了大量的工作，收入却是最低的。

再谈一下我们单位，虽然是事业单位，但是属于自负盈亏的事业单位，工资对于买房来说基本是杯水车薪，我们家房子是两边父母出钱，因为自己的情况确实不允许，可能自己养活自己都成问题。我还想说说身边的一些案例，至少我们从事的是教育行业，很多人来做这份工作，都是出于对教育的一份热爱，对学生的热爱，但是这两年我身边的青年老师却向两个方向发展，一个是跳槽，因为真的是收入较低，原来选择教育是因为热爱教育，但是为生活所逼迫，上有老、下有小，负担非常重，一些老师不得已放弃自己喜欢的教育事业，选择改变工作。还有一种是坚守自己岗位的人。

另外，我在东五环外住，偏远到每天仅上班往返就有五六十公里，要先坐公交再倒地铁，我们学校门口还没有地铁，所以要再坐一段公交，时间将近两个小时，往返将近四个小时，时间成本太高。夏天在地铁里边很难受，最拥挤的十号线是我的必经之路，能感受到人挤人。如果开车的话，每个月基本工资4200元，开车五六十公里，每个月用在车上的费用就要占工资的一半以上，剩下的一半可能吃吃饭，进行一些必要的生活开支后就没有了。

其实我算是情况还好的，有几个同事的家住在东六环外，本来在我们学校本部工作，后来工作调整到航天城西北五环，有时候拼车，有时候开车，基本每个月收入都得"贡献"出去。还有在西南五环外住的人，在廊坊大学城上班，这种情况非常多，感觉我们现在还是有很多这方面的问题。还有一种情况是北京人，家庭条件还可以，但自有住房比较小，有了小孩之后，考虑到父母要过来带孩子，在附近租一个房子给父母带孩子。

从我个人出发，想提几个建议，第一个建议是偏远地方的配套设施一定要跟上，尤其在教育方面；第二个是从教师角度出发，希望能提高一些待遇，让我们真正有职业自豪感，同学聚会至少敢去，能够有终身执教、投身于岗位上的热情。

身边同事的廉租房小区建设希望跟得上，毕竟我们的收入太低了。还有一个男同事跟我一样大，去年生了宝宝，老婆工作条件也一般，所以他找我们领导谈话，说他真的已经难以维持生计，再没有改善就得放弃自己的工作。所以加强廉租房小区的建设也是我的一个建议。

主持人：追问一下，关于讲课、做科研的老师情况怎么样？

青年代表 CL：讲课老师的工资根据课时量有浮动，比如承担课时量少就收入低，肯辛苦工作的可能工资较高，科研老师会有科研相关的收入，行政老师的话，不管你加班还是休息基本工资都不受影响。

青年代表 SYX：我也是一名老师，我 1999 年在某工科院校读本科，2009 年博士毕业留校，工作四年，实际上高校一线科研教师的主要压力来自两个方面：第一个是来自科研教师支撑制度，我们实行弹性机制，六年不上副高级非升即走；第二个压力是来自住房，对我来说个人收入还算可以，不仅有工资，还有科研收入，我基本科研收入和工资各占一半，月工资大概 5000 元，这里边含 1000 元房补。

我 2005 年本科毕业时，在西四环买的房子，事实上现在房子对我发挥不了作用了，我的孩子现在四岁，在幼儿园上学，老人身体不好，完全是自己带孩子，所以我在那附近租了一个房子，租的房子是我的同事的，也是月租 4000 元左右，基本把我夫人一个人的收入全拿进去还不够，我的工资基本是供养孩子。对于那些一线科研教师做得好的，由海归直聘为博导教授的，他们也有这两个压力。对我们这个特殊群体而言，问题相对好解决，只要政府进行合理规划即可。我觉得我们这个群体的工作压力会影响好多人的选择。

青年代表 LX：我是在医院工作了 12 年的护士，我跟爱人 2007 年准备结婚，当年用每平米 10000 元的价格在草桥买了一套 70 平米的房子，一共花费 80 万元，他们家出了 30 万，当时没有贷款，是因为觉得贷款利息太高，所以是跟亲戚朋友借的，我们家出装修的钱，这个钱大概 40 万元，每个月主要是花我的钱，他的钱攒起来，当时老公问我要不然租房结婚，我说坚决不行。因此决定买这个房子，老公说你买得太正确了，有了房才觉得自己是北京人，房子可能承载一种感情，觉得有了房有了家才能挺起腰杆，才能融入北京城市里边。现在有了孩子，房贷不是问题，慢慢的就能还清。但是前一阵有一个同事做的一件事情让我们都觉得很头疼，他把公益桥的房子租出去，在景泰桥租了房子，就为了让孩子上学，房子每月租出去 3500 元，自己租金花费 4800 元/月。我们孩子上的是西城的户口，但是房子在丰台区，到时候也要把房子租出去，在西城的学校附近租一间房子。我坚决反对这样做，结婚这么长时间就一块还房钱，马上又要换房子又要欠钱，觉得很郁闷，但我老公坚决要这样做。为了给孩子更好的学习环境和生活环境，他觉得城里的生活环境能提高孩子的优越感。比如我是后海胡同来的小孩，那样的文化氛围带来的气质或者修养肯定不一样。

希望像医院这样的事业单位能有对口的学校，好一点的小学、中学以供选择，不用我们自己着急、自己找，还得还房贷。身边相当多的同事都是把自己的房子租出去，在学校附近为了孩子租房子住。

青年代表 YH：我来自某大学，今天座谈会的主题是住房问题，就北京的房价上涨实际情况而言，越晚买上涨的幅度越高。

青年工作以后往往成为各个单位、各个行业、各个部门工作的主力，随时让你加班你就得加班，所以很多青年老师或者管理岗位上的青年人花很大精力投入工作当中。目前所租的房子距离单位普遍比较近，住的距离很远的也有，但是他们就会很累。我是 2001 年到北京读大学，2011 年博士毕业留在学校。2009 年在北四环附近租房子，4000 元/月，2011 年在南城租房，坚持 4 个月之后还是选择到学校附近租。

至于买房，我 2011 年上班，2012 年就买房了，考虑到以前租房的经历，要求买距离学校较近的房子，230 万元买了 60 平米。我们家条件也不是很好，

230万元首付需要100万，我跟夫人一年攒20万元，家里凑50万元，还有50万元是借的，跟老师、亲戚、朋友借。我贷款30年，每个月还8000元，这是买房的情况。

至于其他青年教师情况，理工科老师的经济收入相对好一些，但是文科类和管理类的老师收入比较差，他们的收入就是基本工资，整个北京青年科研人员的平均基本工资差不多四五千元/月。

有一种情况的科研人员会更早一点买房，那就是赶上北京买房末班车的人。2010年或者2011年以后没有买房的就确实很难，单纯依靠老师的基本收入想买房基本不可能。

至于租房，我们学校周边在2010年有一批学校集资建房，比我年龄大的老师有的买上了这个房子。不管有没有其他房子都去买房，如果是买远地方的房，就可以把那房子租出去，再在学校附近租一个房子，为了小孩上学和生活方便。

针对这个问题我们认为，住房最基本问题是收入和住房支出不匹配，实际上北京事业单位收入不太低，这个工资不是由学校决定的，而是和北京市整体环境有关。我们和国内其他高校有接触，某大学青年科研教师跟我同级别，但收入比我高，他们年收入10万元而且支出少很多。当然南北方有差异，南方收入高一点，西部地区跟我们同类的高校的工资差不多，可能稍微低一点，但是他们买房的费用低。目前我的工资每个月税后5000元，包含1000元房补，我们没有享受学校的福利分房，如果我能享受，收入才基本够还贷款。

我夫人的收入可以保证我们两个人的基本生活支出，2010年上班时不敢要小孩，因为如果要小孩的话，短时间内没有经济条件满足孩子的基本抚养需求，这是很现实的问题。解决该问题的最基本措施是提高大家的基本工资收入，再一个措施是保障房建设。2011年刚上班的时候就开始了解北京保障房，当时限价房还有最后一批，在海淀区，而海淀区目前已经没有保障房，现在只有廉租房。2011年初的限价房要求以户为单位进行申请，年收入不超过8.8万元，我2011年在试用期时收入3000元/月，两个人的收入一个月加起来不超过7200元，但还是满足不了这个条件，因此申请保障房的条件怎么制定还需要讨论？我们现在的工资收入不够买房，但是保障房又不能照顾我们，那么保障房问题如何处理？另外，保障房面对这么多学校、这么多老师，但海淀区的保障房基本都很偏远，市政府是不是考虑一下，对这么多单位的青年代表教职工开展调研，了解一下到底有多少人需要保障房，然后政府找一片地为这些单位解决这个问题，而不是靠单位自己解决。

青年代表 WJ：我是某大学研究中心的老师，从年轻老师来看，收入若跟房价相比，其增长速度肯定赶不上房价的。自己能采取的办法就是兼职，但又没有办法在外边兼职，只能在学校内部多干点活，或者另外做一些课题。我也有一些行政职务和科研职务，2011年博士毕业留校之后，这两年的收入确实有比较大的提高，一开始大概4000元/月左右，现在将近10000元/月，如果再加上课题和中心的补助就更多了，一年当中可能有三四个月上课，一个课程400元，但我的例子肯定代表不了公共事业单位青年群体，只能说明我们在北京发展，选择毕业留在北京，是因为看到希望、看到其他城市没有的资源，这也是造成北京房价大幅上涨的重要原因。在其他二、三线城市的房价出现下降的背景下，仍然留在北京，尽管它的房价居高不下，就是因为这里占据着非常稀缺的资源。北京是文化中心、政治中心、商业中心，这也意味着北京房地产供给很大一部分被文化中心、政治中心、商业中心占据，真正给人们居住的供给量相对较少一些，未来在四环以内可以增加的空间其实已经非常少。最近南四环拍出一块地后不敢公布，据说地价8万元一平米，这反映出解决我们青年老师住房问题的难度。

房价上涨的另一个原因是资源稀缺，北京、上海、广州、深圳都差不多。近些年中国产生巨大变化，我们现在处在负利率和通货膨胀的时代，现在一年定期存款利率才3%，而整个社会的实际利率是多少呢？大概15%，这意味着我们作为公务员也好、高校老师也好，只要是在事业单位工作靠固定工资收入的人，工资很难跑赢CPI，更难跑赢房价，所有的问题都是因为我们的收入增长水平远远滞后于房价增长水平。

单纯从房价来看，应该说我们正处于这个社会高速发展和现有宏观货币政策非常不利的阶段，随之而来的就是我们年轻人生存的困境。比如我，1980年出生，2011年参加工作，跟我同龄的同事都处于人生非常重要的转折阶段，先不说工作压力的大小，至少工作任务都非常繁重，有教学任务、科研任务，还得承载家庭负担。还有没有结婚的人面临着结婚，结婚了的人面临生孩子的问题，生了孩子的人面临孩子教育问题，还有一部分已经在北京扎根了的人，面临未来赡养父母的问题。在这个框架下，家庭是中国社会非常重要的载体，有很多人把父辈的钱甚至祖辈的钱投入北京的生活当中，这相当于一个住房问题承载了整个大家庭的支出。尤其针对我们公共事业单位的同事，我们干的事情实际上是一个有社会责任感的事情，很多同事、在座同人都在社会功能、商业功能的选择面前，选择为公共服务，现在做的事情说得高尚一点是为社会、为人民服务，说得朴实一点是承担着很多社会功能，在座很多人提供的社会功能是不能用现在的商业价格体现出来的，这也使我们的工资滞后于很多社会发展带来的红利，因为这些红利更多地被商业领域获得了。其实我们之前也在房地产方面做过一定的研究，房价是从 1998 年住房改革，把房价市场推向商品化之后开始上涨的，政府出台很多后续调价措施，但也没有解决房价大幅上涨的问题。就是说我们把住房市场看作商品化市场，但商品化市场却承载不了太多社会功能。

我们现在的研究要提一个概念，就是房地产市场到底是什么样的市场？要解决这个问题，首先要在观念上发生变化，那就是准公共用品并不完全是商品。在这样的背景下，如果政府和社会想要把房地产问题解决，并且是完全用商品化、市场的手段解决，就很难办到了，政府要担起到更大的责任。接下来是我个人对北京青年教职工住房的一些想法和建议。

首先，在北京生活的事业单位青年老师们，他们的个人状况、家庭状况千差万别，但是我们的研究和探讨所针对的是解决最基本的住房保障问题。针对有的刚刚毕业、刚刚工作、收入还比较低的同事，要提供教工宿舍或者周转房。下一步就是如果他们工作三年后有了家庭，就面临在自己工作的周边解决住房的问题，还有如果周边因为可供给土地越来越少，那么可以选择交通成本高一些的地区解决住房问题。最核心的配套设施就是交通配套设施。住房供给问题应该是规划的问题，规划问题应结合城市的交通问题，我们有些老师也提出了教育、医疗等方面的问题。政府作为建房的主体，可以提供很多可供青年教师选择的住房，这些住房有的可以解决一部分年轻教师的宿舍问题，核心是政府要提供开发成本，如果供给老师的是五千到一万一平米不等的差异化房

价,那么很多老师都可以接受。

其次,怎么拉低城区内房价?怎么解决城区外围的住房供给,同时不让住房成为我们年轻教师固化的社会财富?我们现在面临很大的困难,不完全是因为我们的收入跟不上房价,还有一个是公平问题。在2007年之前有很多教工的收入和房价基本匹配,而且很多高校事业单位通过各种方式可以解决一部分住房问题,但在2007年之后,尤其2008、2009、2010年时矛盾开始集中,我们教授、副教授、还有年龄较大的老师们已经解决个人住房问题,却仍然在享受学校或者国家提供的福利住房,仍然是利益获得者。刚刚留校、刚刚工作的人的需求更紧迫,但是他们的很多福利被别人占了。比如一个教工宿舍四个人一屋,条件差一些,但在这样的情况下也有老师占据着这样的资源,他可能租给别人,用这方面的收入增加整体收入。在解决青年教师问题的长远规划过程中,在解决周边房地产,尤其是青年教工住房供给的同时,还要解决住房由商品性向保障性转型的问题,类似保障性住房的租、售问题怎么解决?如果让市政府或者各个部门完全承载这个功能会有一定难度。

今天的座谈会开启了新的模式,但是在真正的决策和规划当中,如果能够代表各方面利益,允许事业单位青年教工群体参与到未来规划当中,我想应该能够更好地解决这个问题。这是我的一些看法,谢谢大家!

青年 ZB: 我们单位是差额拨款的事业单位,这决定了我们有一部分收入是政府拨款,有一部分是自筹自支,在市场上和其他企业进行竞争。我们事业单位的收入固定,之前我觉得我们单位的收入算低的,跟大家交流一下才发觉事业单位收入普遍不算高,我们和其他企业包括央企竞争的时候,发现人才流失得很严重。吸引人才的手段主要就是解决户口问题,像博士生、硕士生毕业后来我们单位很多是为了混户口,有协议是必须服务几年,服务几年后便有很多人跳槽,最主要的原因是别的企业给的工资多,我们事业单位在市场竞争中存在这个问题,虽然我们工资给的不高,却帮助他成为独当一面的人才,然后纷纷跳槽到待遇更高的企业。大家普遍反映事业单位的待遇问题,我们也是有工资限定的,是不能超过限度的,这也是一个问题。

还有一个在住房问题中挺严重的问题,我们之前也做过职工调查,大家普遍反映不买房的原因是觉得房价和自己的工资收入有很大的差距,自己现在的工资还承担不了还房贷的压力。就我周围同事来说，虽然买房子的需求很迫切，但大家的反映还可以，因为觉得这个社会普遍存在的问题以单位的力量确实是解决不了的。我们单位有宿舍，新入职的同事在周边租房，因为我们单位在北五环附近，周边的房子也比较多。

这里提到了住房补贴，政府慢慢地开始提供住房补贴，我们单位之前没有住房补贴，政府补贴也没有到位。我是2006年入职，到现在只发了两年，说是什么时候有条件再补。没有解决房屋问题的人就只能是租住，每月工资5000多元，因为有一部分属于自筹自支，还有一部分是奖金，所以限价房这一块也不符合标准。有的人在天通苑几家合租一套房；有一些家庭条件不错的人，父母出首付；还有一部分买房比较早的人，就比如我，是在刚毕业时在家庭的帮助下在天通苑买的，40多万元，当时我们觉得这是很高的房价，现在看来却相当低，而且现在结婚有了孩子，把天通苑的房子卖了100多万元。主要是由于那里配套设施不多，为了孩子的教育，我们选择中心城区，中心城区的教育力量、配套力量、医疗力量都很不错，所以在城里买了一套房子，这使我们觉得早买房相当正确，一步步往中心城区换比较划算。

还有一部分同事抓住两限房的尾巴，在2011年、2012年申请，那时候允许带父母，抓住尾巴在东五环申请两限房的现在也已经住上。还有一部分人在等着两限房，我们单位申请两限房的比较多，因为有成功案例，我们单位在五环外，东五环到北五环之间的交通还可以忍受，现在的问题是朝阳区的两限房到现在还迟迟没有消息，大家都在关心什么时候能够得到消息，这是周围同事的简单情况。

主持人：你了解到的两限房限定是多少？

青年代表ZB：全家年收入不超过8.8万元，我的申请两限房的同事们一般一方在我们单位工作，一方收入比较低，够两限房条件。

青年代表YH：8.8万元的标准是2002年定的，朝阳区还有两限房，海淀区从2011年已经不存在两限房，都是保障房。

主持人：这些房源都有限制，一般高校都不符合条件。大家能不能帮我们估计一下，在你们身边35岁以下的青年，租房住的人能占到几成？

青年代表YH：80%甚至更高。

主持人：在父母支持下买房的人，只要是他自己买了房的人就算，一共占几成？不管是北京还是外地的。

青年代表 WJ：除了老家是北京的人，其他的可能一成左右甚至都占不到。

青年代表 ZB：我们单位同事觉得买房重要，没有房就是单身青年，一般结婚准备要小孩的人都必须有房。

主持人：青年人每个月大概收入多少？主要是指35岁以下的人。

青年 ZB：四五千元。

主持人：房子一般都是怎么买的？

青年代表 ZB：父母帮忙付首付，自己还贷。

主持人：你们单位的职工外地人多？

青年代表 ZB：对，外地留京的人更多。

主持人：来自城市的多还是农村的多？

青年代表 ZB：有城市的，也有农村的。

青年代表 YMY：能不能买得起房关键在于父母，事业单位员工自己的工资都不够。

青年代表 ZB：当然也有租房的人。

主持人：你们单位买房的居多，其他单位80%都是租房。

青年代表 CL：大家觉得现在不买，攒着钱，却越攒越买不起。

青年代表 YMY：我有一个同事研究生毕业天天吃方便面，晚上自己做兼职，前两年把亲戚朋友都借遍了，因为自己没有一点钱，所以是家里帮着买的房。

青年代表 SYX：2003年左右参加工作的人都有房子，而且他们当时的收入水平基本都能够，在家庭帮助之下都能够负担得起。

青年代表 CL：事业单位包括高校，大家都算比较高端的知识分子，可能心理上的需求比企业或者其他单位的人更多一些，因为大家从小到大，比如在班级里或者在集体里往往是佼佼者，长大后又到了被大家认为很好的单位，别人对我们的期待，自己内心对自己的期待，使我们即使咬牙或者砸锅卖铁也得买房子，父母、周围的朋友也会给你造成很大压力。

青年代表 LJZ：我刚毕业工作两年，现在月薪三四千元，就算父母给我们付很多首付，也不可能付得起那么高的月供，我还好一点，现在的房子离上班地点比较近，但好多同事是密云、昌平、房山的。医生上夜班非常多，到家就得晚上了，所以这些群体必须租房子，但是医院周边房价特别高，没有办法住地下室，就只能六七个人住一居室。我们是20世纪80年代末生人，没有各位压力大，不牵扯养儿育女的问题。如果把交通解决了，因为我们这种事业单位的人基本全是北京的，没有外地的，所以住在家里就可以很便利。

像我从小在北京长大，祖祖辈辈在北京生活，以后自己肯定在北京要有一个家，不可能和父母、爷爷奶奶住，自己租房子又说不通，必须买房子，尤其是女方要求那么高，第一个条件就是房子，一问就是男方家有没有房子，这很现实。要买五环内的房子，房价确实太高，别说五环，六环、河北那一带的房子都上万一平米了。

我印象很深的是九几年我在潘家园住过，二环广渠门桥内有一片房子，挂着大广告6000元/平米没人买。那时候单位都分房谁买商品房啊。那时大家想不到买商品房，一是因为人口还是少，二是可能因为单位可以解决很大一部分住房问题，所以不会想到买房，大家都不买，自然房价不会上涨，6000多元的价格挂了五年都没有人买。

青年代表 WJ：现在牡丹园50多平米要花280万元。

主持人：九几年6000元相当于现在的30000元，那个时候绝大多数人都没钱，现在大家又都后悔了。

青年代表 ZB：其实那时没钱，房价相对高，现在没有钱，现在房价一样高。

青年代表 MZP：我想谈一点时间节点的问题，在年轻的时候可以跟爱人商量、协调，可以租房，但一旦考虑要小孩，刚性需求马上就来了，作为我们这样的准父母来讲，不可能带我的小孩颠沛流离地辗转租房，现在考虑到租房变动比较大，有的住两年房东就过来跟你谈，这不受你主观意志影响，当你有了小孩以后，不可能让小孩承担这些，那时候很可能举全家之力买房。

还有一个问题就是，在五环或者六环周边有大片廉价房、廉租房，但首先交通要解决，轨道交通或者公共交通要先修到这里。其次，政府一定要把配套设施建好，例如要有好的教育资源分布，比如有北京小学分校或者其他名校分校可以选择，还有其他的设施，比如有知名医院分院，包括一些超市、娱乐设施也都要建好。

青年代表 YH：说到买房和租房的问题，租房只能是在很短一段时间内解决住房问题，最终还是会涉及买房或者申请廉租房，至少要在心理上感觉到这个房子属于你。没有房子你会承受很大的精神压力，这个精神压力来自社会、来自家庭等各个方面。我当初买房子也是这样，尽管觉得房价会降，但还是坚持必须买，我现在的房子涨到了 100 万元 60 平米，我认为自己非常明智。因为如果今年再买更买不起。所以房子必须买。

从政府层面来讲，如果在五环、六环，政府考虑把这些学校、事业单位进行打包，好好调研一下到底有多少青年需要房子，需要盖多少套就好了，其实我们的要求没有那么高，只要有一个房子就行，大一点小一点都行，至少缓解一下没有房子带来的极大的精神压力就可以了。

主持人：有人有种观点，在国外，比如在瑞士租房子的人占 70%~80%，美国比例也很高，但有两个特点，第一，房租没有那么高，第二，他租给你不能赶你走，而且政府保护你。如果这样的话，你们还是一定要买房吗？

青年代表 YH：我说的一定买房是因为目前中国的租房市场比较混乱。如果租房市场真的有如此好的秩序的话，我会租十年。

主持人：希望你们可以提一点建议。

青年代表 YMY：某些领域的规划可以改，比如以中关村为例，上地那一块都是荒地，周边房价相对低。

青年代表 WJ：我还想再说一点，一定要强调的是现在公共事业单位的青年教工承载很多，像医院承担着社会责任，青年教工承载着大量的高校教学工作，我们面对的就是以后走向社会的青年人。

青年代表 YMY：农村一定向城镇走，城镇一定向城市走，政府资源会一直往上走。

青年代表 WJ：抛开部门利益才行。

主持人：在座的都是体制内的人，大家对一些问题的基本判断、基本把握都有。那么，解决青年人的住房能不能被理解成为有相对固定的房子供我们承租？不排除像新加坡或者很多地方那样租一辈子的，但是这个房价青年人能承受。

众青年代表：可以。

主持人：国家肯定是要努力进行保障性的支持。

青年代表 YMY：尤其对于高校更是可以。

青年代表 WJ：租房一定是解决青年住房问题的非常重要的环节，它可以从外围增加供给，因此要提高现有单位周边建房、租房效率。

主持人：马上涉及另一个问题，交通对于大家的影响有多大？有的企业青年跟我们讲，他们一个月挣4000元，在海淀有40多平米的房子，一个月花费1000元左右可以供大家租住，但是普遍反映不愿去租这样的房。他们的原因是交通太不方便，假设在咱们这里，如果有条件相对好的青年社区提供租房，而且价格相对便宜，但就是远一点，你们愿意去吗？

青年代表 YMY：通勤时间在一个小时到一个半小时之内的可以接受。

青年代表 SYX：除非是特别大的小区，或者单位有班车才可以。

青年代表 YH：假如我在东南五环外有房子，就会靠近东边租。

主持人：如果用单程路途的通勤时间来界定，多长时间可接受？

青年代表 YH：我觉得一个小时之内就可以。

青年代表 WJ：多数人能接受一个小时到一个半小时的通勤时间，毕竟这是很关键的问题。还有一个问题是舒适度，如果地铁路上二十分钟大家都没有能喘气的空间，那么这也可以算是对人性的考验。我觉得一是时间控制在一小时到一个半小时的范围以内，二是人们应该在享有公共交通时保有一定的尊严，不能一天上下班像打两次仗一样。

主持人：现在北京市的住房政策特别明确，一方面是让市场解决，另一方面在用保障房的方式保障最困难的群体，但不可能100%地满足青年群体的要求。当我们的事业刚刚起步，成为职场新人的时候，多数人都希望可以给我们一段缓冲期，能让我们相对安全，比较有尊严、体面的生活，但是这个过程中肯定有舍有取，比如面积大一点、配套全一点的房子就不能再要求价格，所以大家提出一个小时或者一个半小时的通勤时间标准很重要。再问一个关于宿舍的问题。四十岁左右的人还需要宿舍吗？

青年代表 YMY：如果是参加工作一年到五年的人就需要。

青年代表 ZH：我在刚毕业的七个月里每天很少休息，所以医院层面的解决非常重要。

主持人：大家的工资差不多都是 4000~6000 元，如果我们租房的话，房型是 10~15 平米，带独立卫生间，大家觉得多少钱可以接受？

青年代表 YMY：如果位置是在郊区的话，可以接受一千元的价格。

青年代表 WJ：市场价的两居室小卧室 2000 元/月，大卧室 3000 元/月，如果 15 平米有单独卫生间的话，我们能够接受 1500~2000 元/月的。

青年代表 WJ：加上公摊面积的 20~25 平米，基本跟酒店标间差不多。如果是独立空间的话，1500~2000 元/月以内都可以考虑，毕竟是独立的空间。

主持人：好的，感谢大家今天的发言，都很精彩，并十分有启发性，对我们的下一步研究有着很高的参考价值。再次感谢，祝大家工作顺利！

B.14 青年住房问题座谈会之四

——青年公务员专场

主持人：大家好！今天的座谈会主要是希望进一步了解不同领域青年的生活状况，对住房有什么样的需求和期待，在生活中到底面临什么问题？希望能够把青年反复提的住房问题具体化，从中找到一些提出政策和建议的基本依据。这场座谈会我们主要邀请的是青年公务员代表，请大家畅所欲言，我们会严格保护大家的隐私，都是不记名的。

青年代表GHL：大家好，我叫GHL，是一名普通的干部，今年29岁，在北京工作将近四年的时间。我一直在租房，也知道目前住房问题比较严峻，跟大家分享三个方面的问题。

第一个方面讲一个故事。对比我和一个朋友在北京这几年的住房情况。我刚毕业跟别人合租一个主卧，房租每月750元，结婚之后跟爱人租两居室，房租3200元/月，后来家庭成员比较多，换了稍微大一点的房子，现在房租4600元/月，有时候所有的工资加起来还不够交房租。我的那个好朋友是一个男生，2007年来北京，在一个比较大的事业单位工作，那时候他感觉买房离自己很遥远，考虑家庭和事业之后，毅然辞职，在北京创业，一开始住地下室大概四五百元一个月，然后换特别破旧的老小区房子1500元每月。前年陪他找房子的时候，找了精装修的新房子2700元每月，后来他爱人怀孕，换了三居室每月4700元，一下签了三年，三年之后打算买一套自己的房子。我们俩的故事总结一下，就是房租涨得特别快。同一个地域两居室去年3000元/月，今年就是4500元/月，涨幅非常大。

第二个方面，公务员和其他在京青年住房问题的相同点和不同点。相同的是随着事业和家庭的发展，对房屋的需求变化是相同的。一是家里人口越来越多，房子面积需求越来越大。二是结婚生子之后，会特别希望拥有自有住房。

三是投资眼光、家庭支持、主观意愿、实际需求、房价、政策，这六个要素决定个人在北京拥有什么样的房子。公务员和其他职业不同的地方在于，我们的工作很稳定，工资收入可预计，从我个人来讲，想想十年之内的收入和未来发展，相较房价有非常大的差距，而别的职业，三年跳三次槽工资能涨到三四万元。职业理想不一样，带来的工资收入差别也不太一样。

第三个方面，我查过一些资料，虽然我是个体，但公务员群体中也有一小部分群体跟我类似，一个月收入基本全部用在满足住房需求上。有两个非常小的建议：一是可否给予一定的租房补助，二是政府可否集中租一部分小区比如回迁房来给我们住。

我们虽然是有户口的北京人，但是有的时候也有北漂的感觉，尽管现实残酷，但是我们希望能够通过自己的努力、家人的努力，对政策的正确领悟和把握，尽早在这里稳定下来。我们也知道，房子仅仅是住的地方，房子并不等于家，家的概念丰富多彩，拥有和谐、关爱、温暖的家庭比这个房子更主要。说到最后，除了刚才两个小小建议之外，还是希望通过自己的努力真正实现自己的梦想，希望这个梦想成为现实，不光我自己，我身边很多青年朋友也有这样的想法。

主持人：还有哪位青年朋友谈谈自己的情况？

青年代表 WLL：大家上午好，我来自普通公务员岗位，在我们单位工作六年。我们单位有青年人一百多人，其中北京人占 2/3，外地人占 1/3，其中 1/4 的北京同事跟父母一起住，没有自己独立的住房，另外有的家庭自己出资买房，他们大部分都只有一套住房。北京同事很多是本地居民，经过拆迁获得房屋。举一个极端的例子，我们单位有一对夫妻，俩人都是某村村民，拆迁后双方共获得十多套住房，不算补偿款。外地人员已经买房和未买房的各占一半，买房的都是在 2009 年涨价之前买的，2009 年涨价之后基本买不起房，买的房屋大概一套 80 平米以下。没买房的那部分同事，一种是单位提供宿舍，因为我们单位工作性质特殊，夜间有很多举报，需要 24 小时进行工作，有一些男同事基本住在单位，"白加黑"、无周末的情况十分常见。他们宿舍的条件也非常简陋。另外一种是自己租房，没有买房的外地青年一开始基本是在离单位比较近的地方租房，最近几年发现大家租得越来越偏远，因为租房价格越来越高,有一个同事租住在顺义,每天往返时间需要四个小时,半年下来整个人瘦了一圈。

我们单位青年普遍反映,公务员收入和房屋价格差距太大,公务员收入涨幅跟房屋价格涨幅差距更大。我读研究生期间接触过一些房地产相关的知识和当时的政策,2003、2004年的时候,有机会跟住建委有正面的接触,对房地产开发商、链家、我爱我家这样的房屋中介机构非常熟悉,而且跟他们进行过很多次的沟通,当时认为房地产经纪人这个行业是不正规的、不规范的。对经纪人没有规范,是导致房屋租金大幅上涨和不规律上涨的主要原因。

说说我自己租房的经历,2007年上学期间在外边找了一个工作,离学校比较远,租了一间42平米的房子,租金1300元/月,后来工作地点在中关村,当时工资只有1600元/月,所以没有办法只能继续住在那,每天上下班3~4个小时,公交挤下来路上堵、人员杂,在上边坐三四个小时有特别耗竭的感觉。

2007年底我跟爱人结婚,2008年10月份的时候申请两限房,当时他没有毕业,我一个人工资符合这个标准,很幸运申请到了。我们住进两限房时特别开心,觉得在北京终于落脚、终于有自己的地方了,但是住着两限房后发现有两点问题。

一个是房屋的质量问题。没有入住的时候就有一个"楼脆脆"的报道,工人装修的时候随便一砸,墙就透了。开发商还是一家很有名的企业,没有想到这样的企业也盖出这样的大楼。没有土地出让金,我们买的是6600元/平米,周边房价也才8000~9000元/平米。房屋质量特别令人震惊,内部隐藏很多设施安全性的问题,房屋有裂缝,三年内就出现消防管道爆裂。

还有房屋的配套问题。这块地规划的配套设施很齐全,有幼儿园、医疗、社区卫生服务站、菜市场,入住之后却全部挪作他用。应该设立的公立幼儿园,结果却变成私立幼儿园,费用2600元/月,是非常高的,我们院里孩子特别多,就学的需求挺迫切,经历两年时间后,由人大代表和政协委员出面,才把幼儿园性质说清楚,价格定下来大概1600元/月。而对社区服务站到现在还没有明确的说法,被开发商暂作为旁边楼盘的售楼处。菜市场不知道转让给什么部门,现在租出去很多门面房,变成各种餐饮后。超市完全私有化,不是特别规范,除了两个超市之外,其他都是餐饮、个体工商户。在这个地方买房选

房的，多是A区和B区两个地方的人，最后办房产证说这个土地划拨给C区，如果想要户籍和住房条件一致必须把户口放到C区，个人对这个事情考虑得不多，但是需要考虑下一代的教育资源，而显然A区和B区教育资源是远远超过C区的，而要是人户分离的话，周围好多小学都上不了。

结合今天讨论的主题我有几个想法，一是关于住房和相关经济规划，因为之前跟单位去其他地方考察过，觉得重庆的做法特别好，就是"圈域经济"。在"圈域"周围再盖相应的住房，交通等配套设施非常好。高新企业人才到这个地方购买住房，上下班时间非常短，能创造更多的商业价值和财富。这让各个圈都非常发达，包括商业也发展起来。北京有绝对的核心和中心，现在是不是也引导一下？海淀区有中关村软件园、上地有软件园区，可以作为圈域经济试点，在附近进行适当的尝试，那里还是有一定的土地可以做这方面的尝试的。

二是谈一下对房屋的个人看法。由于土地的稀缺性，房屋有一定的垄断性，不能根据商品的一般性质，也不能完全按照市场规律来判断价值。我们的看法现在稍微有点畸形，把房屋完全当成商品，不停地强调市场规律。房屋的价值由质量和环境而不是配套和位置来决定，这也是不正常的现象。而且中国房屋质量相对国外太差，有一个朋友在美国做建筑行业，美国的盖房和装修都是一套，每一个零部件、每一个特别小的结构性东西都要终身负责，和中国的房屋完全不一样。我们交一笔钱作为公物维修基金，先不说每年的收益不公开透明，而且这个房子一旦出现大的问题，这个基金根本没有用。这个是障眼法，根本不能保证房屋质量。另外中国人为什么炒房屋？很多人把它作为养老和医疗的保障，万一得大病的话，卖了房屋可以救一命，这也影射出医疗保障特别不健全的现状。我租房子的时候，看见过很多小区，到了晚上大约只有10%的房屋灯是亮的。我认为，现在谈靠政策建房解决住房问题是不是有点盲目，先把空置率解决了，再去多建房吧，不然土地房屋资源浪费影响的是全民利益。我们国家是不是也要有合理正常的房屋价格规律，让所有居民而不止是青年都有合理的期待，看一本书上说美国，房屋价格也挺高，青年不是毕业后一定买房，而是经过努力进入中产阶级或者中产阶级以上才买房，那么起码我们有一个期待，十年之内通过努力奋斗能买得起房。而以公务员现在的工资水平，我觉得到退休的时候都买不起一套房。

此外，对房屋状况还有三个小建议。一是公租房和廉价房的问题。要限制社会资本的流入，不能让房地产商进入其中，不然又变成现在商品房的状况，可以吸收民间小的资本金进入，不管政府还是集体出地仅仅是出资而不能作为土地出让金，这样公租房可以作为政府和集体的良性资产，租的人可以获得更多的利益和机会。二是房地产税的问题。"国八条"和"国五条"细则，没有涉及房产物业税问题，房产物业税比出让金制度好，按人均住房面积起税点定位，从中产阶级普遍水平出发，不能把人均面积定得太低，把收入再分配公平化，可以用于社会福利。三是规范房产经纪人行业。之前租过房，也想买过商品房，感觉这个行业特别混乱，大部分从业者可能中专水平都达不到，既没有基础知识，也不了解产业政策、经济规律和价值规律，因为他们工资跟租金挂钩的，所以完全按照自身的想法来定价。我大概就这些意见。

主持人：感谢，提了很多有建设性的意见，也让我们知道其实活得不容易。

青年代表 YQL：我说的比较简单，年轻人非常关注房子的问题，其实我现在基本不关心这个问题了，曾经思考很多，但是现在想法很少。简单从三个方面，宏观、微观及个人讲一下。

宏观来讲房子问题离不开国家，涉及国家宏观住房政策问题，再往上涉及财富分配问题，涉及到调整社会不同群体之间的生活状态、财富状况，以及发展等方面的问题。政府要做对人民负责的政府，制定政策要着重解决改革开放三十年来形成的两极分化现象，住房是两极分化现象的凸显点，任何住房政策都要衡量对于调节两极分化的效果怎么样。中国老百姓比较容易知足，年轻人不怕苦，我们并没有着急毕业几年后一定要住上大房子，仅仅想达到安居乐业，安居标准也并不高，有能稳定租住的房屋就满足了，不大但温馨的房子就可以了。所以，政策和措施最重要的是实现大家在成长阶段心理上可以接受的状态，每个人都有不一样的地方，但是主流应该是一样的。

从微观来说，对于青年公务员群体，想到我们的收入和住房，确实是很纠结或者很狼狈。2010年我工作三年多，每月工资才2300元。公务员队伍中有本地人、外地人，有本身家庭条件比较好、没毕业就买房的，也有工作很多年

也买不起房子的，所以咱们政策的核心要调整两极分化，让所有人能够安居乐业。其中有一个问题是，是否取消公务员福利分房，个人肯定希望能够分房，但从社会公平和大环境来说，取消的好，不过不能完全取消，取消后得有保障，要是没有保障的话很悲催。

从个人租房方面来讲。中国租房市场太恐怖了，先不要说住房体系建设，单纯说房子问题大家就很容易变成愤青。昨天晚上加班，突然蹦出一条腾讯新闻，五月份租金价格同比上涨7.4%，在房屋租赁这方面，政府对于租赁市场定价起到的作用非常缺失。两年前在丰台区政府，工作当中接触过关于整顿房屋中介市场、稳定房屋租金价格的建议和呼吁，但是这个问题没有根本解决。

课题组成员A：不知您现在住房情况如何？

青年代表YQL：我2012年7月份工作调动，以前一直在租房子，很不稳定，现在是"蹭"在我同学的博士生宿舍里。住房这个事情对于我的收入和家庭背景来说，确实无力解决，能够在一定程度上有所改善已经非常满足了。

课题组成员A：原来租房的时候是两人住一间，还是共同住单间？

青年代表YQL：合租的时候一个人一间。2010年刚到单位，租一间800元/月的房子，环境还可以。调走的时候租的房子1200元/月，环境和条件还不如原来800元/月的。现在单位附近出租的一居室都要5000元/月，高得吓人。

课题组成员A：在你印象中，你的同龄人都是什么状况？

青年代表YQL：基本都差不多，但是存在家庭背景不同的情况，一般工薪家庭孩子只能租房，家境好一点的，过三五年在家庭的资助下买一套小房。前一段时间我一个好朋友给我灌输思想说，也许家庭条件并不好、也许工资收入并不高，但想尽各种办法也要买房子，买了就买了，要不买就买不上。这是题外话，我想说，别管买得起还是买不起，别管分房还是不分房，安居乐业非常重要。

课题组成员A：工作多少年了？

青年代表YQL：六年。

课题组成员A：对于咱们青年公务员来说，大家觉得自己在社会分层里边是中产阶级吗？

青年代表 YQL：肯定不是，从我个人角度来说，选择这样的道路只是因为理想，再说大一点只是因为信仰。我可能有点特别，如果奔着收入高的话早就选择其他职业，我不会因为收入低就有退缩，我头脑里关注更多的是宏观政策的东西，国家到底怎么改革，改革开放这么多年出现的问题到底怎么解决。

青年代表 LHF：我的观点跟 YQL 非常相似，想从几个方面谈一下住房问题。

首先是房子的文化内涵，安居乐业的"安"字，上面是宝盖头、底下是女，作为男人首先上面有房子、下边有女人才能安定下来，没有房子就算有女人也没处藏，所以说房子非常重要，有了房才能安定。杜甫说过"安得广厦千万间"，对于年轻人来说住房问题很迫切，其中有丈母娘的要求、个体生活的需要，还有其他方面原因。我一个人住宿舍、住车里或者住旅馆都行，可一旦媳妇生孩子不可能到大马路上生。此外，个体生活需要有独立空间，单位有可能晚上十点下班，回到家其他人都睡了，动静大一点其他人都睡不好，有的时候早上六点起床，刮胡子的响声其他人也受不了。

其次，有观点认为房子让"80后"成为丧失理想的一代。理想好像是很大也很远的问题，能够有一套自己的房子也是一种理想，有一套房子是解决安全生活最低层次的需要。人都有自我实现的需要，"80后"逐渐成为社会中坚阶层，有些人想从事创新行业，也有人想从事文化行业，包括科研、野生动物考察、志愿服务等，可是当青年把一套房子作为自己的基本需要之后，就没有更多的心思来考虑这些。去考察雅安的大熊猫，研究党史，空暇的时候做义工，就没有时间挣钱、考虑买房的事情。再比如说，在这个公司干得不甘心，如果没有贷款立马辞职就不干了，可沦为房奴之后，宁可丧失做人的尊严，也不敢辞职，因为需要有稳定的经济收入。所以房子对社会的生机和创新力也有很大的影响。

再次，房子是什么样产品？一个人生活的四个重要方面，衣食住行，住涉及房子的，房子是生活必需品，不完全是商品，更不可能是一个投资品。改革开放后三十年发展，很多人富起来，想让自己的财富增长翻番，希望有一些投资的机会，所以有人投资艺术品，有人投资红木家具，也有人投资珠宝，现在很多人在投资房产。新闻报道刘志军有374套房子，这么多房产他能记得住吗？是不是有物业公司帮他打理？房屋的基本属性跟火车票相似，过年坐不上火车就回不了家，不像衣服、化妆品可以穿国际大牌也可以穿自主品牌。国家对火车票黄牛党打击得非常厉害，但是对于炒房等投机行为视而不见，这中间有什么样的利益交割关系？其中耐人寻味。

然后我想谈自己的情况，我2007年考上公务员，到现在差不多六年，刚开始住宿舍、住筒子楼，到现在住小一居室。我的情况比较特殊，因为之前在街道上班，和社区居委会关系密切，租房一般通过社区主任，他有提供小区内部信息，看哪里的房子比较便宜。现在住的小一居，租同事家的，他很多房子，一年给他10000元租金，相当于一个月800元，比较便宜，完全市场化去租的话，至少3500～4000元/月。没想过年轻的时候拥有一套房子，但需要有一种稳定的感觉，不要今天住着好好的，明天房东来加租，或者找各种理由把我赶出来。我最低的要求是不能住地下室，风风光光的大学生从我们村考出来，在北京住地下室，有点暗无天日抬不起头的感觉。我们好好调整自己的心态，更加豁达，用更加超脱的心态看待这个问题。

最后我想说为政之道，立正为先。一个国家既要依法治国，也要以德治国，干部有贪污腐败行为必须严厉惩处，干部每天敬业、非常辛苦更要予以鼓励。哪怕给他一套公寓，带洗手间20平米的房子，让他有稳定的住处，结婚能通过丈母娘这一关，就很满足了。如果政府说，公务员爱住哪住哪，反正竞争激烈，今天你辞职明天有更好的博士、海归，多你一个不多、少你一个不少，就会让人看不到希望。

青年代表GR：听了大家发言我很受启发，也在这说两句。我来自外省的小县城，2005年考大学来到北京，我学的是冷门专业，2009年毕业的时候经济危机，特别难找工作，公务员当时是很体面、有安全感的工作，考上公务员，对外地女孩子来说特别庆幸。毕业后住在亲戚家，每个月给1000元。当时2009年考上公务员，一共76名同志，没有一名住上大学生公寓，那里住满了，没有退出机制，有些人结婚后有小孩买了房子都没有搬走。我毕业以后一直靠家里人解决住房问题。

我是独生子女，未来一定会在北京买房。和父母讨论过，最近也在看房子,这对我们家来说是一个非常大的决定,在北京买房,就是拿父母的棺材本买房,我周围朋友在北京买房的,都是举全家收入,把父母、爷爷奶奶的钱全部拿出来买房,选择北京,就是选择面对困难、选择承担责任、选择与父母两地分离、选择成为房奴,这是自己的选择,这可能是我们这一代人的使命。刚刚主持人说,我们公务员在北京处于什么阶层?我第一反应是夹心层,我们赶上大学生扩招,毕业的时候特别不好找工作,进入公务员群体,外地人没有福利分房,又很难解决宿舍,2008年之后北京房价涨起来,我们这拨人需要面对和承受很多,可能每代人都要面对一些东西,如五六十年代上山下乡。客观情况在这里,每天都要鼓励自己踏踏实实地把自己的选择坚持下去,一路走到底,光明就在前边,我还是比较乐观的。

客观来说,跟北京房价相比,公务员收入非常低。我可以选择别的职业,可以去民企打拼,但是我挺喜欢这份职业,也很珍惜,我觉得能有一份自己喜欢的工作,并且终身从事它,是人生最大的幸运之一,我已经有了这份幸运,那么舍弃收入增长的方面,承受房价很高的现状,自己心里边挺能接受的。房价很高这个现实,是由供给和需求决定的,北京空间非常有限,北京是全国人民的北京,建设世界城市,北京又变成全世界的北京,全世界人民向往这样的城市,向往政治、文化中心,而且中国目前投资环境只有股市和房市,股市受政府影响大,小户基本上有去无回,所以全国人民觉得最稳定的投资渠道就是房市,觉得能够保本,投资性以及刚性资金都在流入这个市场,所以价格一定上涨。面对基本的经济客观规律,我能接受房价上涨的客观现实。

我们这代年轻人面对这些客观情况,就得选择它、承受它、克服它,也要有信心承受考验,和父母共同在北京住上温暖的房子。

主持人:咱们大家能够接受在毕业之后几年之内买房?或者期望。

青年代表GR:我希望十年之内,因为我的父母退休以后一定来北京跟我一起生活,在父母退休之前,他们有工资收入,我也有工资收入,在北京买上房,这样父母可以到北京。

青年代表GC:刚才听了几位发言,我是北京孩子,大学毕业之后做公务员,2009年毕业到现在工作四年,毕业之后有两年时间从事住房保障工作,对这方面有自己一些想法,因为当时工作的时候,很多人申请两限房、经济适

用房，像一些已经毕业上班，但由于另一半没有上班，刚好卡在政策线上，就有可能因为家庭收入低而摇上这个号，分到房子。当时很多人申请时符合资格，经过几年或更长时间等待之后，不再符合现在的标准，限价房要求家庭收入低于8.8万元，简单加一加，两个人收入基本在10万元以上。我们制定政策的时候，很多制定政策的人往往考虑自己的利益或者其他利益，制定政策的过程中留有很多漏洞，但是这个政策会越来越完善。

2010年10月份两限房出了一个政策，不能把家里房子卖掉再申请两限房，有年限的要求，必须卖了三年或者五年之后才能申请，避免有投机的情况。我看过一些报道，我们在做保障房的时候，很多地方包括香港都是采取公租房形式，现在政策开始采用公租房形式，随着经济收入增加，大家就会摆脱这种状态，通过自己的努力选择更好的居住环境。

另外我说一说周围同事的住房情况，前两年房价不很高的时候，有同事看房子觉得房价可以，就想等再便宜一点就买，结果一等，房主立马把价格涨了十万，他就买不起了，接着"国八条"出来了，各种限制条件使他自己无力承受房价，即使把父母的钱搭上，自己还贷也不够。其实收入偏高也买不起房子，有一个朋友在不错的国企做IT，一个月大概14000多元，刨掉税一万不到，他自己租了一套一居室，一个月房租将近3000元，再刨掉一个月各种花费，比如买生日礼物、朋友聚会，一个月剩下三四千元，他说我一年房租损失房子好几平米，真的买不起。我不想父母出钱，觉得自己上班很多年，毕竟父母从小抚养到现在，到了该享受的年纪，而靠自己的力量买房子，基本看不到希望。

另外还有一个同事，和我同一批入职的，他考到不错的单位做公务员，他们那福利很好，现在还有分房，入职一年买了一套房子，他和他爱人都考到不错的部门，基本分房有保障。现在有一个孩子，下一代的房子解决了，基本没有负担。可是对于基层公务员或者已经取消分房政策的公务员来说，住房还是很困难。如果国家政策给一定优惠，虽然公务员收入并不高，但最起码可以解决安居问题。我们每个人都在规划很多东西，就像刚才一些同事所说，买不了房子可能人生规划的第一步就迈不出去，现在很现实，找女朋友先问你有没有房。还有孩子上学的问题，有同事孩子五证不全上学很困难，选一个好的学校更困难，包括现在像西城、海淀学校资源比较丰富的区县，要求孩子户口落在房产上，人户一致还有三年甚至六年的要求，要规划以后的生活就要从现在开始，越往后条件越苛刻。我想说的就是这些。

青年代表 LYJ：我是来自基层的普通公务员，昨天下午给我打电话说要谈青年住房问题的时候，就有几个字眼在脑子里不断闪烁：青年、公务员、屌丝。我老家是外省农村的，2005年"干掉"75955人，来北京上大学，2009年毕业，因为专业的问题，不可能去挣钱的企业，通过考试先在街道工作，干一年多调动到区一级工作，一共工作四年。我老家是外地的，在北京不可能有房子，又是农村，积蓄不超过一万元，不指望家里给我付首付。工作才四年，公务员收入大家也了解，刚毕业的时候工资1400~1600元/月。比较幸运的是，2009年刚毕业的时候，海淀区有一批公寓，在北五环之外，天天坐两趟车再远也要去，但现在来看不算远了。当时的决策很英明，现在再申请就比较难了。住在那边的公务员大概200人，房价是市场价的1/2~1/3之间，所以比较幸运。

对住房突出的感受有两点：第一，房价高，涨得特别快。我居住的小区，2009年刚搬过去房价23000元/平米，现在43000元/平米，很多人在附近的小区买回迁房，质量相当差，有时候听到震动找手机，发现是楼上的响，而且不断掉墙皮，但这也是供不应求。第二，政策变化相当快。2009年毕业时想申请两限房，两限房有8.8万元的限制，当时我单身没有结婚不具备条件，今年1月份结婚之后想申请，发现我和媳妇工资加起来肯定超过8.8万元，但等今年她考上研究生没有工资，我的钱不到8.8万了，政策变了，保障房、两限房、廉租房统一申请，以公租房门槛进入，申请之后摇号。首先是公租房，虽然程序简化了，可相当于两限房数量少了，先让你租房，购房就遥遥无期了。

说宏观一点，谈中国梦和青年梦。虽然住房不能被当做青年人的梦想，但是我们觉得我们确实有自己的理想，让国家更加美好、社会更加公平。有一个朋友在北京干导游是自由职业者，非常辛苦，他的梦想就是在北京有一套自己的房子，不管大小。我有一个同学也是在武汉机关工作，虽然他工资待遇跟我差不多，他家庭条件比我还要差，但是房价比这里低，工作6~8年买一套房子没有问题。另外一个现实问题是，我们住的集体宿舍有可能搬离，具体什么原因也不太清楚。

课题组成员A：小区回迁房？

青年代表LYJ：对，回迁房相当于是区政府买下来租给我们，租价是市场价的1/2。

课题组成员A：有退出机制吗？

青年代表LYJ：没有退出机制，但有可能强制搬离。分不同的住房，有两居室、三居室，分两个人、三个人、四个人住。

青年代表DMM：针对咱们今天座谈的主题，我介绍一下自己的情况，谈几点小看法。我是北京人，家是市区的，我老公家也是市区，但我们都在郊县A区工作。我们自己的房子是在A区2007年购买的，为了离工作地点比较近，男方家出资购买，大概4700元/平米，现在看来觉得挺低，但在当时来讲不算便宜。我是2005年大学毕业，毕业以后直接应聘公务员工作，一直到现在没有更换过工作，工作经历比较简单。当时住在单位宿舍里，大家可能不是很了解那个时候我们单位的情况，A区属于北京远郊区县，外地人很少，我们单位基本都是本地人，所以原来没有提供宿舍，我们属于第一批外招大学生，单位为我们考虑得挺周到，临时空出几间办公室作为宿舍，现在单位也基本没有宿舍。

2005年我到A区的时候，房价就是在2000元/平米左右，2007年买房子时，房价已经到4700元/平米左右，现在基本均价15000元/平米，这是普通商品房，不包括别墅。整体来看，A区商品房数量比较少，以前规划有要求，不准盖高层，所以基本是六层以下建筑，总体房量比较少，现在稍微有一点点松动，可以盖一些不太高的高层。就我工作六年来讲，房价增长还是挺快的，2005年是2000多元一平米，现在已经到15000元/平米左右，但跟市区房子相比，涨势还是低了一点。

我们单位35岁以下年轻人大概50人，以前年轻人比较少，我上班那时也就十几个人，现在招得越来越多，非本地的只有五六个人，夫妻双方都不是当地的大概只有三家。据我了解没有租房的，结婚的都已经购房，没有结婚的基本跟父母同住，因为有我们区的特殊性，基本都是本地人，有自己的房子，很多有拆迁，所以会有一些房子给自己子女结婚用，大部分是购房，基本就是这个情况。只有一个同志，是我们去年新招的研究生，他和妻子都不是当地的，一开始他租房,后来申请了两限房,因为他妻子没有工作。这是我们基本的住房情况。

房价是大家比较关心的一个话题,就我的理解,现在涨势比较快,绝对上涨很难抑制下来,因为这是社会的规律、经济发展的必然结果,我们可以做到缩小相对上涨幅度,就是指房价和收入比,只能在这上边多下一点功夫。我体会最深的是,2005年刚参加工作工资2000元/月,那时候怀柔房价2000元/平米,基本差不多,现在工资4000元/月,房价15000元/平米左右,这是相对来说比较恐怖的事情。作为公务员来讲,工资相对固定,很难有一个大的飞跃,怎么能够解决这个差异,让我们对房子有一个预期,只能从多方面入手。

第一个建议是增加对公务员在住房上相关政策和福利的支持。我比较赞同福利分房政策,虽然现在很难,但不可否认,在部分单位还存在福利分房,我希望能够在公务员福利住房政策上,达到社会相对公平,有让更多的公务员平等享受政策的支持,让我们能够有一个相对比较好的渠道,有获得拥有自己住房的机会。

第二个建议是希望提高公务员待遇。因为相对于别的社会群体来讲,例如相对于事业单位或者企业单位来讲,公务员工资不算高。但公务员政治地位还是有的,如果出去说你是公务员,大家觉得你工作相当不错,比较体面,别人对你的社会认同感高,但是工资待遇跟别的群体相比,真的不算高,觉得住房很困难,如果没有相应政策公务员群体会觉得更加困难,而且不会被理解,你出去说我是公务员,但住房有困难,没有人理解。既然房价一直那么高,希望对公务员的福利待遇有提高,尽量缩小房价与收入的差距,让我们对房子有合理的期待。

青年代表 YGG:我也谈谈几个想法,主要有三个方面。

首先,是我们单位的情况。我是2006年到现在的单位,可以说我们的情况是人多房少,很多人认为公务员能够分房什么的,但实际情况是房源特别少,特别难申请。身边好多的同事从基层公务员过来的,大部分过着双城生活,租房的位置也很远,周六日回去,孩子上学问题没有解决。这是我们单位的基本情况。

其次谈谈对房子的看法。大家都说了安居乐业的问题，因为房子牵扯到很多方面，比如孩子上学、父母赡养，尤其我们部门绝大多数是外地人，北京人的比例很小，这些问题统统压在房子上。好多人跟同学、同事聊天的时候说，回去在当地挺好的，在当地有自己的住房，折腾这干啥。这是从个人角度来说。从产业政策来讲，前一段时间大家炒一条新闻，各地2007、2008年之后把房地产当作支柱性产业，后来有意避开这个说法，现在来看房地产影响很大一部分社会资金流向，房地产利润率高，占据了很大一部分社会资源。当资金流向房地产时，势必影响产业结构调整、实体经济发展，包括创新、人才等方面的发展，政府讨论经济问题离不开房地产。应该把房地产定位于投资性产品还是消耗产品？如果定位于消耗产品，那么通过一些行政政策，把利润率压到一定程度，资金流向势必会回过头来，转向实体经济、创新产业并促进其他方面的发展，这可能是个比较缓慢、中间有阵痛的过程。

最后说到具体建议方面，在座各位都是公务员，政府曾经出台过一个购房补贴制度，大概有八九百元的样子，这个政策是在分房福利制度之后出台的，但是没有跟市场走，对比房价来看，当时四五千元，现在已经四五万元，当时补贴是八九百元现在依然如此。但是，现在一说调整公务员工资、帮助解决公务员住房问题，社会舆论就会骂声一片，这是一个很难尴尬的现象，我们也说不好该怎么办，总之就是希望多一些理解。

主持人：感谢大家。今天咱们讨论很深入，大家从宏观和微观两个层面谈了很多问题，既有本地和外地来的朋友的情况，也有已经买房和正在租房的情况，非常全面，我想这对我们今后做课题都有很大的帮助，再次感谢大家能够抽时间来到这里，谢谢大家！

B.15 青年住房问题座谈会之五

——外资企业青年职工专场

主持人：各位青年朋友，我们近期开展了关于青年住房的调研。今天我们请到一些企业的青年代表来一起交流，之前已经召开过四场座谈会，分别有私民营企业、国有企业、事业单位和公务员的专场，发现在住房问题上都有很多很想说的话。大家对于住房问题有什么样的看法都可以谈，没有对错之分，最后我们会把人名隐去，大家不要在意，只要谈真实的想法、真实的感受就非常好。

青年 ZLL：我来自某外资投资银行，负责该银行北方区市场的房贷业务，应该说今天的课题跟我比较贴近。

青年的住房，要说的问题太多了，我就简要说说我的想法。

首先，大家认为贵。这个贵体现在几个方面，一个是房子的单价贵，随便一套房子100平米，要两三百万元。五六十平米，也要一百多万元。事实上整个北京的均价已经达到了将近三万元/平米，但国家给出的统计数据可能只有两万多元/平米。在做市场研究的时候，觉得这可能是郊区的房屋价格把整体平均拉下来了，但很少人住在郊区，毕竟大家都是在城里面上班，肯定是想住在离自己上班近一点的地方。

这个贵的另一方面是房屋总价贵。再一个贵是体现在人均收入上，因为收入跟房价不对等。如果收入能够抗衡房贷或者是租金的话，就不会有这样的反映。拿全球市场来讲，在欧美国家，或者是亚洲的其他国家，一般是收入的1/3来承担租金或者是房屋的还款，这是世界的平均合理水平。但是，现在来讲，我们的情况是将近收入的2/3或者是全部，还不够还房贷。

其次，我觉得现在青年最关注的不在于房屋面积，更关注交通问题。北京是首都，它的交通问题，我们不敢恭维，地铁越来越多，公交越来越多，但路

上越来越堵，每个人的上班时间，在路上的时间最少是两三个小时，实际上路程并没有多远。对于青年来讲，上班地点离住地越近越好。青年在奋斗初期的时候不需要大房子，他更多的是对事业的追求。

在这个方面我也提出一些自己的想法，房屋方面是否可以偏向青年式公寓。我原来在上海待过很长一段时间，上海有一些小的单身公寓，只有30多平米，但样样俱全，可以供一个人居住。它的面积小，它的总价低，大家愿意承受。北京是不是可以向这个方面改革。

还有廉租房、经济适用房政策，给我的第一感觉是很多人不明白、不清楚。虽然大家都知道经济适用房，但没有人知道怎么申请。我不是北京人，我是一个外地人，是北漂一族，一直在北京工作。我做房地产这么多年，我根本不知道怎么申请廉租房、经济适用房，不知道程序怎么样，或者有没有名额给我。第一感觉是根本没有名额。这种情况下，政府能不能到基层公司去普及一下相关知识，让大家了解是不是有资格申请经济适用房。

我就简单说这几个方面，等下面的朋友发言以后再做讨论。谢谢大家！

课题组成员 A：咱们这是座谈会，比较直接。冒昧问下，像你个人的工资水平是怎样的？

青年代表 ZLL：北京一般白领的工资在 5000 元/月左右，如果还款大概是两三千元，还可以承受，但要是每月有五六千元的还款压力，就接受不了了。但在北京，目前来看很正常，大家都要还 5000 元/月左右。

课题组成员 A：你们外企都比较注重隐私问题，但我还是想反复盯着工资的问题。有的人感觉外企人士应该是金领，不是白领，所以感觉你们应该是主力购房人群呢。

青年代表 ZLL：肯定不是，我们压力也很大的。我的工作与房地产相关，到目前为止有七年的时间，往来于上海、北京两地。对于收入的问题，外资企业只是表面上比国内的中资企业相对要高些。但是，我们公司也做过简单的调查，从收入的总体来讲是和国内的企业差不多。我们就是很基本的工资，加上你自己的劳务奖金所得，不会有所谓的年度的奖励分红。我觉得整体来说不会差距太大。至于北京的房价问题，虽然现在已经很高了，但是从政策和经济的角度来讲，它还是有上涨的空间，我们既希望它降下来，又看出来它至少还有

30%～50%的上涨空间，很矛盾。

主持人：你的住房情况怎么样？

青年代表 ZLL：我是刚刚交了一个首付，买了一套小房子。

主持人：房子总价在多少？

青年代表 ZLL：总价在两百多万元。现在房子的价格实在太贵，均价都在三万元/平米左右。

主持人：首付是完全靠自己吗？

青年代表 ZLL：肯定有家里的一部分支持，加上我自己的一些积蓄交了一个首付。

主持人：好的，感谢您的发言，我们请下一位朋友谈谈自己的想法。

青年代表 WJG：我是2009年毕业的，现在在一家公司做人力资源工作。我们公司有一个宿舍，我住在宿舍里面，还没有涉及租房、买房这些问题。我未来也想搬出来住，也跟朋友们打听过，但买房的问题太遥远了，对我们来说还是租房。其实在租房的过程中也有很多不方便的地方，比如今年签了合同，合同履行到一半，房东就要求涨价。我们希望政府可以给出一些政策来规范租房市场，比如不能随意更改价格，不能合同履行到一半就不履行了。还有就是打击二手房东或者是黑中介。我们作为年轻人，更希望这方面有一些规范的制度。我不打算以后在北京养老，但因为工作和事业的发展还是北京的机会多，还是希望年轻的时候在这边发光发热，年老了以后可能也是到二、三线城市或者到老家养老。租房问题比较大，也是我们需求比较迫切的一个方面。

主持人：你准备什么时候搬出去租房？

青年代表 WJG：八九月份。

主持人：能够接受的租金是多少？

青年代表 WJG：1000～1500元/月，就是一个单间。

课题组成员 A：你们公司是做什么的？

青年代表 WJG：做地理测绘，算是高新技术企业吧，哈哈。

主持人：1000元这个价钱只能合租吧，单间能租到吗？

青年代表 WJG：在大兴还是可以的。

主持人：你租房考虑的因素是什么？

青年代表 WJG：交通要方便，房间的卫生条件较好，小区的环境要安全一点。

主持人：以后想一直在北京发展吗？

青年代表 WJG：年轻的时候吧。

主持人：你就一直租房吗？

青年代表 WJG：对，不一定非得买房。

主持人：你接受长期租房和一辈子租房吗？

青年代表 WJG：如果我老家有一套房子的话，我是可以接受这种状态的。

主持人：老家要有房。

青年代表 WJG：对，因为心里会有归属感，工作是工作。

主持人：老家有房子吗？

青年代表 WJG：我们家是有的，因为我还没结婚。

主持人：也就是老家是有房，但自己还没有购置房子，对吧？

青年代表 WJG：没有。

主持人：好的，谢谢您的回答，咱们其他青年朋友有什么想法分享的吗？

青年代表 ZJ：我毕业得晚一些，我是2011年毕业的，在北京待了有七八年。在这段时间中，差不多一半的时间都是在租房，是跟我们宿舍的一个姑娘一起住。基本上是每年都要换一次房。

主持人：为什么这么频繁？租金涨了？

青年代表 ZJ：跟租金上涨和房东都有关系，租房这方面的情况我了解得比较多。我们原来三个人在西四环附近租房，在2009年的时候一个三居室的月租金是2500元，还可以接受。后来我们就向市中心搬了些，现在在三环附近，要4300元一个月。

主持人：您的租房经历还是很丰富的，能具体谈谈么，可以详细一点。

青年代表 ZJ：现在有正规中介、非正规中介和黑中介。我们开始是自己找的，是从网上找的非正规的那种。最开始我们不太了解中介的情况，就打电话去问，然后就去看房。看房的时候是一个黑中介领着去的。我们趁着那个人不在的时候，就跟房东谈了。第一个房东真的是挺好的，直接跟他签了一年。后来出于合租室友工作的原因，我们不得不搬家了。总得来说，现在中介好多都是跟房主直接拿房，跟房主谈好多少钱把房子租出去，但实际租多少跟房主没有关系。

主持人：就是中介先从房东那把租房租下来，然后再转租出去？

青年代表 ZJ：嗯嗯，差不多。房租上涨的空间都是他们掌握的，很多中介都是这样。

他们顶层的管理人员和底下执行人员的想法是不一样的。我们在后来退房的时候出现过问题，也是有一个房东，我们想和房东直接联系退房，这个中介在中间就不让我们联系了，因为他们想挣到中介费。这个事情比较麻烦，我们就反映到总部去了。上面的管理人员是不知道这个情况的。我们直接找房东的，房东大部分都很好，都很好说话。现在正规的公司没有那么多，大多是黑中介，他们想方设法让你多出一些钱。

对我们正常上班的人来讲，直接租一套房子相对比较少见的，所以合租的情况比较多，但这样会比较麻烦。没租过房的人，是不知道租房有多麻烦啊。

还有一次是跟一个正规中介签的，他们先跟房东谈好，我们三方坐在一起，给他们中介费。因为我们是跟房东谈，也是跟房东签，所以可以保证我们的利益。但是也出于各种原因，房东要卖房或者是自己要住，总是租不长久。有时想想买房也挺好的，但按我们正常上班的收入条件来讲，如果没有家里帮助，真的是很难实现买房这个愿望的。

主持人：现在自己没有买房？

青年代表 ZJ：还没有买。

主持人：有这个打算么？

青年代表 ZJ：有啊。但我们现在买房受限制。现在房价也挺贵，要不要在北京买也挺纠结的。

主持人：你们有关注过廉租房、公租房等政策吗？有没有考虑过经济适用房这些问题？

青年代表 ZJ：考虑过，但我觉得希望不是特别大。

主持人：不太关注这方面的政策？

青年代表 ZJ：没有太多关注，要么干脆租房，要么贷款买房。

青年代表 WJG（插话道）：因为有很多负面消息，比如会内部操作，我

们就觉得没有希望。

主持人：你们是北京户口吗？

青年代表ZJ：不是。所以我们也没有办法申请那些保障房、政策房什么的。

青年代表ZY：我来谈谈我的想法吧，我是来自国内某IT公司的。2006年毕业，一直在这家公司，是一个土生土长的北京孩子，当我刚毕业的时候，是住家里的房子，是父母的房子。那个时候我身边的同事也是在租房，我们公司外地的员工很多，是非京户口，都是通过考学或者是各种途径准备在北京工作的同事。

那个时候在我身边的外地同事总会说今天找房子，明天找房子，我觉得怎么你们天天都在找房子，就不能稳定点儿吗？他们跟我说不是觉得这个房子太小了，就是觉得自己一个人住的成本高。有人还想如果稍微大一点，能找一个人与他合租，可能会好一些。但合租了之后，又会发现合租的伙伴跟他的性格和不来，说不上话，就又想找一个公司里的同事或者是朋友一起租，这样的话就来回地变动。我感觉他们很辛苦，除了8个小时的上班时间外，他可能要晚一点走，要再看看房源。我作为一个北京孩子，当时真的会有一些优越感。

我当时意识不到这种为房发愁的感觉，随着年龄逐渐增长，结婚以后就有另外一种感觉。也许因为我以前住的房子是比较小，所以现在我希望要一个大一点的房子。但如果我买大一点儿的房子，我和我先生现在的工资，面临的还有四个老人的赡养问题。

主持人：您爱人也是北京人。

青年代表ZY：对，我们觉得压力很大。如果把钱放在买房子上，对老人的赡养就没那么好。过几年我们再有孩子，面临上小学、小升初等各种问题，我们的压力就更大了。就那个时候真正需要一个大一点的房子，需要有一个更舒服的空间了，可我们的压力会比现在还要大，我们觉得这是很矛盾的事情。

主持人：所以你不敢再换大房子。

青年代表ZY：对。我不敢再换大房子，也不敢把钱放在银行，就特别矛盾。我们觉得要往前走，那么就要付出，否则后面的生活就更艰难。

主持人： 你们现在的住房是什么情况？

青年代表 ZY： 我们两个在我爱人家住，但我爱人也是没有买房子。

主持人： 等于是跟公公、婆婆一起住？

青年代表 ZY： 对。我们住得很近。

主持人： 有买房的打算吗？

青年代表 ZY： 只能说有这个想法。一来手头上必须有一点资金。二来，还要有相当一部分是看家里能不能付出一些。如果我们要买房子的话，这个首付是很大一块。我们这个年龄，父母都是 60 岁左右。我们再从他们的口袋里往外拿钱，我们觉得做不出来。所以就自己扛着。

课题组成员 B： 跟你同时进公司的人有买房子的吗？

青年代表 ZY： 有。

主持人： 他们怎么解决的？

青年代表 ZY： 他们买得比较早。我作为一个北京的孩子，当时觉得买房不是问题，有父母在。这几年房价涨得很快，我是 2006 年毕业，2007 年、2008 年买房子还稍微好一些，很多同事是那个时候买的。我觉得他们的眼光就很独到。他们跟我说他们是没有办法，觉得多花一点钱比租房住得好一点，为了以后能在北京有个家，可以让孩子在北京上学，不用再走自己的路。当时我没有这个压力，就觉得住父母的房子挺好的，父母很多事情都可以帮衬一下。但是，随着年龄的增长，你就觉得不可能所有的事情都依赖父母，父母也有老的那一天。他们的白头发多出来一些，我们的责任感就得涨一些。

课题组成员 B： 你同意应该有 1/3 的工资来付房贷的说法吗？

青年代表 ZY： 我把买房看成一种投资，换一个说法，是间接同意的。我现在把它买下了，可能我的晚年生活就舒服一些。说句很不孝的话，父母百年之后房子都是我的。但是，他们在活着的时候，我要想怎么多为他们付出一些。如果有一天父母生病了，我不能说让他们靠社会吧，作为儿女，肯定是做不到的。我们怎么办？只有现在想办法做投资。不管是买房，或者是买理财产品，肯定得想到一个折中的办法去解决这个问题。

房子还有一个问题，我们现在有父母，下面也许还有孩子，是两个人养四个人，等我们老的时候，可能我们就不忍心再让那两个人面临着那么大的压力来养我们；也有可能我们不要孩子。也就是说我们两个孤苦伶仃的，实际老了之后就面临着没有人养的问题。

现在政策导向逐渐变了，我们以后面临养老的时候，除了国家给的养老金外个人还要付出很多，现在该怎么样办？我可能买一个房子，等我老的时候，我把这三个房子全租给大家，我去养老院的费用就出来了。我把买房子看得不是说必须的，住房不是我的第一需要，我是为我以后的生活。

主持人： 你谈到的这些说明你想得还挺长远的啊，哈哈。咱们其他朋友也都说说想法。

青年代表 LL： 我跟 ZY 这位朋友的情况正好相反，我们老家是江苏的，2006 年跟她是同一年来到这家 IT 公司。我是 2000 年毕业的，"70 后"。我们比"80 后"的买房时间早了一点点，还买得起房子，因为刚工作那时房价还没有这么贵。当时我跟我现在的老公，我们是一起大学毕业，之后工作了三年，有一点存款，付了首付。我记得每年存了 6 万多元，一共存了 20 万元，首付就全付进去了，几乎就没有钱了。我记得那时房子总价是不到 50 万元。

主持人： 哦？在哪个位置呢？

青年代表 LL： 北五环附近。是 2003 年买的，2004 年女儿出生了，等她快要上小学的时候，为了她又换了一套房子，在海淀，为了她上学方便。

主持人： 那算学区房了。

青年代表 LL： 对。就是补了一下差价。我觉得 20 世纪 70 年代末出生的人可能比"80 后"多了一点时间，如果我们也是赶到 2008 年、2009 年买房子，房价已经很贵了。我当时是在那个时候换房子，那个阶段房价每天都在涨。我们是当时补了一百多万的差价，做了一些贷款。

主持人： 现在感觉轻松很多？就是每个月有月供？

青年代表 LL： 比较轻松了。

主持人： 现在月供是多少钱？

青年代表 LL： 3000 多元/月，我提前还了一部分，这 3000 多元/月类似于房租了，就没有必要一次性还清。

主持人： 说明你们的工资还能承受。

青年代表 LL： 差不多，孩子也在附近上学，挺方便的。

我想说的是，现在很多年轻人因为房价的问题逃离北京，去二、三线城市。我们单位有一个同事也是这样的，我特别有感触。虽然我是换房子了，但当时也一直在纠结，因为北京的交通压力，还包括孩子学习上的压力，父母投入的时间、精力都是非常大的。我们同事离开北京，他把北京的房子卖了，回西安了，这个影响还挺大的。我们公司很多员工离职以后都是离开北京，不在北京工作了，尤其是一些男员工。

主持人：会影响到他未来的生活，包括结婚吧？

青年代表 LL：刚毕业几年的话还好说一点，如果将近 30 岁的时候，在老家肯定已经成家立业，已经生孩子了。但在北京的话就还没有，因为他不能买房子，觉得遥遥无期，所以很多人就放弃了在北京发展。

主持人：你身边有同事回了老家？这种情况多吗？

青年代表 LL：我们公司很多，这两年越来越多。离职的很多原因都是在北京买不起房子，多数人回到二、三线城市，有可能是毕业的城市，或者是老家的城市。

我们有一个同事发了一条微博，前两天一个微博名人还给他回复了。他就是卖了通州的房子。他上班非常远，每天在路上的时间近两个小时，要付出很多时间和精力。他的工资还算不错，但他觉得离自己生活的目标还是相距很远。天不亮就出门，到家已经很晚了。这种情况下不敢要孩子，所以最后还是离开北京，把北京的房子卖了以后在西安买了房子。一夜之间就用北京的一套房子换了西安的四套房子。

主持人：通州的一套房子可以换西安的四套房子！

青年代表 LL：他可能买的面积也比较小，自己住了一套，三套比较小的租出去了。他在西安可以轻松找到工作，他是学计算机的，技术开发能力非常强，我觉得还挺好的。

课题组成员 C：嗯，这情况还挺有意思的。我想问是不是北京本地的孩子压力都相对要小、过得舒服一些呢？你们怎么看？

青年代表 LL：因为不用租房子嘛！目前他们买房子的需求不是很急迫，即使将来有了孩子，依然可以住在父母的房子里面。但是，对于外地的员工来说就不一样。

青年代表 ZY：我们本地的，可能面临的是更为长远的父母养老啊、子女上学的问题。但眼前的事情，可能外地员工更急迫。

青年代表 LL：我们公司 1980~1985 年出生的员工占主体，这部分人大多还没房子。

主持人：他们的心情状态怎么样？

青年代表 LL：很纠结。压力很大啊！来自父母的压力也不小，要催着结婚。但没房怎么结婚？

主持人：好多都有男女朋友？

青年代表 LL：对，大部分是有的，尤其是男同事。

青年代表 ZY：现在社会上有一个风气，感觉如果男生没有房子，就不能给我一个稳定的家，女生也就不考虑。公司有两三个北京的同事，是房山的，他们在学校有女朋友，因为没有房子，毕业以后工作了就没女朋友了。他们也是二十六岁左右的样子。

青年代表 DLY：对。很多时候我看着我们公司北京的那些没买房的孩子们，跟家里人挤在一起，我感觉他们挺可怜的。

主持人：那就是说，有的还不如外地青年过得好呢？

青年代表 DLY：说实在的，真的是这样。我也跟我两三个北京的同事说过，我说你们去看一下经济适用房，还有保障房、廉租房。但他们都很回避这个问题，感觉自己是北京人，住保障房好像很没面子。

主持人：北京人还不屑于住廉租房？

青年代表 DLY：对。

主持人：小 J 你也谈一谈？

青年代表 J：我是觉得现在中国的发展状况基本上是毕业的年轻人都往三个地方跑，北方人基本去北京，华东地区的人基本去上海，华南地区的人基本上去广州、深圳。现在都说逃离北上广，因为在北京、上海、广州的生活成本太高了。现在年轻人为什么都喜欢往这三个地方挤，因为北京、上海、广州占据了全国最好的资源，特别是生活资源，包括医疗、学校，甚至是房子，所以大家都往这个地方挤。

现在这三个城市，特别是北京，就拿住房来说，已经是处于超负荷的状态。学校、医院也都是处于超负荷的状态。我倒是觉得随着经济的发展，现在的青年倒是可以往二、三线城市转移。毕竟那里的生活成本比北京要低，社会资源相对来说充沛一些。还有就是天气和环境比北京要稍微好一点，污染少。对国家来说，二、三线城市需要人才，竞争也没有那么激烈，还是需要很多优秀的毕业生过去创造GDP。

主持人：你自己的房子情况怎么样？

青年代表J：我住父母以前的房子。

主持人：你是北京人？

青年代表J：我母亲是北京人。

主持人：现在还住在父母家？

青年代表J：就是父母给留的房子。

主持人：你现在成家了吗？

青年代表J：结婚了。

主持人：住的是父母给你的房子。

青年代表J：对，母亲留下的房子。

主持人：你现在没有打算再新增房子，或者换更大的房子？

青年代表J：对。结婚前好一点，但结婚后考虑的因素就比较多了，特别是对于孩子的成长来说，房子还是一件很重要的事情，特别是交通，还有周边的生活配套，以及孩子上学问题。

主持人：你现在有没有孩子？

青年代表J：我有孩子了，要考虑孩子将来上学的问题。

主持人：看来你父母确实给你做了很大贡献。

青年代表J：还行。

主持人：你刚才说大家都应该到二、三线城市去。

青年代表J：就是建议。

主持人：可是好多青年不愿意去二、三线城市，如果你不是北京人的话，你会选择去二、三线城市吗？

青年代表J：如果不是北京的，我真想选择去二、三线城市，我觉得那相对来说压力更小一点。

青年代表WJG：我补充一下。我有一个同学，也比较典型。他是上海研究生毕业，家是河南的，他说在郑州有一份工作，是郑州一所很好的中学，可以做老师，也是有编制的。他同时还有一个工作的offer是做上海某学校的外教，教对外汉语，但是编制外的。他也很纠结。我以为他已经回到了郑州，因为刚开始他说他要去郑州，过了很久之后，他说留在上海了。我问他为什么留在上海，他说要是回郑州的话，一眼望去都知道二十年后的状况，在学校教书，一成不变。如果在上海的话，有无限的可能，不知道未来是什么样。

还有一个例子，我在端午节的时候去拉萨，也是碰到一个去洗涤心灵的人。他家在南昌，也是在南昌上学，家里条件挺不错的，他毕业之后就去了深圳，找了一家公司，现在他是做广告设计，每天夜里都在工作。他上学比较早，是1989年出生的，现在已经做到创意总监，是很厉害的人。当时我问他你为什么当时就从南昌去了深圳呢？深圳也是压力比较大的地方。他说深圳虽然很残酷，但很真实，你很快就能知道什么能得到，什么得不到，你的目标就会很明确。大城市相比二、三线城市，靠个人的能力多一点，二、三线城市可能是靠个人关系多一点。你在广州、深圳、上海经过二三十年的努力，可能有一番成就，你自己对自己的认可就比较高，会觉得自己有价值，满足感更强。对我自己来说，有没有好的学校、好的医院不是最重要的，最重要的是我在工作中能不能一直进步。我在二、三线城市，走到这，前面没有台阶了，怎么办？一成不变的状态对有些人来说是安逸，对有些人来说就是像"活死人"一样的状态。

青年代表ZLL：我也想说说我的工作经历。我是在南方读的大学，学的是计算机专业，但我在金融行业做中层管理。计算机毕业以后根本没有接触过金融。当时我为什么要去上海？因为有一次假期，刚好我父亲出差去上海，我就跟他去了。我觉得上海是一个发达城市，我就要在上海立足。那个时候为什么有这个梦想？是因为年轻时的憧憬，我就有一份梦想，我要追求这个梦想，毕业以后就要去追求，去冲一下。所以我一个人到了上海工作。我当时最初的工作是房地产中介，大概在八九年前。记得一年365天，我只休息了6天时间，就是过年回家。我觉得那时的憧憬就是一定要在上海立足。

这个小事情就说明了为什么很多人到大城市来发展，就是为了去追求这个梦想，或者说有一份小小的希望，幸运之神能否降临到我头上，或者是有一个大老板看中我，再或者是一个有钱的小姐看上我了，等等。反正有很多很多的希望，才导致大家都想出来奋斗。到最后实在不行了，实在坚持不下去了，可能再退回二、三线城市。为什么来北京？就是想冲一把，谁愿意待在老家？都是想越来越好，为下一代打下更好的基础。

主持人：如果在北京和上海房子的问题解决不了，会促使你们离开吗？

青年代表 ZLL：房子是最基础的问题，房子问题解决不了，就没有一个安定的感觉。

主持人：你们给自己的期限是多长时间，如果房子问题再解决不了，就会考虑离开北京？

青年 ZLL：如果一定要量化来讲，首先肯定第一年是个绝对的负债期，连租房都是一个负债期，刚刚够过生活。第二年的时候，可以让你的工资水准达到跟租房持平。如果真的存到房子的首付，可能要你五年的积蓄，再加上家里的支持，能够让你在一个大城市买一个小的房子。

主持人：那就是5~8年？

青年代表 ZLL：对，5~8年，你已经在一个城市融入了它的文化，你的激情也慢慢锐减了。如果5~8年还看不到头，没有一点希望，肯定就要有别的想法，或者是有别的人生安排。

课题组成员 C：如果换成生理年龄，你在生理年龄达到多大但依然没有买房希望的时候，会在这个年龄段离开北京？

青年代表 ZLL：如果是这样的话，大约38岁，我会离开。现在很多35岁的年轻人还是愿意冲一把的。人生的工作年龄已经逐渐往后移了，在过去四五十岁觉得自己有一点老，但现在看来四五十岁正值中年黄金时期、冲刺事业的时候，也许是因为现在这个世界的机会更多了。特别是网络时代的发展，提供了更多的机会，我们愿意在这个机会面前冲击一把。我界定我的买房年限，应该是38岁。

为什么把房子作为成家立业的标准，也是很现实的问题，没有房子怎么生活？这是不可忽视的问题。40岁你再没有房子，你怎么对家庭负责，小孩怎么办？媳妇、孩子再租一个房子住，媳妇还会对你忠诚吗？这个问题在现在这个世界里是必须要考虑的问题。在过去，离婚会受到道德伦理问题的束缚。上海2012年的离婚率高达38%，十对结婚的里面有三四对离婚，太高了！为什么离婚？要么是收入，要么是住房。

主持人：按照有的人的说法，现在女孩子结婚先看房，要是这样的话，你38岁结婚也成问题喽。

青年代表ZLL：房子问题最重要的是在男士身上，不在女士身上。男女平等并不在这个方面平等。如果有经济条件，女士可以买房，或者是说她在一个年龄之后能够跟男士以共同家庭财产买房。我的观点是男士可以冲到35岁，结婚可以再往后推一点。这可能是我个人的带有一点偏见的观点。

主持人：没关系，我们畅所欲言嘛。

青年代表ZLL（与青年代表WJG互动）：WJG，你选男朋友的时候会以住房为标准吗？

青年代表WJG：不太会。我觉得还是感情最重要。我比较看重上进心。只要两个人努力，东西是死的，都是可以挣来的，感情是第一位的。

青年代表ZLL：那要看你的年龄，马上接近30岁了，也面临生子的问题，颠沛流离的话，可能你能接受，但你父母呢？

青年代表WJG：我还有哥哥和姐姐，我父母对我的要求会少一点。

青年代表S（插话）：有的时候是来自家庭的压力。这么大了，女方家长就会说赶快找一个，必须要有房子的，要不然的话我要去给你带孩子，没地方住。这是最现实的问题，现在男孩是有房就有一切，起码在北京的标准是这个，比如要找女朋友，大家就会问有房吗。

主持人：这么说，北京的房价都是被丈母娘的需求提高的？

青年代表S：很现实，我有女儿的话一定会这样，我就会说一定要找一个有房子的人，还得离学校近一点的，有小孩之后涉及上学的问题。这是非常现实的话题。在北京的男人，压力还是挺大的。

青年代表WJG：我的同学也有在北京买房的，买房的人从来没有缺过女朋友，这个女朋友走了，下一个就接上来了。没有房子的男生，可能中间就会空好几年。

主持人：还有一个问题，单位都有租房补助吗？

众青年代表：稍微有一点。

青年代表 S：我们单位一个月好像是一个人 200~300 元。基本是象征意义大于实际意义。

青年代表 ZLL：一般在外资企业做到高层，公司会直接帮你租房。

课题组成员 B：什么时候才能达到这个水平？

青年代表 ZLL：一般都要到中层以上吧，他们的补贴非常高，上次我帮他们看一套房子，基本上 20000 元一个月。

青年代表 S：我有一个朋友从国外过来，我问他们在北京租房租金多少。他说 30000 元一个月，我说你有那么多钱吗，他说这是公司给的，他也是外企的中层。

青年代表 ZLL：我派到上海的时候，也是有租房补贴的。外派的概念不一样，要是外派一两年的时间，公司会帮你租一套房。

主持人：好的，时间不早了，感谢各位的精彩发言，我们接下来会认真整理和吸收大家的意见。这些对我们深化研究、形成调研结论都有十分重要的意义。也祝大家早日在北京圆梦成功。今天的座谈会到此结束，谢谢大家的参与！

Abstract

This book, as one of the series of *Blue Book of the Youth* published by Social Sciences Academic Press, focuses on the housing problem faced by young people, especially those living in cities (which are hereafter referred to with the phrase "the problem"). It offers a view on the status quo of the problem, analyses its historic causes, current characteristics, formation mechanisms and solutions, trying to serve as a think tank by providing references for governmental bodies and other decision makers.

The book can be broken down into four parts. The first part serves as a general report, describing the status quo of the housing problem faced by Chinese young people, and can be regarded as the summary of the views presented in the book. The second part contains many special topics, offering a comprehensive analysis of the problem using macro theories and policies. The third part provides empirical analysis from a moderate perspective, with rich and concrete research data as their basis, focusing on the housing problem faced by young people living in mega-cities. With the empirical analysis, the formation mechanism and potential impact of the problem are explored. The fourth part records and analyses qualitative documents of relevant seminars from a micro viewpoint, depicting the problem in a humane way.

The first part leads the rest of the book with a general report named "Aim at the Sky and Feet on the Ground: Balance Ideals and Reality, Young City-Dwellers' housing dilemma and Coping Strategy ", which offers a comprehensive macro analysis of the imbalance of young city-dwellers' housing ideals and reality, explores their difficulties and suggests a coping strategy. It also finds six grounded housing-related conflicts faced by young city-dwellers, discusses the lurking social risks that may be caused by young city-dwellers' housing dilemma, and offers advice for decision makers. And "A Report from Beijing: The Current Housing Conditions and Problems of the Young Talents in Mega-cities of China " is the report which provides the research team's summary and conclusion of the survey. This report analyses the significance of solving the housing problem faced by young talents with a view of the generational transmission. It divides the young talents in Beijing into three categories: those who own their own house, those who live with their parents or relatives and those who rent houses and wraps up the housing dilemma they face, and the underlying reasons and gives suggestions on helping more young people get their own housing by improving the house-renting market.

The second part is composed of three articles. "The Analysis of the Housing Problem Faced by Youth from the Perspective of Market and Economic Transformation" explores the historic background of the problem, such as the transformation of the system and economic reform, and the interactions between market transformation and the housing difficulty of young people. "The Analysis of Youth's Housing Behavior from the Perspective of 'Field - Habitus' Theory" applies the "Field - Habitus" theory, introduced by Pierre Bourdieu, puts forward some new concepts, such as housing field, housing capital and housing habitus, taking into consideration of social actors and social structures, including the economy and the culture, among other factors, and gives a brand new explanation on the principles and mechanism of urban youth's housing deeds in contemporary China. "Policy Analysis: Housing for Youth in Mega-cities of China" sets the housing policies as its perspective, uses the method of text analysis, mainly lists the current policies regarding housing for young people living in big cities, and concludes that the way out for the housing dilemma faced by urban youth is to encourage them to rent apartments. Therefore, the government should adhere to the policy of building more houses for rent, especially for talents and entitled groups.

The third part is composed of four articles, mostly based on "the Survey of Current Housing Condition for Young Talents", conducted in 2013. "Ascribed Factors and Self-actualized Factors: A Research on the House Obtaining Mechanism for the Urban Youth under the Perspective of Social Stratification" uses the Binary Logistic Regression model to analyze the influence of ascribed factors and self-actualized factors on urban youth's obtaining of housing and concludes that apparent advantages lie with young people to obtain housing who meet one of three conditions, coming from general counties or cities, being Beijing locals, and having a weathy family. "Is Buying a House Indispensable in Marriage: A Study on How Housing Affects Marital Decisions" explores the mechanism with which housing affects marital decisions, from a subjective and an objective viewpoint respectively. The research finds out that in an objective sense, housing would affect marital decisions by influencing one's economic and social status; while in a subjective sense, housing carries significance in making marital decisions for young people, but young women's opinions of obtaining housing will diversify while they become more educated, valuing housing on the one hand and be flexible on making a purchase on housing on the other. "The Correlation of Residence and Stay of Young Talents" considers housing problem faced by young talents in mega-cities and the administration's wish to keep talents from leaving, explores the influence of housing on young talents' decision to stay from various perspectives like the type of housing, the condition of the house, renting, and environment of the residence. The research concludes that housing indeed exerts a profound influence on young talents' willingness to reside. "Human Capital and Political Advantage — the Analysis of Housing Inequality among the Youth" uses the research data from Chinese Family Panel Studies (CFPS 2010), to analyze the mechanism of housing inequality of among the youth, and its conclusion supports that of the research team heretofore mentioned. The research shows that both market and redistribution system have lead to the division of housing resource.

Both professional elites and political elites have obtained benefits from the housing marketization reform, however, the gap of the housing resource between elites and non-elites is severely midening.

The fourth part includes one article and the minutes of five seminars. "Qualitative Analysis on the Housing Problem of Youth in Mega-cities", a summary of several seminars for youth held in 2013, it explores in detail young people's understanding of housing, their current housing conditions and their aspirations for housing in mega-cities, and generalizes six major housing problems faced by youth, and provides first-hand materials and theoretical guides with qualitative analysis for furthering the understanding of the problem. The minutes of seminars, on the other hand, gives a full review of the qualitative materials collected by the research team, truthfully depicts young city-dwellers' views on housing and records the seminars, so as to provide more first-hand materials for further researches.

Contents

B Ⅰ General Reports

B. 1 Aim at the Sky and Feet on the Ground
—Balance Ideals and Reality, Young City-Dwellers' Housing
Dilemma and Coping Strategy　　　　　　　　Zhang Meiyan / 001

Abstract: This article offers a comprehensive macro analysis of the imbalance of young city-dwellers' housing ideals and reality, explores their difficulties and suggests a coping strategy. It also finds six grounded housing-related conflicts faced by young city-dwellers, namely housing and life cycles, housing and willingness to stay for development, housing and intergenerational transmission of poverty, housing and social stratification, housing and social status, and housing and rejection of outsiders by urban residents. This article also discusses the lurking social risks that may be caused by young city-dwellers' housing dilemma, and offers advice for decision makers.

Keywords: Urban Youth; Housing Dilemma; Housing Strategy

B. 2 A Report from Beijing
—The Current Housing Conditions and Problems of the Young
Talents in Mega-cities of China

Lian Si, Zhang Zhao / 018

Abstract: This article focuses on the housing problem faced by young talents living in mega-cities. It is based on the data from "the Survey of Current Housing

Condition for Young Talents", conducted by the research team in 2013. This report analyses the significance of solving the housing problem faced by young talents with a view of the generational transmission. It divides the young talents in Beijing into three categories: those who own their own house, those who live with their parents or relatives and those who rent houses and wraps up the housing dilemma they face and the underlying reasons and gives suggestions on helping more young people get their own housing by improving the house-renting market.

Keywords: Young City-Dwellers; Housing; Young Talents; House Rental

B II Special Topics

B.3 The Analysis of the Housing Problem Faced by Youth from the Perspective of Market and Economic Transformation

Wu Lao'er / 038

Abstract: Along with the spike of housing prices in recent years in our country, youth housing problem gradually appeared in parts of China. This article analyzes the reform of housing distribution system in China, discusses the characteristics and problems of the youth housing market before and after the market transition. Based on comparative analysis of housing markets both home and abroad, and the discussion of the situations before and after the housing system reform in our country, this article concludes: ①The transformation of economic system in our country greatly resolved the youth housing problem; ②The youth housing problem in some parts of China occurred mainly because of the excessive and housing consumption; ③The renting rate of young people aging 18 -34 and 35 -44 years old in China is far below that of Britain or the United States, which may also be an important reason for the housing problems of young people in some parts of China.

Keywords: Housing for Youth; Housing Distribution System; Reform

B. 4　The Analysis of Youth's Housing Behavior from the Perspective of "Field-Habitus" Theory　　*Jia Xiaoshuang, Bao Wenhan* / 060

Abstract: The housing problem faced by urban youth has become a common concern of the society, and some social issues, such as "Ant Tribe" "Dwelling Narrowness" "Young Neets" that closely related to it are seen in public media frequently. More and more people start to analyze the housing consumption behaviors of the youth. This article applies the "Field-Habitus" theory, introduced by Pierre Bourdieu, puts forward some new concepts, such as housing field, housing capital and housing habitus, taking into consideration of social actors and social structures, including the economy and the culture, among other factors, and gives a brand new explanation on the principles and mechanism of urban youth's housing deeds in contemporary China.

Keywords: Urban Youth; Housing Behavior; Field; Capital; Habitus

B. 5　Policy Analysis: Housing for Youth in Mega-cities of China
　　Wu Jun / 076

Abstract: This article focused on the youth housing policy of mega-cities in China, such as Beijing, Shanghai and Guangzhou, and uses the method of text analysis, mainly lists the current policies regard housing for young people living in big cities, and concludes that the way out for the housing dilemma facing urban youth is to encourage them to rent apartments. Therefore, the government should adhere to the policy of building more houses for rent, especially for talents and entitled groups. However, the current policy is still relatively weak, and there are some problems. Especially, both the quite narrow policy coverage and relatively strong exclusion are the most prominent problems. Therefore, makers of future youth housing policy can refer to the following four points: first, they should carry out a research of the housing needs of youth, and collect information on youth vocational and spatial distribution; Second, they should formulate special policies and regulations to fulfill young people's housing needs, and make clear housing policy objectives; Third, they should improve public rental system, and continue to lower exclusivity of the policy; Fourth, they should regulate the rental housing market and improve the environment and system of public house renting.

Keywords: Housing for Youth; Chinese Mega-cities; Policy Analysis

ⒷⅢ   Empirical Analysis

B.6   Ascribed Factors and Self-actualized Factors
—A Research on the House Obtaining Mechanism for the
Urban Youth under the Perspective of Social Stratification

Huang Jiankun / 090

Abstract: On the basis of the review of some researches on social stratification and housing resource, this paper, first of all, discusses the relationship between housing and social stratification, and gets a conclusion that house has surely become one important symbol of social stratification. This paper then uses the Binary Logistic Regression model to analyze the influence of ascribed factors and self-actualized factors on urban youth's obtaining of housing and concludes that apparent advantages lie with young people to obtain housing who meet one of three conditions, coming from general counties or cities, being Beijing locals, and having a weathy family. Though the youth are able to accomplish upward social mobility by accepting high quality elite education, whether they can accept elite education is affected by some ascribed factor in the first place. From all above, we infer that ascribed factors still have an influence on the youth's social stratification, and social hierarchical system is consolidated to a certain extent.

Keywords: Social Stratification; Urban Youth; House Obtaining; Ascribed Factors; Self-actualized Factors

B.7   Is Buying a House Indispensable in Marriage: *A Study on
How Housing Affects Marital Decisions*   *Yan Luoyang* / 114

Abstract: This paper focuses on the relationship between housing problem and marital decisions of youth. Based on data of a survey on 5000 youth living in Beijing in 2013, this paper explores the subjective and objective mechanisms of how housing affecting marital decisions. The research finds out that in an objective sense, housing would affect marital decisions by influencing one's economic and social status; while in a subjective sense, housing carries significance in making marital decisions for young people, but young women's opinions of obtaining housing will diversify while they become more educated, valuing housing on the one hand and be flexible on making a purchase on housing on the other.

Keywords: Housing; Stratification; Marital Decisions

B.8 The Correlation of Residence and Stay of Young Talents

Zhang Han'ai / 131

Abstract: This article considers housing problem faced by young talents in mega-cities and the administration's wish to keep talents from leaving. Via systematic bibliography research, the article clarifies the motive of willingness to reside, draws up a logical framework of affecting factors, and analyzes characteristics of young talents' willingness to reside. According to the survey data and preliminary discussion materials, this article explores the influence of housing on young talents' decision to stay from various perspectives, such as the type of housing, the condition of the house, renting, and environment of the residence. The research concludes that housing indeed exerts a profound influence on young talents' willingness to reside.

Keywords: Young Talents; Willingness to Reside; Housing

B.9 Human Capital and Political Advantage
—The Analysis of Housing Inequality among the Youth

Kang Chen / 152

Abstract: After the housing marketization reform, the division of housing resource among the different youth groups becomes increasingly expanding using the data of Chinese Family Panel Studies (CFPS 2010), this paper analyzes the mechanism of housing inequality among the youth. The research shows that both market and redistribution system have lead to the division of housing resource: the youth who are more educated own larger residential space, which means that the rewarding of investment of human capital to young people when they obtain housing resource is increasing in the market economy; Meanwhile, working in Party and government organizations are also conducive to the ownership of larger residential space, indicating that the effects of redistributive power on housing resource still exist. Both professional elites and political elites have derived benefits from the housing marketization reform, however, the gap of the housing resource between the elites and non-elites is severely widening.

Keywords: Housing Inequality; Market Transformation; Human Capital; Political Capital

ⒷⅣ Qualitative Materials

B.10 Qualitative Analysis on the Housing Problem of Youth in the Mega-cities

Zhang Qian / 170

Abstract: Through interviewing with the young people working in party and government agencies, state owned enterprises, public institutions, foreign owned companies and foreign-Chinese joint ventures, private firms, this paper explores in detail young people's understandingof housing, their current housing conditions and their aspirations for housing in mega-cities, and generalizes six major housing problems faced by youth, so as to facilitate effort to solve the housing problems faced by youth.

Keywords: Mega-cities Youth; Housing Problems; Qualitative Analysis

B. 11　The Seminar on the Housing Problem of Young Staff in Private Firms　/ 185

B. 12　The Seminar on the Housing Problem of Young Staff in State Owned Enterprises　/ 200

B. 13　The Seminar on the Housing Problem of Young Staff in Public Institutions　/ 228

B. 14　The Seminar on the Housing Problem of Young Civil Servants　/ 247

B. 15　The Seminar on the Housing Problem of Young Staff in Foreign Owned Companies and Foreign-Chinese Joint ventures　/ 261

皮书数据库

权威报告　热点资讯　海量资源

当代中国与世界发展的高端智库平台

皮书数据库　www.pishu.com.cn

皮书数据库是专业的人文社会科学综合学术资源总库，以大型连续性图书——皮书系列为基础，整合国内外相关资讯构建而成。该数据库包含七大子库，涵盖两百多个主题，囊括了近十几年间中国与世界经济社会发展报告，覆盖经济、社会、政治、文化、教育、国际问题等多个领域。

皮书数据库以篇章为基本单位，方便用户对皮书内容的阅读需求。用户可进行全文检索，也可对文献题目、内容提要、作者名称、作者单位、关键字等基本信息进行检索，还可对检索到的篇章再作二次筛选，进行在线阅读或下载阅读。智能多维度导航，可使用户根据自己熟知的分类标准进行分类导航筛选，使查找和检索更高效、便捷。

权威的研究报告、独特的调研数据、前沿的热点资讯，皮书数据库已发展成为国内最具影响力的关于中国与世界现实问题研究的成果库和资讯库。

皮书俱乐部会员服务指南

1. 谁能成为皮书俱乐部成员？
- 皮书作者自动成为俱乐部会员
- 购买了皮书产品（纸质皮书、电子书）的个人用户

2. 会员可以享受的增值服务
- 加入皮书俱乐部，免费获赠该纸质图书的电子书
- 免费获赠皮书数据库100元充值卡
- 免费定期获赠皮书电子期刊
- 优先参与各类皮书学术活动
- 优先享受皮书产品的最新优惠

卡号：5508052840320952
密码：

3. 如何享受增值服务？

（1）加入皮书俱乐部，获赠该书的电子书

　　第1步 登录我社官网（www.ssap.com.cn），注册账号；

　　第2步 登录并进入"会员中心"—"皮书俱乐部"，提交加入皮书俱乐部申请；

　　第3步 审核通过后，自动进入俱乐部服务环节，填写相关购书信息即可自动兑换相应电子书。

（2）**免费获赠皮书数据库100元充值卡**

　　100元充值卡只能在皮书数据库中充值和使用

　　第1步 刮开附赠充值的涂层（左下）；

　　第2步 登录皮书数据库网站（www.pishu.com.cn），注册账号；

　　第3步 登录并进入"会员中心"—"在线充值"—"充值卡充值"，充值成功后即可使用。

4. 声明

　　解释权归社会科学文献出版社所有

皮书俱乐部会员可享受社会科学文献出版社其他相关免费增值服务，有任何疑问，均可与我们联系

联系电话：010-59367227　企业QQ：800045692　邮箱：pishuclub@ssap.cn

欢迎登录社会科学文献出版社官网（www.ssap.com.cn）和中国皮书网（www.pishu.cn）了解更多信息

社会科学文献出版社 皮书系列

"皮书"起源于十七、十八世纪的英国，主要指官方或社会组织正式发表的重要文件或报告，多以"白皮书"命名。在中国，"皮书"这一概念被社会广泛接受，并被成功运作、发展成为一种全新的出版形态，则源于中国社会科学院社会科学文献出版社。

皮书是对中国与世界发展状况和热点问题进行年度监测，以专业的角度、专家的视野和实证研究方法，针对某一领域或区域现状与发展态势展开分析和预测，具备权威性、前沿性、原创性、实证性、时效性等特点的连续性公开出版物，由一系列权威研究报告组成。皮书系列是社会科学文献出版社编辑出版的蓝皮书、绿皮书、黄皮书等的统称。

皮书系列的作者以中国社会科学院、著名高校、地方社会科学院的研究人员为主，多为国内一流研究机构的权威专家学者，他们的看法和观点代表了学界对中国与世界的现实和未来最高水平的解读与分析。

自20世纪90年代末推出以《经济蓝皮书》为开端的皮书系列以来，社会科学文献出版社至今已累计出版皮书千余部，内容涵盖经济、社会、政法、文化传媒、行业、地方发展、国际形势等领域。皮书系列已成为社会科学文献出版社的著名图书品牌和中国社会科学院的知名学术品牌。

皮书系列在数字出版和国际出版方面成就斐然。皮书数据库被评为"2008~2009年度数字出版知名品牌";《经济蓝皮书》《社会蓝皮书》等十几种皮书每年还由国外知名学术出版机构出版英文版、俄文版、韩文版和日文版，面向全球发行。

2011年，皮书系列正式列入"十二五"国家重点出版规划项目；2012年，部分重点皮书列入中国社会科学院承担的国家哲学社会科学创新工程项目；2014年，35种院外皮书使用"中国社会科学院创新工程学术出版项目"标识。

法律声明

"皮书系列"（含蓝皮书、绿皮书、黄皮书）由社会科学文献出版社最早使用并对外推广，现已成为中国图书市场上流行的品牌，是社会科学文献出版社的品牌图书。社会科学文献出版社拥有该系列图书的专有出版权和网络传播权，其LOGO（ ）与"经济蓝皮书"、"社会蓝皮书"等皮书名称已在中华人民共和国工商行政管理总局商标局登记注册，社会科学文献出版社合法拥有其商标专用权。

未经社会科学文献出版社的授权和许可，任何复制、模仿或以其他方式侵害"皮书系列"和LOGO（ ）、"经济蓝皮书"、"社会蓝皮书"等皮书名称商标专用权的行为均属于侵权行为，社会科学文献出版社将采取法律手段追究其法律责任，维护合法权益。

欢迎社会各界人士对侵犯社会科学文献出版社上述权利的违法行为进行举报。电话：010-59367121，电子邮箱：fawubu@ssap.cn。

社会科学文献出版社